史学会シンポジウム叢書

身分的周縁と地域社会

塚田 孝・吉田伸之 編

山川出版社

はしがき

一

本書は、二〇一一年十一月六日に開催された史学会大会シンポジウム「身分的周縁と地域社会」（東京大学法文二号館二番大教室）の内容を基礎にして、他数篇の関連論文を収載した論文集である。このシンポジウムでは、本書編者の一人である吉田伸之氏の問題提起を受けて、以下の四本の報告が行われ、討論が交わされた。

竹ノ内雅人　「南信地域の山伏と神職の組織編成」
三田智子　「泉州泉郡南王子村と信太地域」
吉田ゆり子　「信州下伊那の寺社と芸能者」
塚田　孝　「近世大坂の垣外仲間と四天王寺」

史学会の大会で身分的周縁に関わるシンポジウムをやろうということはずいぶん前から話題にしていたが、具体的に企画内容を相談したのは二〇一一年四月二十九日のことであった。その日の私のメモには、「身分的周縁と地域社会」もしくは「地域史と身分的周縁」というテーマ案が書きつけられている。

吉田氏や私も参加した身分的周縁の共同研究は、一九九〇年以来、持続的に取り組まれ、『身分的周縁』（部落問題研究所、一九九四年）、『シリーズ近世の身分的周縁』全六巻（吉川弘文館、二〇〇〇年）、『身分的周縁と近世社会』全九巻（吉川弘文館、二〇〇六〜八年）などの刊行を実現してきた。

その刊行後には、新たな研究展開の方向を模索してシンポジウムなどを実施してきた。たとえば、二〇〇一年五月六日に部落問題研究所主催で「シンポジウム　身分的周縁をめぐって」が開催され、中世史から大山喬平氏が、近世史から倉知克直氏が、近代史から鈴木良氏が『シリーズ近世の身分的周縁』に対する書評報告をされ、編者のうち吉田伸之氏、横田冬彦氏と私がそれに応えて発言した（『部落問題研究』一五九、二〇〇二年）。そこで、大山氏は、インド社会との対比を通して、日本の列島社会を「ゆるやかなカースト社会」と理解することができるとの問題提起をされた。国際的な視野のなかでの身分社会の比較史を提唱されたのである。

二〇〇九年七月十八・十九日には、大阪市立大学で開催した国際円座「近世身分社会の比較史」のなかで身分的周縁をめぐる共同討論を行っている（『部落問題研究』一九五、二〇一一年）。そこでは、私の趣旨説明の後、岸本美緒氏が明清期中国との比較を、デビット・ハウエル氏が朝鮮との比較を、ダニエル・ボツマン氏がインドとの比較を行い、吉田伸之氏が総括コメントを行った上で、大山喬平氏、鈴木良氏、井上徹氏（中国明清史）が加わって、森下徹氏（日本近世史）の司会で広い立場から深い議論が行われた。

なお、この間に二〇〇八年の部落問題研究者全国集会で大山喬平氏の「ゆるやかなカースト社会・中世日本」をめぐって、インド史の小谷汪之氏と日本中世史の三枝暁子氏が論評・討論されている（『部落問題研究』一八九、二〇〇九年）。こうして近世だけに限らない視野から身分的周縁をキーワードとして、近世身分社会を捉え直す営みは多様に展開されてきた（こうした議論がもつ意味については、吉田氏が「あとがき」で触れているので参照されたい）。

また、吉田氏と私は、身分的周縁の共同の研究と並行して、新しい「地域史」創造の取組みを行ってきた。吉田氏の飯田市歴史研究所での取組みと私の和泉市史での取組みのなかで直面した問題を広く共有するべく、三回の地域史物寄合を企画してきた。その第一回を二〇〇八年五月三十一日・六月一日に長野県飯田市・りんご庁舎会議室で開催し、第二回は二〇一〇年七月十・十一日に兵庫県姫路市・日本城郭研究センターで開催した。そして第三回はつい先日（二〇一二年十二月八・九日)、佐賀大学地域学歴史文化研究センターで開催されたのである。

史学会シンポジウムの企画を考え、今後の身分的周縁研究の新しいステージを切り拓くために何が求められているかを考えた時、「地域社会」の総体のなかで身分的周縁の問題を考えることが現在求められているのではないか、吉田氏と私はこの認識ですぐに一致したのである。その際、まず念頭に浮かんだのは、都市史研究のなかで吉田氏の提起してきた分節構造論である。吉田氏は、巨大城下町江戸の内部を部分的に秩序化するものとして、藩邸社会、寺院社会、市場社会、大店社会、遊廓社会などをあげて、江戸の全体社会との関係を意識しながら、それらを磁極として秩序化された社会構造を解析していく方法を提起された。それは、取りも直さず地域把握の方法でもあった。

周知のように、身分的周縁研究は「(社会)集団」「関係」「場」をキーワードとして、新しい近世社会像を切り拓いてきた。近世に多様に展開していた「(社会)集団」の内部構造を明らかにし、それらの集団間の社会「関係」を捉えるとともに、それらが形成される「場」のあり様を捉えるという方法で近世社会の細密な像を描いてきた。さらに、具体的なものの動きに即しながら、その諸局面に関わる人と集団の関係を解明するということも試みられてきた。また、「集団」間の関係が形成される「場」という問題を拡張して、地域社会の全体構造のなかでそれらの関係を位置づける方向も模索されてきた。ここでの地域社会の全体構造として、さしずめ寺院社会や市場社会、遊廓社会があげられることは容易に理解できよう。

史学会シンポジウム「身分的周縁と地域社会」の企画を具体化するため、当初、寺院社会、市場社会、遊廓社会などの諸社会に関わる報告を組み合わせた構成とする方向も考えた。それぞれの秩序構造の差異が浮かび上がり、その特質が比較しうるということにも魅力はあったが、一日だけのシンポジウムでは、いずれか寺院社会なり、市場社会なりに絞って議論を深めることが有益ではないかと判断した。いずれも今後取り上げていく必要があるテーマではあるが、それはより包括的な共同研究を行う次のステージにおいて取り組むこととし、今回はその準備のプロセスと位置づけ、寺院社会に関わるテーマで組み立てることとしたのである。それは、これまでの身分的周縁研究において、宗教者やその組織・集団については当初から研究関心の対象であり、多くの蓄積を有しているからでもある。

二

吉田氏が巨大城下町江戸の即自的な分節構造（＝分節構造α）の一つとして、浅草寺を取り上げて問題提起をされたのは、一九九〇年代の半ばであった（「巨大城下町―江戸」『岩波講座日本通史』一五、岩波書店、一九九五年、のち同著『巨大城下町江戸の分節構造』山川出版社、二〇〇〇年所収）。そこでは、五〇〇石の朱印地をもつ東叡山末の大規模寺院・浅草寺を対象に、院内―境内―領内の同心円的な空間構造の上に、どのような人々が引き寄せられ、秩序化されているかを鮮やかに示して見せた。院内の実質をなす衆徒と寺僧の寺中（子院）集団があり、境内は境界がはっきりしているが、（閉じられた空間の藩邸と違い）参詣の人々とそれを目当てに営まれる諸営業・諸芸能に開放されていた。そうした境内での諸営業・諸芸能だけでなく、寺中子院の門前・境内の借屋経営などで江戸の民衆世界と深くつながっていた。なお、吉田氏は、中世史の黒田俊雄氏の寺社勢力論（『寺社勢力』岩波書店、一九八〇年など）に学んで、こうした巨大都市内の寺院社会の歴史的な位置づけをされている（「都市と農村、社会と権力」溝口雄三ほか編『アジアから考える一　交錯するアジア』東京大学出版会、一九九三年、のち前掲『巨大城下町江戸の分節構造』所収）。

吉田氏が寺院社会論の問題提起をされたころ、私は和泉市史の事業に関わるなかで、古代以来の歴史をもち、現在まで地域の古刹として続いてきた槇尾山や松尾寺という一山寺院を含む地域の歴史と向きあうことになった。槇尾山の所在する横山谷や松尾寺の所在する松尾谷の地域叙述を、一山寺院である槇尾山と松尾寺の寺院社会の展開を一つの軸として構想することを試みた（『和泉市の歴史1　横山と槇尾山の歴史』二〇〇五年、『和泉市の歴史2　松尾谷の歴史と松尾寺』二〇〇八年）。

近世では両寺とも、浅草寺と同じく東叡山寛永寺末の天台宗寺院であった。槇尾山の場合、空間的には六石の朱印地と四〇石余の山年貢地の二重構成であり、門前の村と百姓を欠いていた。それに対し、松尾寺の周辺は、一七石余の朱印地、境内周辺の背後の除地山（場広山）、三〇〇石余の年貢地（田畑）の三重構成であり、門前には百姓が居住していた。これらの空間の特徴を意識しつつ、八門中七〇子院の槇尾山と﨟次の秩序で成り立つ十三子院の松尾寺という寺中の構造と外部との社会関係（宗派内の諸寺院、領主、周辺村々、大坂・堺などの講中）を把握するという方法をとったのである。

こうした試みが、吉田氏が浅草寺について試みた、院内―境内―領内という空間構成と寺中内外の社会的諸関係を把握する寺院社会論の方法を意識していたことは容易に理解できよう。しかし、両寺院が山中もしくは山間に所在していたことから、これらの在地社会における寺院社会を分析する際に山の用益が重要な意味をもつことが浮かび上がってきた。槇尾山と松尾寺とは、山年貢地か除地かの違いはあるが、山についてはあくまで寺の所有であった。それに対して、同じく和泉市に所在する信太明神社も除地山の信太山を認められていたが、これは信太郷の氏子七ヶ村の実質的な共有であった。ここには、一村を越えた地域を結び合わす寺院と神社ではあるが、在地社会における寺院社会と神社社会とはかなり異質なものであったことが示唆されているように思われる。

都市史の研究展開のなかで提起された寺院社会論であるが、在地社会の研究にも波及し、また神社社会との比較も意識されてきた。こうした研究の進展を踏まえて、史学会シンポジウムでは、寺院（神社）社会に視点を据えて、身分的周縁研究の発展を図ろうとしたのである。その際、寺院社会を磁極として形成される秩序構造を全体として把握することとともに、そこに秩序づけられる側からの分析も不可欠である。浅草寺の境内で諸営業・諸芸能に携わる者たちを統括する香具師や乞胸のような存在である。彼らは、浅草寺境内を越えた独自の仲間組織をもち、彼ら自身の利害に基づいた行動をとる。こうした集団との複合関係を見ていくことで、寺院社会の理解を豊富化することができるであろう。

また、寺院社会や神社社会というような磁極が存在しない地域も、当然ながら広範に存在する。そうした地域の宗教施設や宗教者についても、これまでの身分的周縁研究で豊富な研究蓄積がある。これも、寺院社会論を意識化した上で、改めて位置づけ直すことが必要であろう。たとえば、吉田家や白川家の各地の神職の組織化についても、その対象が神社社会のなかの神職なのか、村々の神社神職なのか、畿内周辺で多く見られる回り神主（村の宮座の一老など）なのかを意識して見ていく必要があろう。これは言い換えれば、列島社会に展開する固有の地域社会構造の多様なあり方を見なければ、広域の宗教者の組織化の実態には迫れないことになるであろう。

こうして史学会シンポジウムでは、①寺院（神社）社会を全体として捉える、②そこに秩序化される側からの分析を行う、③寺院（神社）社会の存在していない地域の宗教施設、宗教者とその集団の再検討を行うことなどを企図した。もちろん史学会シンポジウムの四本の報告だけで、これらのねらいを十全に実現することは無理である。それ故、本書は、史学会シンポジウムの報告をベースに、関連する論考を加えて、これらの課題を一歩でも前進させようと意図したものである。

三

本書には、史学会シンポジウム「身分的周縁と地域社会」での四本の報告と関連する四本の論考を、Ⅰ部「大坂とその周辺」、Ⅱ部「東日本―下伊那・越後・江戸」に分けて収録した。先述したように列島社会には多様な（固有の）地域社会構造が展開していたが、その地域社会構造を包括的に把握することが必要なことはいうまでもない。また、一方で神社と神職を考えると、畿内周辺では宮座が発達し、その一老による回り神主が広く見られたことも間違いない。そうした大坂とその周辺に関する論考をⅠ部に収め、それ以外の東日本の信州・越後・江戸に関する論考をⅡ部に収めた。

Ⅰ部「大坂とその周辺」には、次の四つの論考を収めている。

塚田孝「近世大坂の垣外仲間と四天王寺」は、大坂に南接する天王寺村に所在した有力一山寺院・四天王寺の寺院社会の一端に位置づく大坂の非人集団（天王寺垣外）を取り上げたものである。天王寺垣外（＝悲田院）は、四天王寺の山用を勤めるとともに、聖徳太子と四天王寺につながる由緒を獲得していったが、十八世紀末までその支配には抵抗していた。しかし、十九世紀には四天王寺との関係を自らの社会的位置づけ（格合）の上昇につなげようとした。寺院社会に位置づけられる側からの複合関係を見ようとしたものである。そこで取り上げた一件の経過からは、町奉行所の下で勤める御用が垣外仲間にとってもつ意味の二面性も見て取れる。

山下聡一「近世大坂生玉神社の境内と門前町」は、大坂東南部に位置する生玉神社の神社（寺院）社会構造を解明しようとしたものである。生玉神社には南坊を中心とする社僧集団と神主松下家と社家仲間が併存していたが、境内―門前と朱印地（領内）の空間構成を意識しつつ、社家仲間や境内支配人の実態と領内支配のあり方を浮かび上がらせている。また、門前に展開する茶屋営業の実態を把握して、神社社会への都市民衆世界の浸透を確認している。史料的な条件によって、社僧のあり方が見えにくいが、大坂の神社社会のトータルな把握を試みたものといえよう。

三田智子「明治前期における泉州泉郡南王子村と信太地域」は、これまでの著者の研究を前提に、聖神社の氏子である信太地域の明治初年への展開を解明しようとしたものである。聖神社の周辺に広がる信太山は、峰筋は除地で信太郷七ヶ村などが共同管理し、そこには神畑も開発されていた。谷筋は除地外で溜池として利用されていた。明治三（一八七〇）年十二月に除地が上地され、堺県の管轄となり、そこに新田開発が目論まれ（小野組が落札）、陸軍演習場が設置される時、地域秩序がどのように変動するかが詳細に明らかにされている。その際、かわた村である南王子村の地域のなかでの位置づけに一つのポイントが置かれている。そこには氏子村々のへゲモニーの下にある神社社会の特質が明瞭に示されている。

朴澤直秀「本末帳に載らない「無本寺」寺院――摂津国八部郡・再度山大龍寺――」は、「福原庄」六ヶ村の入会山「口一里山」に所在した大龍寺の「本末帳に載らない「無本寺」寺院」という特殊な位置を解明しようとしたものである。大龍寺の住職は、六ヶ村の進退の下にある「看坊」であったが、十八世紀には口一里山で伐木を行ったり、「看坊」ではなく「住持」だと名乗ることで、村々との対立が生じていた。その背後に、京都の公家の山科家や櫛笥家とのつながりをつける動きもあった。しかし、大坂町奉行所、寺社奉行所の裁許で六ヶ村進退の寺であることが再確認され、その特殊な位置は明治初年の改編まで変わらなかった。ここでも山の問題が、寺と地域社会の関係の一つの焦点であったことが印象づけられる。

Ⅱ部「東日本―下伊那・越後・江戸」には、次の四つの論考を収めている。

吉田ゆり子「信州下伊那の寺社と芸能者」は、下伊那の上川路村と立石村の簓を取り上げて、中世から近世への推移を寺院との関係で見通そうとするものである。上川路村の天正十九（一五九一）年の検地を詳細に検討して、中世末には開善寺とその門前にさまざまな職人や寺百姓が居住していたこと、その諸職人中に簓も含まれていたことを復元し、それが「村」に包摂されることで、近世の簓は村の「下役」を勤めるようになることを見通している。また、立石村と同村米山の簓集団と立石寺の間にも同様の関係を想定し、旗本近藤氏の陣屋が置かれたため、牢番を勤めることになったと見通している。中世末の寺院社会が村に包摂される状況が示され、興味深い。

竹ノ内雅人「南信地域における神職の組織編成と社会変容」は、下伊那地域の島田村八幡宮（神宮寺と神主大平家）と鎮西野村大山田神社（神主鎮西家）を取り上げ、天竜川西岸部の神職編成について論じている。十八世紀に入ると、両社ともに祭礼に周辺村の下社家が出勤しないなどの問題を抱えこむようになった。こうした動向の背景には自村の神主を下社家とは考えない「村」の意向があった。一方、宝暦五（一七五五）年には両社を含む朱印神社四社が「注連下」支配を共同で実現するための協定を結び、また吉田家の権威を求めていくことにもなった。ここには、畿内によく見られる宮座の回り神主とは異なる、固定した神職の組織編成の特質が明瞭に表現されている。

武部愛子「寺院領主と地域社会――一行院不帰依一件をめぐって」は、越後国の安禅寺の住職の任命をめぐって生じた一件から、本寺と寺内、および寺領民の関係を見ようとしたものである。城下町長岡にほど近い蔵王権現の別当であった安禅寺は、近世には寛永寺末の天台宗寺院で三〇〇石の朱印地と四二石の黒印地（長岡藩主寄付地）をもつ衆徒三院・社家三家からなる一山寺院であり、代官が置かれていた。天保五（一八三四）年から七年にかけて、輪王寺宮が内仏一行院を住職として派遣しようとしたことに、寺内と寺領民が反発した一件の経過を詳細に追い、輪王寺宮と執当の意向の相違を指摘するなど、本寺の内実を解明することで寺院社会論の豊富化を図っている。

吉田伸之「**北品川の寺社門前**」は、江戸の周縁に位置する品川の十八ヶ所寺社門前のうち、北品川の東海寺門前・清徳寺門前・稲荷門前を取り上げて、複合的な寺社門前の社会構造を解明している。これら門前の町屋敷レベルの空間復元を行うとともに、その土地の性格は、寺社の進退下の地借に相当するものから事実上の沽券地となっているものまであることと、東海寺門前と清徳寺門前は一体で長者町と呼ばれ、稲荷門前は北品川宿二丁目横丁と一体で北馬場町と呼ばれ、個別町の様相を呈していることを明らかにしている。寺社門前は町奉行支配、宿は代官支配という違いにも関わらず、地縁的に形成された「町」を吉田氏は里俗町と概念化しているが、まさに複合的な社会＝空間構造といえよう。また、これらの地域に薬湯株や水株という形に結実した多様な職分の展開とその所有・経営の実態に迫っている。単一の磁極とは異なる複合的な地域構造の解明は、寺院社会論の新たな展開である。

以上、本書所収の各論文を簡単に紹介してきたが、列島社会内に限っても、比較寺院（神社）社会論が有効であり、また必要であることが実感できる。冒頭に述べたような研究動向を踏まえると、こうした列島社会内の地域固有のあり方をくぐらせた比較史を、国際的な比較史へとつなげていくことが可能な段階を迎えているのではなかろうか。身分的周縁論の次なるステージに向けて、本書がワンステップとなれば幸いである。

二〇一三年一月

塚田　孝

目次

身分的周縁と地域社会

Ⅰ部　大坂とその周辺

1章　近世大坂の垣外仲間と四天王寺

塚田　孝

はじめに

近世大坂の非人集団は、大坂の都市形成と並行して、天王寺垣外、鳶田垣外、道頓堀垣外、天満垣外の四ケ所垣外として成立したが、筆者は、以前に、これらの非人集団（垣外仲間）の由緒と集団構造の展開を関連させて検討したことがある（塚田二〇〇〇a）。そこでは、天王寺垣外に残された史料である『悲田院文書』によって、次のような諸段階を指摘した。

寛文十（一六七〇）年――施行院建立を四天王寺に願い出たことを契機に、聖徳太子の貧民救助を手伝った者の子孫という形で、四天王寺につながる由緒を獲得

元禄七（一六九四）年――施行院略縁起において、町奉行所の御用を勤め始めたことの反映がみられる

寛政八（一七九六）年――四天王寺との関わりを四ケ所全体の由緒に拡張

この寛政八年の出来事は、天満垣外の長吏・小頭に対する代官所からの処罰問題を契機にしたもので、町奉行所盗賊方の助力を得ようとしたものであり、それまで関係のなかった天満垣外までを四天王寺との由緒のなかに包摂する必要があ

ったのである。これを通して、自らの利害を実現するために四天王寺との由緒に依存したこともあり、垣外仲間（特に天王寺垣外と鳶田垣外）が四天王寺支配を内面化することにつながったが、全面化はしなかった、との見通しを得たのであった。

また同じ時期に、町奉行所の盗賊方・定町廻り方の下での御用の勤め方を分析した（塚田二〇〇〇b）。そこでは、定町廻り方の御用は当り役と呼ばれ、若き者までが勤めたが、盗賊方の御用は長吏・小頭が基本的に勤めるもので、独自の捜査・捕縛にまで及ぶものだったことを指摘した。

以上の分析は、主として『悲田院文書』に基づいて行ったものだが、新たに四天王寺に残された記録に天王寺垣外に関わる史料を見出すことができた。本章では、それを基に、四ケ所垣外仲間とりわけ天王寺垣外と四天王寺との関係を、由緒と御用に即して再検討してみたい。天王寺垣外・鳶田垣外は、四天王寺を磁極とする寺院社会構造の一部をなすものでもあったが、一方で垣外仲間は独自の仲間秩序と論理を持つ存在であった。この分析は、この両者の複合のあり方を解明する意味を持つ。

なお、天王寺垣外は、四天王寺との関係では悲田院（垣外）と呼ばれることが一般的である。それ故、本章では、四天王寺との関係での言及が多いため悲田院（垣外）を基本とし、一般的な言及では天王寺垣外を用いる。ただし、両呼称の社会的実態は同一である。

以下の分析の前提として、山崎竜洋氏の研究によって、四天王寺について基本的な点を確認しておきたい（山崎二〇一二）。近世の四天王寺は、東叡山寛永寺の末寺であったが、一方で自らの末寺一〇カ寺を持っていた。天王寺村高七〇二九石のうち、一一七七石が四天王寺の朱印地であった。寺中には衆徒一二院があった。彼らは基本的に相互にフラットであったが、そのうち臈次の上から一番目が一舎利、二番目が二舎利の位置にあり、一寺が年預の役に付いた。年預の下には年預役所があり、年預役人がいた。衆徒とは別に、中世末から近世初頭の四天王寺復興に尽力した秋野坊がおり、彼は公文所と呼ばれ、役人が付属した。秋野坊は十九世紀には執行と呼ばれるようになる。

この他、天保十三（一八四二）年段階で、四天王寺には堂司五人、聖五人、楽所［楽人一五人・沙汰一人］、役者三人、門番・小使七人がいたことが確認される。また、公人と呼ばれる者が三二人いたが、彼らは天王寺村の百姓であり、そのうちには天王寺村内に存在していた町の年寄もいた。なお、四天王寺から認められた煮売屋仲間や四天王寺を結集核とする手伝い仲間などが存在したことも注目される（手伝い仲間については〈武谷一九九九〉を参照）。

1　寛政八年、代官による天満垣外長吏・小頭処罰一件

寛政八（一七九六）年に代官所が天満垣外の長吏・小頭の処罰に際して、渡辺村（かわた村）年寄に引き渡そうとしたのを阻止すべく、垣外仲間の者たちは町奉行所盗賊方与力たちに出願した。

この一件については、以前に検討したことがあるが、この経緯を四天王寺側から記録した寛政八年十月「天満長吏幷小頭共不埒□□地頭諸捌相違之相歎於公辺由緒御尋身柄書」が残されている（四天王寺所蔵文書）。この史料は、末尾に、弘化二（一八四五）年七月に執行役所（元の公文所）にあったものを年預役人木下雄次郎が写したものであることが記されている。三節で検討する弘化二年に起こった一件に関連して写されたことがわかる。この史料によって、四天王寺側からこの一件を再検討してみたい。

冒頭に、大坂城代・町奉行名が記された後、西町奉行所盗賊方与力葛山狡作（当一件懸りと注記）・杉浦兵左衛門、東盗賊方瀬田藤四郎・牧野平左衛門が列記され、続いて「当山現住」として一舎利中之院勤順、二舎利静専院誓順、年預静心院善順の他、衆徒明静院教順、法帯坊良順、清光坊湛海、公文所秋野瑛順、年預役人田中恒右衛門・佐藤織江、公文所役人古沢外記・武田右京（当一件懸りと注記）の名前が記されている。ここからは、町奉行所では盗賊方与力が直接の担当で

あること、および四天王寺の寺中と年預役人、公文所役人の構成、そのうち公文所役人の武田がこの一件を直接担当していたことがわかる。

この記録では、この一件の発端を次のように説明している。寛政八年十月十九日に東西盗賊方の葛山・瀬田から年預・公文所への呼び出しがあり、翌日、公文所役人武田が出頭したところ、「其伽藍支配悲田院垣外共事、身柄之訳委細ニ書出し可被申候」ように求められた。その事情を葛山は、次のように説明した。去九月十八日に代官篠山十兵衛が「御支配所天満垣外共へ仕置之儀有之候処、右天満垣外共之内両人を穢多頭え引渡候由」を命じたところ、垣外の者たちが町奉行所盗賊方に対して、前例がなく歎かわしいのでこれまでの方式にしてほしいと願ってきた。与力たちが、それならば「何ぞ申立可相成筋」があれば申し出るよういったところ、四ケ所垣外から「其御伽藍ニ彼是由緒有之趣」の書付を提出したというのである。そして、このことは悲田院から四天王寺へも届けられるだろうこと、根本の四天王寺からも事情を聞きたいこと、場合によっては江戸にうかがう必要が出るかもしれないことなどを付け加えた。

しかし、悲田院垣外から何の連絡もないことを不届きだと思った四天王寺は、二十一日に悲田院垣外と鳶田垣外の長吏・小頭を呼び出し、この間の事情と四天王寺に関わる由緒をどのように書き出したかを問い質したのである。これに対し、二十三日に悲田院長吏善助・鳶田長吏吉右衛門からこの間の経緯を記した書付と十月三日付の盗賊方宛「乍恐口上」の写しが提出された。これによると、天満長吏清八が盗賊方与力から申し立てるべき「筋合之儀」がないかと聞かれ、天満長吏自身には何もないが、「悲田院之儀は、御山内様ニ御由緒御座候儀」を以前から何度も書き上げていることから、清八に頼まれ、四ケ所「仲ヶ間一統相談之上、牢　御屋敷え」提出したというのである。ここで提出した「乍恐口上」は、天王寺垣外にも残されており、別稿（塚田二〇〇〇a）で考察した史料である（『悲田院文書』三）。

この後、十一月七日に公文所秋野と年預静心院の連名で、四天王寺側からの悲田院と四ケ所の位置づけを記した「口上覚」（『悲田院文書』五）を町奉行所宛に提出した。この後の町奉行所内の動き、代官所とのやり取りなどは不明であるが、翌年（寛政九年）三月二十四日に悲田院・鳶田両垣外より、江戸表からの下知で、天満長吏清八は過料三貫文、小頭三人は（渡辺村年寄ではなく）道頓堀長吏嘉助に引き渡しの上、相当の咎を申し付ける裁断が下されたことを届け出ている。[2] そこでは、「山内」（四天王寺）の高恩に感謝を表明している。

この結果を踏まえて、四天王寺では垣外仲間の常日頃の「心得様」を改めるよう悲田院・鳶田に指示した。これに対して、三月二十八日に悲田院・鳶田各長吏から、毎年正月・七月に手下に申し付け、請印を取っている内容を四天王寺に上申している。このうち、悲田院からのものは、寛政九年正月付の条々と同内容である（『悲田院文書』六二）。[3]

その後、七月三日に年預と公文所が相談し、この一件について長吏たちから届けてこなかったのは問題だとして、「後来之為」に「両所之者共」に「呵り等申渡」すことにした。ここで、四天王寺役人から申渡しがあり、それへの悲田院・鳶田各垣外の長吏・小頭の二種の請書が提出された。そのうちの一つは、『悲田院文書』一三の内容である。[4] さらに、十月に至り、悲田院長吏から、「御当山ニ御由緒之趣御書物頂戴仕度」との願書が出されたのを受けて、十二月に四天王寺役人武田・古沢・佐藤・田中連名の聖徳太子につながる由緒を記した書付が悲田院長吏宛に下付されたのである。

以上が、この一件の記録に記された経緯の全体である。由緒の内容自体は、別稿（塚田二〇〇〇a）での考察に譲り、この経緯のなかでの注目点を挙げる。第一には、四天王寺との由緒を書き上げているにも関わらず、悲田院長吏からは四天王寺に届け出るつもりはなかったことである。天満垣外には申し立てる「筋合」が何もないが、悲田院には四天王寺との由緒があるからと町奉行所へ書き上げたのである。つまり、垣外仲間は「由緒」に依拠しようとしたが、四天王寺そのものに依拠しようという意図はなかったのである。

第二には、四ケ所からの由緒書上げについて、四天王寺は盗賊方与力からの呼び出しによって初めて知ったことである。こうした垣外仲間の態度は、四天王寺にとっては心得違いも甚だしいことであった。それが、寛政九年三月から七月にかけての経緯（四天王寺よりの心得方の申渡し、呵りと請書）となるのである。この後、悲田院長吏から四天王寺に対して由緒の書物の下付を願い出ているのであり、四天王寺支配の内面化が進んだといえよう。こうして第三には、垣外仲間は「えた」（渡辺村年寄）への引渡しを回避できたことで、四天王寺の由緒だけでなく、四天王寺の支配を受容していったことが指摘できよう。

別稿では、それ以前には四天王寺の支配に反発していたのが、この一件を通して自らの利害を実現するために四天王寺の支配を内面化したが、全面化したわけではなかったと指摘した。それは間違いではないが、その経緯はより陰影に富んでいたのである。

なお、経過の説明では省略したが、天王寺垣外に対する四天王寺の支配を町奉行所からも認められた根拠として持ち出されたのが、安永五（一七七六）年の忠治・孫七処罰一件であった。(5) 次にこの一件について再検討しておきたい。

2 安永五年、四天王寺による忠治・孫七処罰一件

安永五（一七七六）年の天王寺垣外の忠治・孫七に対する処罰は、前節で検討した寛政八（一七九六）年の天満垣外処罰一件で、四天王寺が天王寺垣外・鳶田垣外を支配していた根拠として挙げた処罰事例のなかに含まれていた。別稿（塚田二〇〇〇a）では、この一件について、天王寺垣外の者たちはこの処罰に反発していたのであり、むしろ四天王寺の実質的な支配を示す事例としては適切でないことを指摘した。そこでは、寛政八年の一件における処罰の前例としての記載のみで論じていたため、この処罰について町奉行所に持ち込んだのは、四天王寺であろうと想定していたが、この点については修正が必要である。(6) 安永五年の忠治・孫七処罰一件については、四天王寺に詳細な記録が残されており、これによれば天王寺垣外は四天王寺の支配に激しく抵抗していることがわかり、別稿での結論をさらに深く理解することが可能となる。以下で、具体的にみていこう。

その記録とは、安永五年十二月の「悲田院之者不作法一件　但鵈田之者同時取計一条在之也」と題する帳面である（四天王寺所蔵史料、『続悲田院長吏文書』二一〇〜二三五頁）。これも、弘化二（一八四五）年七月に執行役所に残されていた記録を年預役人木下雄次郎が写したものであることが末尾に記されている。また、冒頭には、大坂城代・東西町奉行に続き、今回の一件の臨時掛りとして東の地方与力西田喜右衛門・盗賊方与力田坂源左衛門、西の地方与力安井新十郎・同定助役田坂直右衛門の四人が列記されている。この一件では、盗賊方だけでなく、地方役が重要な役割を果たしていたことがわかる。[7] 続いて、寺中を構成する一舎利法幢院温順、二舎利静専院甚順、明静院諦順、年預東光院方順、中之院勤順と公文所秋野紹順が列記され、年預役人田中恒右衛門（当一件懸り）・石田源蔵、公文所役人飯田三治・飯田幸右衛門（当一件懸り）の名前が記されている。四天王寺における今回の一件は、年預方と公文所の両方で担当していることがわかる。

この一件の発端は、安永五年六月一日の勝鬘院（愛染堂）会式（夏祭り）の際に町目付が見廻りにきたが、その時に出役していた悲田院小頭忠治と若き者孫七が四天王寺役人に「不礼」を働いたことにあった。両人は仮番所に腰掛けていたが、年預役人田中恒右衛門には軽く目礼をしただけ、さらに公文所役人飯田幸右衛門には見逃したのか目礼もしなかった。四天王寺の小使忠七を呼んで、二人の名前を確認させると、両人は驚いて番所の後ろに引っこんだ。そこで田中・飯田から長吏忠助を呼び出し、不埒につき会式後に沙汰に及ぶと伝えたのである。

それから一カ月ほど経った七月五日に、田中・飯田両人から公文所において、次のように申し渡した。

> 忠治・孫七両人義、勝万《ママ》院会式之節、公辺御役人中幷当山役人も相詰候番所へ腰をかけ罷在、其上役人え対し不礼いたし候段、重々不埒ニ付、両人共押込被仰付候間、急度可相慎、於長吏小頭共へも可致承知候、

ところが、長吏忠助らは、この処罰に対する請書の提出を回避しようとする行動に出たのである。忠治は小頭なので御用に支障が出るかもしれないため、町奉行所の了解がいるというのである。

この後、この一件は複雑な経過をたどるが、おおよそ次のような段階を経て、十二月中旬に結着する。

第一段階は、六月一日の発端から八月上旬までの、悲田院長吏忠助らが請書を回避しようとする時期である。
第二段階は、八月二十日から九月中旬の鳶田長吏や砂場小頭などに働きかけて局面展開を図ろうとした時期である。
第三段階は、九月中旬から下旬にかけての村方庄屋たちに仲介させようとした時期である。
第四段階は、十月初めから十一月上旬にかけて、町奉行所地方・盗賊方与力が直接関与した時期である。
第五段階は、十一月十三日から十二月中旬の、町奉行所が四天王寺の直接処罰を許容し、落着へと向かう時期である。

この間の経過を詳細に追う余裕はないので、経緯に沿いながら若干の論点の抽出を試みたい。

第一段階において、悲田院長吏らは、四天王寺からの処罰に対して、請書の提出を頑なに回避しようとしていたが、その拠り所としたのが町奉行所の御用を勤めているということであった。垣外仲間は十七世紀末頃から、乞食=貧民に対する身分内統制の延長として、警察関係の御用を勤めるようになっていくが、十八世紀半ばに至り、その比重が増大していた。そのことが町奉行所（とくに盗賊方）との距離を縮め、町奉行所の許可を得なければならないとの主張を生んだのである。

その際、「若者孫七事は格別ニ候得共、忠治義ハ小頭故御用ニも罷出、殊ニ此節御用繁ニ候得は、御用之差支ニ相成候故、御請難申上候」（七月七日の長吏申立）といっている点が注目される。勝鬘院会式の御用に忠治・孫七の両人とも出役しているので、小頭と若き者がともに御用を勤めることがあったことは間違いない。しかし、若き者孫七は処罰を受けても支障ないが、忠治は小頭なので御用に差支えが生ずるという点は、当時の御用の勤め方がうかがえて興味深い。十八世紀後半以降、町奉行所町定廻り方の御用（当り役）は若き者までが勤めたが、盗賊方の御用を直接勤めるのは基本的に長吏・小頭に限られていた。つまり、小頭は御用の主たる担い手であり、若き者は補助的に勤めるにすぎなかった当時の御用の勤め方が反映していたのであろう。

悲田院長吏・小頭らを「当山之由緒ニも相離レ如何様ニ成行可申哉難計」と脅しても請書を提出しないため、四天王寺は先代長吏善助を呼び出して説得させようとしたり、悲田院長吏の支配下ではあるが別枠である砂場の小頭佐助に承諾を求めたり、また鳶田垣外の長吏・小頭らに四天王寺の支配に違背しない旨の請書を提出させようと試みている（第二段階）。しかし、鳶田垣外の長吏・小頭も容易に屈せず、町奉行所盗賊方の指示を得ようとしたのである。

その過程で、四天王寺は、悲田院や鳶田の「主立ち」の者を調べている。それによると、次のような名前が挙げられている。

悲田院：長吏忠助、小頭定助・忠治・半兵衛・勘助
鳶　田：長吏吉右衛門、小頭文右衛門・与兵衛・幸助・佐兵衛
悲田院支配砂場：小頭佐助　但し小屋七軒、
同　所毘　沙　門：小頭文助
鳶田支配山添：小頭清兵衛・庄次郎

四天王寺は、ここで初めて長吏・小頭のメンバーを把握したのである。また、悲田院支配の砂場・毘沙門と鳶田支配の山添は「十三組と申小家頭之由、尤四ケ所共ニ右体之手下有之候由也」とあり、その内部的な構成もこの時把握したのである。四天王寺は、悲田院・鳶田垣外の支配を主張するが、これまで内部の状況を把握できていなかったのである。なお、砂場・毘沙門・山添の小頭は小屋頭とも呼ばれ、この点でも他の小頭とは区別された。

第三段階で村方庄屋が仲介の行動に出たのは、町奉行所の指示によるものであった。九月十六日に天王寺村の庄屋たちが牢屋敷（盗賊方が詰める）に呼び出され、悲田院・鳶田の人別提出先を尋ねられた。十八日に「宝永年中曽我丹波守御役中」に転びキリシタン類族を預けられて以来、「御料支配」（天王寺村庄屋支配）とされてきたと返答した。この時、与力たちから「此度之一件全天王寺表之心得違、杓子定木成ル取計ニ候間」と、内済の取り計らいを依頼されたのである。この段階で、町奉行所は四天王寺の心得違いだと考えており、悲田院垣外の立場を支持していたことは明らかである。町奉行

所も御用の問題を第一に考えていたが、加えて新たな垣外仲間を支持する理屈として人別支配（人別帳の提出）という論点を持ち出したのである。

天王寺村の庄屋たちは、垣外の人別が預けられたのは「宝永年中」と返答しているが、これは明らかに「寛永年中」の誤りである(8)。この誤りは以後の経緯のなかでも踏襲されていくが、ここには町奉行所、四天王寺、村方のいずれにおいても悲田院垣外や鳶田垣外は外部的な存在だったことが示されているのではなかろうか。

天王寺村の庄屋たちの仲介に対しても、四天王寺ははねつけ、町奉行所が直接前面に出てくることになる（第四段階）。十月に入って、地方与力安井・田坂より年預・秋野坊に差紙があり、出頭した年預役人田中・公文所役人飯田に対して、四天王寺による悲田院・鳶田垣外支配の由緒などを書き出すように指示があった。これを受けて、十二日に返答書を提出したが、その時に安井から、彼らが勤める四天王寺の「伽藍用向き」の内容、人別の提出先について質問があり、問答が交わされた。

さらに二十二日には、田中・飯田が西地方役所に出頭し、与力西田・安井・田坂（直）との間で質疑が交わされた。そこでは、〝四天王寺が咎めを申し付けるのは由緒があるからだと思うが、以前とは違い、悲田院・鳶田垣外の者は御用を勤め、人別も御料に差出しており、「畢竟奉行所支配同様之者ニ候間」事前に町奉行所に届けるべきだと思うがどうか〟と与力たちは尋ねている。これに対しても、四天王寺は些細なことで一々願い出るのは不都合だとする返答書を年預東光院と秋野坊が東地方役所に直接差し出した（十一月三日）。

この強硬な返答書に対して、町奉行所では、「垣外共義於天王寺支配いたし来候」とあった文言を「於天王寺〝も〟」と修正することで落着を示唆して妥協点を探ったが、四天王寺はこれにも拒否の回答を行った（十一月九日）。

この段階でも、町奉行所が垣外仲間の立場を指示していたことは明瞭である。その立場を支えていたのが、彼らが勤める盗賊方の下での御用である。そのことを意識しているから、四天王寺の用向きは何かという質問がされたのである。それについては、「年中会式」あるいは「彼岸」などの人出の多い時の警備（「非人等其外怪敷者」が立ち入らないように境内を見廻る）を挙げている。天王寺垣外と鳶田垣外は、確かに四天王寺の御用も勤めていたが、それが境内への非人の立入りの防止であるという点は、彼らの御用の性格を示していて興味深い。

〝も〟の挿入をめぐっては、次のようなやり取りがあった。与力からは、四天王寺の一元的な支配のように主張しては、「摂河播共奉行之支配国」のなかに「洩所」ができてしまい、これでは「奉行所と論之様ニ」なってしまうとの意向が示された（十一月八日）。支配国という論点は町奉行所から持ち出されたものであり、町奉行所が天王寺垣外の立場を指示していたことがよく示されている。人別を御料代官所に提出しているというのも、四天王寺の一元支配を相対化しようとする意図が見て取れる。これに対して、四天王寺は、〝①公儀御用は中古よりであり、代官所への人別の初発も宝永年中類族に関してであり（つまり四天王寺の支配の方が古い……ただし、人別についての事実誤認は前述）、②諸国の末寺も人別宗旨は地頭へ出しているが、本寺の支配であり問題ない（支配国内に洩れ所ができるということはない）〟として、あくまで〝も〟の挿入を拒否したのである（十一月九日）。この時、四天王寺から悲田院・鳶田への処罰の前例も書き上げている。

こうした四天王寺の強硬な主張を町奉行所も受け容れる他なかったと思われ、十一月中旬以降、町奉行所の許容によって落着に向かう（第五段階）。十一月十三日に悲田院長吏忠助と鳶田長吏吉右衛門が四天王寺の小使忠七宅にやってきて、〝四天王寺よりの咎について町奉行所では差支えなしといわれた〟と届けた。十五日には、〝押込・遠慮・呵りはこれまで通り四天王寺で申し渡し、所払いや新規のことは「公儀」へ申し出た上で取計うこと〟との両奉行の意向が伝えられた。

この直後、悲田院、鳶田の長吏・小頭らは四天王寺からの咎に対する「御請」を提出する。十一月十九日に小頭忠治・若き者孫七が押込みに処せられる。[9] 同日、鳶田の若き者喜六も、九月六日に門前で無礼があったとして押込みに処せられた。彼ら三人は十二月四日に赦免されたが、同日に悲田院長吏忠助が「一山ヲ騒セ候段、重々不届ニ付」遠慮を申し付けられた。七日に忠助が赦免されると、鳶田長吏吉右衛門が「公辺え相伺」い騒ぎを長引かせた責任を問われ、遠慮を申し付けられた。

この経過から、町奉行所が四天王寺による天王寺・鳶田両垣外に対する直接処罰を容認したことで、局面が急転回したことがわかる。そして、四天王寺は小頭忠治・若き者孫七・喜六を押込みに処し、長吏忠助（悲田院）・吉右衛門（鳶田）に遠慮を申し付けたのであるが、ごく短期間で赦免しており、それは処罰そのものに意味があるというより、自らの処罰権を誇示するデモンストレーションであったといえよう。

以上、安永五年の天王寺垣外の小頭忠治、若き者孫七の処罰をめぐる一件の経過を五段階に分けてみてきた。そこでの注目点を小括しておきたい。

①この一件は、勝鬘会での小頭忠治・若き者孫七の寺役人への無礼に対して、四天王寺が押込みの処罰を行おうとしたことが発端であった。その「無礼」な行動やその後の直接処罰への請書拒否の行動にみられるように、天王寺垣外の者たちは四天王寺の支配に全面的に服するというような心性を欠いていた。

②もちろん、それ以前から四天王寺への寺役を勤めていたことは事実であり、また聖徳太子と結びつけた四天王寺とつながる由緒は彼らにとって有意味であったが、それは四天王寺の支配を内面化する根拠とはなっていなかった。

③こうした天王寺垣外や鳶田垣外の者たちの行動を支えていたのは、町奉行所（とくに盗賊方の下で）の御用を勤めることによる盗賊方との強い結びつきにあった。その際、とくに小頭忠治の押込みが御用に差し支えるとされた点に、当時の御用勤めの実態が表れていると思われ、注目される。

④一連の経過のなかで、四天王寺は天王寺長吏の下に砂場・毘沙門があり、鳶田長吏の下に山添があったことを把握し、砂場の小頭らから手を回そうとしていた。また、天王寺垣外長吏忠助が遠慮を赦免された時、「野小家末々迄」無礼が無いよう申し渡すことを誓約している。ここからは、垣外仲間の内部構造がうかがえる。

⑤今回の一件では、町奉行所では盗賊方の与力も関わったが、主として東西の地方与力が担当した。天王寺・鳶田垣外か

らの出願は盗賊方与力宛だったと思われるが、案件の内容から地方与力が関わったのであろう。一方、四天王寺では年預方と公文所が連携して対処していた。

⑥天王寺村の庄屋たちは、垣外の者たちの人別を管轄する立場にあったが、その人別を管轄するようになった経緯さえ忘れられており、垣外仲間の内部事情には通じていなかった。あくまで、垣外仲間の自律性に依存した管轄であった。この点は、四天王寺の「支配」においても同様だった。

⑦しかし、もちろん垣外仲間の者と四天王寺の社会的序列の違いは否定しようもなく、自らの処罰権を主張する強硬な四天王寺の主張は結局町奉行所の容認するところとなった。こうした四天王寺の主張は、「彼者共近来御用ニ被召仕候」ことに伴う御用を笠に着た「非礼」な態度を許せないということに支えられていた。

四天王寺と天王寺垣外・鳶田垣外の者たちとの関係は以上のような状況であった。この段階で四天王寺の支配が問題になったのは、あくまで天王寺垣外と鳶田垣外であった。その状況に変容をもたらすのが、第一節でみた寛政八年の天満垣外の長吏・小頭処罰一件であった。その四天王寺支配の内面化のさらに先に、弘化二年の大坂絵図「非人村」記載一件がある。次にその一件をみていくことにしたい。

3　弘化二年、大坂絵図「非人村」記載一件と扶持・帯刀一件

弘化二（一八四五）年七月から大坂絵図の「非人村」という記載をめぐって、垣外仲間から町奉行所への出願が行われた。この経緯を記した記録の後半には、四天王寺から四ケ所長吏への扶持（に準ずる米）の給与などに関する一件の経緯が記されている（四天王寺所蔵史料、『続悲田院長吏文書』二三五～二五八頁）。以下では、この経緯をみながら、垣外仲間と四天王寺や町奉行所の位置関係を検討していきたい。

この帳面の表紙には、二つのことが記されている。まず、弘化二年七月〜十二月のこととして「四ケ所長吏住居之地、非人村と大坂絵図面ニ相顕有之歎ケ敷、認替之儀願立、東御奉行所ゟ当山え悲田院由緒御尋ニ付、申立一件」とあり、続いて「同（四ケ所）長吏四人之者え準扶持指遣、用向之砌帯刀為致召仕度旨を以申付候処、彼等ゟ届出御尋ニ付、委細及御答御聞置一件　付、悲田院・鳶田両所之者へ咎申付候節ハ、前以届出候様被仰渡之事」とある。すなわち、大坂絵図に「非人村」と記載されたことに関する一件と長吏への扶持（に準ずるもの）や帯刀に関する一件なのであるが、両者は関連しあっているが、相対的に区別されるものであり、この帳面でも別個に記録されている。以下では、両一件を、項を分けてみていくことにする。

なお、この表紙には、年預役所とも記され、同役所によって作成されたものであることがわかる。続いて、東町奉行所の寺社方与力八田衛門太郎と盗賊方与力浅羽太膳の二名が懸り役として記され、また四天王寺の年預千葉院妙順、執行秋野坊祇順、年預役人木下雄次郎昌孝、執行役人古沢内蔵祐賢の名前が記されている。ここに名前が記されたのは担当者のみと考えられ、今回は東町奉行所の寺社方と盗賊方の与力が担当したのである。後の経過から明らかなように、四ケ所垣外仲間からは盗賊方に出願しているが、四天王寺に対しては寺社方からの問い合わせがなされている。また、一貫して東町奉行所が担当しており、西町奉行所が関わっていない点は、前二件とは異なっている。

四天王寺側では、以前の公文所は執行と名前を変え、また一件の担当者として前面に出ているのは年預方であった。この点は、前二件の記録が執行役所（もとの公文所）に残されていたものを、弘化二年七月に参考として年預役人木下雄次郎が写したものであったことと符合している。

大坂絵図「非人村」記載一件

まず、大坂絵図のなかで四ケ所垣外に「非人村」という記載がされているのを削除してほしいと願った一件からみていきたい。経過を追いながら、論点を確認していこう。

弘化二年七月一日に東町奉行所寺社方与力から年預・執行に差紙があり、翌日年預役人木下岩次郎（雄次郎とは別人カ）が出頭すると、次の二点を尋ねられた。第一には、「悲田院長吏・小頭共身上」を取り調べたいことがあるが、「元々」がわからないので由緒を取り調べて返答するように、第二には、彼らが「御山用相勤候節ハ」帯刀することもあるのか、ということである。その日の内に、こうした問い合わせの背景を知ろうと、悲田院長吏・小頭たちを呼び出し、出頭した小頭専助に「公辺」への申し立てがあるかを尋ねた。

翌三日に長吏善次郎が出頭し、年預役人木下雄次郎におおよそ次のような事情を説明した。第一の由緒取り調べにつながる「公辺」への申し立てについては、〝天満の大火の際、焼失地を描いた絵図に天満垣外が「非人村」と表記されたが、与力内山彦次郎の懸りで削り取りとなった。天保八（一八三七）年の「大坂絵図面」でまた非人村と記載されたが、この時は御用多と思い差し控えた。しかし、昨辰（一八四四）年冬分の「大坂大絵図」では、さらに微細に「四ケ所」だけでなく鳶田山添・毘沙門池など十三組小頭下のところまで「非人村」との記載されたため、黙視しがたく六月に盗賊方役所(10)に歎願した〟という趣旨の説明を行った（十三組小屋頭については〈小野田二〇〇七〉を参照）。

第二の帯刀の件に関しては思い当たる内願はないという返答であった。ただし、帯刀そのものについては、「四天王寺御聖忌御用」の際は帯刀を許され、延宝六（一六七八）年の摂州山手での強盗召し捕りの際には、長吏が刀脇差、小頭が脇差を認められたとの書留もあると説明した。ここで注意しておきたいのは、町奉行所からの問い合わせがあって、四天王寺の動きにつながったのであり、今回も天王寺垣外・鳶田垣外側から四天王寺に届け出ていないことである。つまり、四天王寺に依頼して、そこから願い出てもらうという関係ではなかったのである。

ここには、善次郎が持参した、四ケ所長吏連名で盗賊方与力に提出した願書（弘化二年六月十五日付）の写しも留められている。そこでは、「私共身分濫觴之儀」や絵図に「非人村」と記載された経緯、その削除を願う内願の趣旨などが記されている。そのなかで「天王寺悲田院幷鳶田之儀も是又非人村と書加へ有之、其外四天王寺丑寅ニ当り候字毘沙門池或は高原・鳶田山添等ニ罷在候十三組小屋頭幷同手下野小屋体之もの共住居之地をも非人村と書加へ」られているが、これでは「四ケ所長吏共住居之地も十三組小屋頭幷同手下小屋々之もの共居所とも同号ニ而、身分一様ニ混雑いたし、右体一体非人村之通唱ニ相成候義、甚以歎ケ敷次第ニ奉存候」と述べている。つまり、十三組小屋頭やその手下の者が居住する四ケ所共同管理の高原（溜の所在地）や悲田院支配下の毘沙門池、鳶田支配下の山添などと自分たち四ケ所（天王寺＝悲田院・鳶田・道頓堀・天満）がおなじ「非人村」と書かれていることが歎かわしいというのである（こうした記載の実際は、後掲図1・2参照）。言い換えれば、本来の四ケ所垣外仲間は非人ではなく、その配下の十三組や野小屋の者が非人だという主張である。

以下の来歴の説明は、その主張の根拠を示すことに集約されている。まず第一に、聖徳太子の「無縁之貧人施行」を手伝って以来の系譜をひく悲田院垣外については、享保期までの絵図では、悲田院という地名のみが記されていたこと、宗旨人別などは天王寺村内の悲田院垣外・鳶田垣外は谷町代官所に、難波村内の道頓堀垣外と川崎村内の天満垣外は鈴木町代官所に提出していることなどに触れている。ここには、聖徳太子の貧人（＝非人）施行を手伝ったのであって、自分たちは非人ではないという含意がある。村—代官所というラインでの人別を把握されているのも、非人＝無人別という含意の下で自分たちは非人ではないという意図があるのではなかろうか。

続いて、第二に「非人共追払被為　仰付候濫觴」について書き上げている。それによると、慶安五（一六五二）年一月十三日、寛文十（一六七〇）年一月、天和四（一六八四）年二月の事例を挙げ、この天和四年の時に引き取った者たちを居住させるため隣接地を確保し、そのなかから十三人の「心底宜キもの」を選んで十三組小屋頭としたと説明している。そして、現在も非人手下で長吏に引き渡された者は十三組小屋頭に引き渡しているという。ここでも、自分たちは非人を追い払う存在であって、追い払われる存在こそが非人であり、十三組小屋頭はその非人たちに系譜しているというのである。

垣外仲間が、十七世紀前半までに乞食・貧人（＝非人）として生み出されてきた経緯は忘却されている、あるいは意図的に排除されているというべきであろう。

なお、正徳五（一七一五）年六月に、人数が足りないのを補うため、十三組小屋頭たちも「長吏・小頭之手ニ差加へ」御用に出勤するようになったこと、十三組小屋頭については文政十（一八二七）年十月六日に詳しく上申済みであることを付け加えている。そして、自分たちが非人と見做されては、他国遠境の者に侮られ、町奉行所盗賊方の下での遠国御用に支障が生じ、在方番人（非人番）からも蔑ろにされることになるので、天王寺悲田院長吏・鳶田長吏・道頓堀長吏・天満長吏と書き載せるよう板元に「御利解被為　成下」てほしいと願っているのである。

板行された大坂絵図における「非人村」記載を削除してほしいという出願は、非人範疇を支配下の十三組小屋頭や野小屋の者、あるいは野非人・新非人に限定することで、自分たちは非人ではないと主張するものであった。この願書での四ケ所垣外長吏たちの説明する十七世紀からの経緯（「歴史」）は、こうした出願意図との関係で慎重に理解する必要がある。その上でだが、垣外仲間の御用の本源的なあり方が、貧人＝非人に対する統制・取締りにあったことがうかがわれ、注目される。

これを受けて、七月四日に年預・執行双方の名代として年預役人木下雄次郎が東町奉行所寺社方役所へ「口上覚」を提出した。そこには、聖徳太子に関する記文の一節にも触れて、四天王寺からみた悲田院の由緒などが記され、また別紙として、四天王寺による処罰事例(11)や伽藍用での帯刀などについても書き出されている。ただし、伽藍用での帯刀は伝承しているが、「中古」以来なくなっており記録もないと述べている。おそらく、公儀御用での帯刀が認められているという長吏たちの言い分を受けて、四天王寺でも（現実にはないにも拘わらず）それに準ずるような書き方をしたのであろう。

この後、十月十日に東寺社方役人から四天王寺への差紙があり、翌日出頭した木下雄次郎に、大坂絵図の「非人村」記載については、「其御山ニ御由緒も有之、元々非人ニも無之、取調相済候」と説明された。その上で、「天王寺長吏」と記すと僧名と紛らわしいのではないかと聞かれたのである。四天王寺では悲田院長吏善次郎にも意向を聞いた上で、十一月十五日に「四天王寺衆徒」に紛らわしいので「天王寺悲田院長吏」と呼ぶようにしてほしいとの「口上覚」を提出した。最終的に十二月十三日に盗賊方与力浅羽太膳から、大坂絵図から「非人村」の記載を除き、「長吏」と改めるように申し渡しがあった旨が四ケ所長吏たちに伝えられて、この件は結着したのである。

この経過からすると、町奉行所では十月半ばの時点で、大坂絵図の「非人村」記載の削除については結論が出ていたようである。その際、四ケ所垣外仲間の者は「元々」非人ではなかったという理屈に話は展開したのである。もっとも、そうした動きは十八世紀半ばから胎動していた。元文六（一七四一）年二月に浜納屋下で火を焚いた非人の吟味の際に、非人は長吏たちの手下ではないと町奉行所で主張して認められた（塚田二〇〇二）。これを受けて、道頓堀垣外の長吏・組頭（小頭）たちは、①新垣外の者の肩書に非人とあるのを除いてほしい、②道頓堀垣外の宗旨帳面上書きに「乞食仲間」とあったのを他の三垣外と同じ「垣外仲間」と変えてほしいと、難波村庄屋に願い出て認められている。この時は、新垣外＝十三組小屋頭管轄下の者から非人の肩書を除くことを願っており、今回の十三組小屋頭以下を非人とするのとは線の引き方は異なるが、自分たち垣外仲間から非人という言葉を遠ざけようとすることでは共通している。[12]

実際の大坂絵図をみてみると、天明九（一七八九）年二月御免・文化三（一八〇六）年三月彫成の「増修改正摂州大坂地図」によれば、四ケ所垣外や高原、毘沙門、山添などに「非人村」・「非人」などと記載されている（図1）。こうした木板刷りではなく、享保末から元文頃に北組惣会所において手描きで作成された「大阪町絵図」（慶應義塾図書館刊）の段階ですでにこうした記載は定着している（図2）。すなわち、四ケ所長吏たちが問題にしていた状況は、十八世紀半ばころには定着していたのであった。[13] それを、四ケ所長吏たちは天保八年、弘化二年に至って改めて問題にしたのである。四ケ所垣外仲間と直接的な社会関係が存在する町奉行所・村・四天王寺などとの間での直接的な関係においては、彼らは長吏・小頭・垣外などと呼ばれ、非人と呼ばれることはみられなくなっていたが、社会の一般的な見方（外部からの視線、世

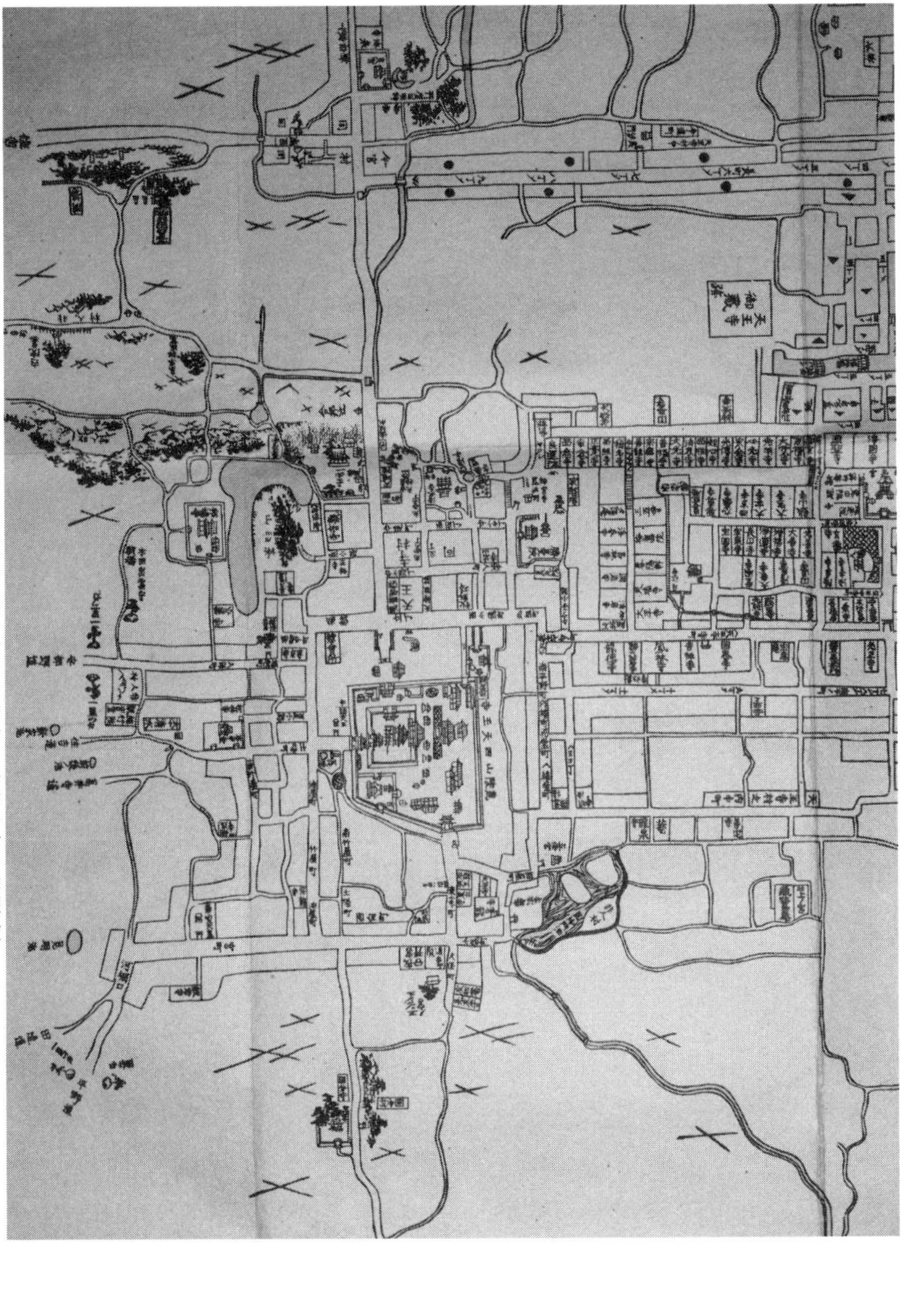

図1　「増修改正摂州大坂地図」(大阪歴史博物館蔵，部分)(天明9年2月御免・文化3年3月彫成)

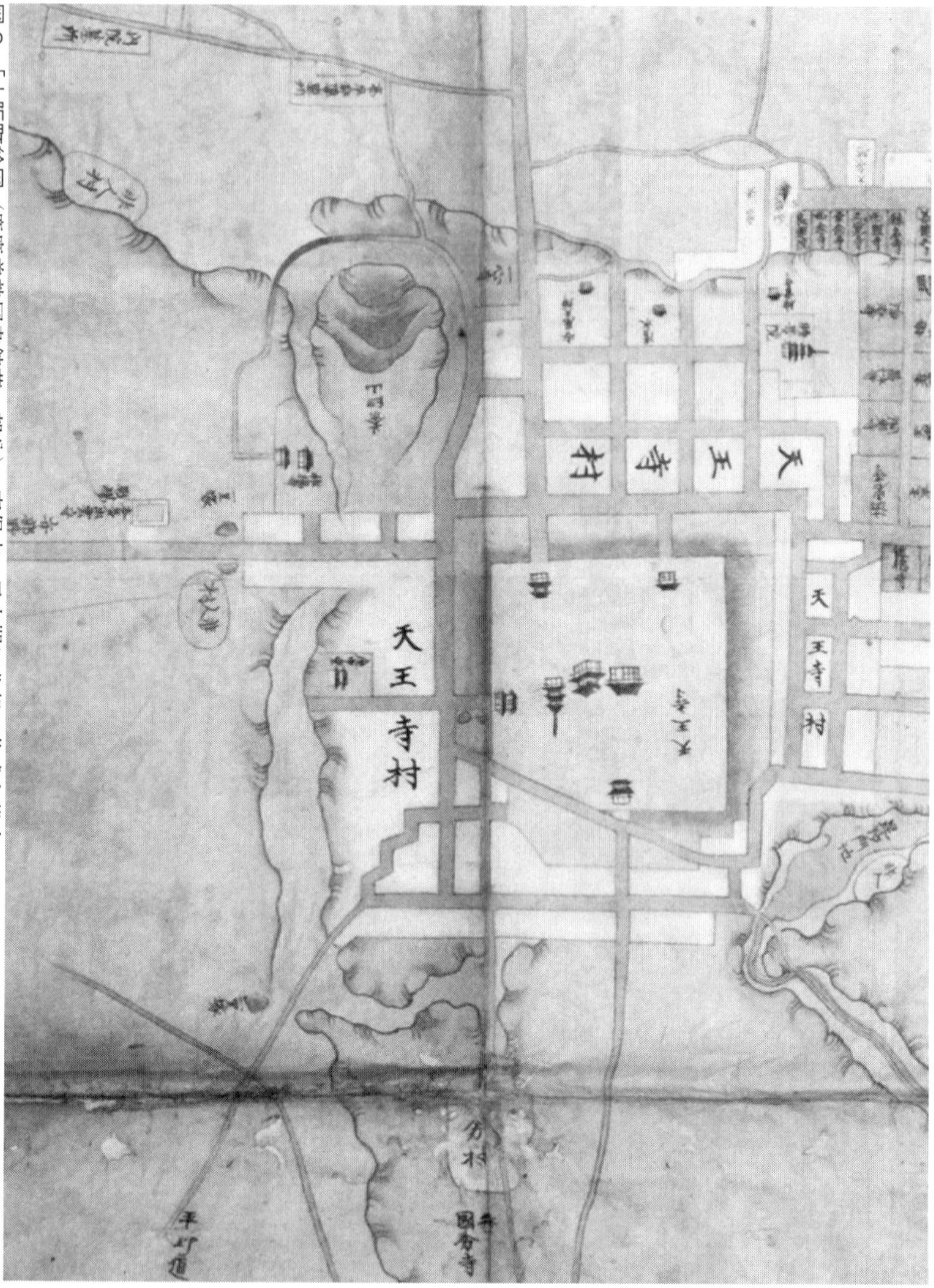

図２「大阪町絵図」（慶應義塾図書館蔵，部分） 享保末～元文期に北組で作成と推定。

論・世相の位相）においては「非人」視されることが多かったのであり、それを払拭したいと考えたのであろう。その時、選択されたのが、十三組小屋頭以下との間での線引きだったのではなかろうか。

扶持・帯刀一件

四ケ所長吏たちが社会的に非人と見做されることを払拭しようとした時に、重要な意味を持ってくるのが、御用であり、それに伴う帯刀や扶持であった。先の大坂絵図の「非人村」記載一件の進行中に、並行して扶持・帯刀をめぐる一件が浮上していた。本節で検討している記録の後半は、「四ケ所長吏四人え扶持米差遣、尚当山用向之節は、帯刀致し候様申渡候最初之次第、左之通」という文言の区切りが入れられ、この一件の経過が詳細に記されている。本項では、その経過を追いながら、論点を抽出していこう。

九月中に悲田院長吏善次郎が大坂絵図一件で年預役人木下雄次郎宅に来た時、道頓堀・天満垣外は悲田院より分かれたのだが、「当時御当山之御用筋相勤候義も無之」歎かわしいので、長吏四人へ少しでも良いので「御米」を頂戴できないかと願った。この願いについて、木下らは「公辺向も能、世上之聞へも取直し度所存」だろうと推察している。四天王寺の「御蔵物年々払底」の折なので、長吏たちから祠堂金を出せば、その利足銀で渡すことでどうかと対応している。これに対して、長吏たちは四ケ所より毎年白銀三枚を奉納することを申し出たので、四天王寺では二人扶持（四長吏で八人扶持）を与えることにした。さらに四ケ所長吏が「当山用向」きを勤める時には帯刀を認めてほしいとの願いも認めることとした。しかし、四天王寺の判断では、これまでに悲田院・鳶田長吏に「御聖忌」の御用の際に「当山一手限」で帯刀を許した前例もあり、扶持米・帯刀とも「当山ゟ公辺届出候ハヽ、彼是六ケ敷」なるので、届けないことにした。

四天王寺が推察した通り、四ケ所長吏たちの意図は、大坂絵図一件の渦中で、町奉行所への体面と世間の聞えをよくすることにあったのであろう。まずは、四天王寺の判断が長吏たちの意向を汲むものであったことが注目される。しかし、四天王寺は現実的なことを考えて、一山限りの内分のことにしておくつもりであったことにも注意が必要であろう。

それからほぼ一カ月を経た十月二十八日に、年預役人木下雄次郎・執行役人古沢内蔵は、長吏四人を地方役所（四天王寺内の役所）に呼び出し、〝毎年、扶持米支給の前日に伝えるので、印形を持参するように〟と申し渡した。四ケ所長吏たちは、四天王寺の内分にという心づもりを解さず、この申し渡しを盗賊方に伝えたものと思われる。その直後に町奉行所から差紙があり、十一月一日に年預役人木下岩次郎が出頭すると、盗賊方与力浅羽太膳から、〝四ケ所に扶持を給することで、彼らが寺用を優先させたら「公辺御用筋」に支障を生ずるが、それをどう考えているのか〟と尋ねられた。

町奉行所では、大坂絵図一件はほぼ判断が下されていたが（前述の十月十一日の説明）、ここで扶持・帯刀の問題が浮上し、十一月中旬まではこの問題で町奉行所と四天王寺、四ケ所長吏を巻き込んだ交渉が展開する。

木下雄次郎は、悲田院長吏善次郎を呼び出し、事情を確認し、返答の仕方を相談した。前例のない道頓堀・天満長吏の帯刀については、どう理由づけるか苦慮の様子がうかがえるが、十一月二日に木下雄次郎が東盗賊方役所に返答書を持参し、そこで与力浅羽との問答が行われた。浅羽は、当時「若キ者末々ニ至迄相応之御用筋有之、近来ハ別而壱人たり共、無役ニ罷在候者無之候」という状況を指摘し、道頓堀・天満長吏に扶持を給することで四天王寺の用向きを優先させるようになると「御役所御用筋」に差し支えるとの考えを伝え、これは東叡山へうかがった上での下知か、また聖徳太子年忌の際の帯刀は道頓堀・天満長吏にもあったことなのかを尋ねた。木下は、その場で悲田院・鳶田が不都合の時、長吏同士の申合せで道頓堀・天満から出勤の例があると取り繕っている。(14)

この時の浅羽の発言からは、安永五年の段階と比べると、この当時は垣外の若き者にとって御用の比重が大きくなっていたことがわかる。また、安永五年の段階では、垣外仲間が御用を根拠に四天王寺の支配を拒否しようとしており、町奉行所もそれを支持する構図だったのが、この段階では、四天王寺が四ケ所長吏を後押しする措置をとろうとするのに対して、町奉行所が御用を理由にブレーキをかけようとする構図に転換していることが興味深い。浅羽は、四天王寺の提出した「口上覚」に「弐人扶持ニ准恵遣」とある文言について、扶持に「准」じて「恵」むものであって、長吏たちが「御山之扶持人とハ相違之事」を確認するとともに、今後、四天王寺からの咎の申し付けは事前に町奉行所に届け出るようにと指示している。

その日、木下雄次郎は執行役所で古沢内蔵に今日の内容を伝え、道頓堀・天満に対しても「新規」のこととならず、四ケ所一体という点の町奉行所の理解が得られたことを「内々相悦候事」と表現している。翌日、浅羽との問答の様子が悲田院長吏善次郎にも伝えられた。その後、道頓堀長吏仁左衛門が他の用事で東盗賊方役所に出頭した時、四天王寺からの返答と長吏たちからの届出の齟齬が指摘されたとの申し出を受け、木下・古沢は相談の上、十月二十八日の四ケ所長吏宛の申し渡しの文言を修正した。

そして十一月十一日に四ケ所長吏たちが「二人御扶持」下付と「施行」の節の帯刀御免を町奉行所に届け出て、聞き届けられたと、[15]翌十二日に四天王寺に申し出た。これを受けて、(年預方では)「先々安堵致し候」との感想が記されている。思わず四天王寺一山の立場が表出されたといえよう。その後、四ケ所長吏たちは「両舎利・年預・執行其外各院迄、音物持参回礼」し、懸り役人二人にも音物を持参した。

しかし、その余波はまだ続いた。十一月二十二日に悲田院長吏善次郎・道頓堀長吏仁左衛門が木下雄次郎宅を来訪した。仁左衛門は「東西町御目付御手先御用」を勤めているが、二十日に西町御目付から召し出されて、次のようにいわれたというのである。「此度其方共四天王寺用向承之候節々、帯刀致し歩行致し候由」であるが、四天王寺の用向きで帯刀で出役している時に、御用筋で出向かなければならなくなった際に帯刀で行くつもりかと詰問されたのである。それに対して、昨日、すべて帯刀のままで公用に携わることは決してしないとの返答の書付を提出して、聞き届けられたこと、その際、四天王寺用向きの頻度を聞かれ、「両彼岸・千日参・大会等」と臨時のものがあると返答したとの事情を説明した。

盗賊方と定町廻り方の御用の他、町目付の御用もあったのであるが(高久二〇一一)、これについて道頓堀長吏仁左衛門は「其方儀……（町目付の）御用筋手先相勤罷在候」といわれており、勤める個人が特定されているように思われる。そうした部署にも今回の措置の波紋が広がったのである。

ともかく、以上の経過を経て、四天王寺から四ケ所長吏全員へ二人扶持に準ずる米が給されることになり、「御聖忌」への出役に際して帯刀することが町奉行所の承認を得ることになったのである。もちろん、それは町奉行所からすれば、四ケ所垣外への四天王寺の一元支配を認めたものでないことはいうまでもない。しかし、何はともあれ、町奉行所の承認を得たことで、以後は問題が四天王寺と四ケ所長吏たちの間で展開することになる。その局面は、翌弘化三年の二月頃まで続くのである。そこでは、四ケ所長吏たちから四天王寺の用向きをめぐるさまざまな要望が出され、それを四天王寺が次々と認めていくという動向が続く。以下に、この局面の動向を追っていくことにしよう。

町目付とのやり取りを申し出た際（十一月二十二日）に、悲田院・道頓堀両長吏は数十年に一度の「御聖忌」（御遠忌）だけだと間遠なので、「為冥加手弁当」で「両彼岸会・大会・千日参等」に四ケ所長吏で申し合せ「山内え帯刀ニ而罷出、若キ者見廻り候為制度罷出」たいと相談に及んだ。ここから、四ケ所長吏の帯刀が認められたのが聖徳太子遠忌への出役だけだったことがわかる。また、山内用向きとしては春秋の彼岸会、三大会（二月十五日の涅槃会・二月二十二日の聖霊会・九月十五日の念仏会）、四天王寺千日詣り（七月十日）の警備も確認できるが、それらには（天王寺・鳶田両垣外の）若き者たちも出役したことはいうまでもない。しかし、ここでのポイントは、四ケ所長吏たちが、その若き者たちの監督・取り締まり（「制度」）のためと称して（四天王寺からの命ではなく）手弁当で出役することで、帯刀の機会を増やそうと意図していることである。これと表裏のこととして、山内堂社修復のため「市中幷村々庄屋方え頼入」り、喜捨物を集めたいので認めてほしいとも願っている（四天王寺承認の勧進）。

これに対し、対応した木村雄次郎は即答しなかったが、後刻、執行役人古沢内蔵と、〝これを認めて長吏たちが「会式毎ニ帯刀ニ而罷出」ると、門番役などの者が一刀で番所に詰め、見廻るのでは山内秩序が混乱するのでどうするか〟と相談している。長吏たちの出願を認める方向で対応が探られていくのである。

十一月二十九日の山内諸役人への渡米に合わせて、長吏たちにも四天王寺地方役所で米が渡された。これに対して、悲田院長吏善次郎が十二月十一日に本年分の奉納銀二一五匁を木下雄次郎宅へ持参した。その時、善次郎は、今後も地方役所ではなく、目立たないように木下・古沢家に納め、「小頭・若キ者迄も極々内証仕置度」と願った。これは、(准)扶持を奉納銀とバーターした長吏の立場を糊塗するものであり、扶持を受けることの権威を最大限に発揮させようとする意図が働いていた。それは小頭や若き者にも隠されたのであり、その権威保持の意図は仲間内にも向けられたのであった。これも木下・古沢らは容認していく。

十二月中旬に善次郎が木下宅に来て、十三日に東盗賊方浅羽太膳から大坂絵図の「非人村」記載を削除するよう申し渡されたことを届け出た。早くに方向性がみえていた大坂絵図一件ではあるが、この段階でようやく正式に結着したのである。この日、善次郎から勧進の名目をどうしたらいいかと聞かれ、木下は修復中の念仏堂への寄進で行うように指示した。

翌弘化三年正月三日には長吏のうち三人が「麻上下・一刀ニ而」、一山・秋野坊のところを年頭祝詞に回った。そして二月七日には、四ケ所長吏たちが旧年冬より、二月二十二日の聖霊会に帯刀で御供したいと願っていたことについて、執行方役人古沢内蔵とも相談して、「御鳳輦」の警固役人の後に羽織・袴・帯刀で供奉させるということで方向が定まり、善次郎に伝えられた。先の長吏たちの表現では、若き者の統制のため手弁当で出役したいとあったのが、ここでは、聖霊会の行列への供奉となっているが、同時に、念仏堂名目の寄進を認め、念仏堂留守居の密源から勧化帳を渡すことも伝えられているので、昨年十一月二十二日の出願から引き続いた問題の結論であることは間違いなかろう。

一方で、同日に四天王寺山内の「門役・加役・小使等」の勤め方につき改正が行われ、執行役所で申し渡された。その内容は以下の通りである。

①「門役仲間之者共、三大会供奉・警固之節ハ、麻上下着用ニ而罷出相勤可申候」

②「加役之者共、是迄一刀・法被着用ニ候得共、向後は帯刀致し、袴着用ニ而相勤候様申付也」

③「小使恒次郎、是迄一刀・法被・袴着用ニ候得共、向後は帯刀致し、是迄通相勤可申候」

これらはいずれも帯刀を認める（門役はこれ以前から帯刀か）ことに眼目があると思われるが、こうした措置が取られたのは、聖霊会に四ケ所長吏たちが帯刀での供奉となることで、上下の秩序が混乱することを危惧したからである。ただし、この時長吏に認められたのは聖霊会への供奉だけであった。

二月二十二日の聖霊会当日に、四ケ所長吏四人は先の方式では「警固御役人御付御用」を勤めているようになるので、「麻上下・帯刀」で、「可相成は村方庄屋供奉之跡え引続き御供」したいと歎願した。これについても、何れにしろ供奉を認めたのだからと、年預が即決し、容認した。合せて、悲田院長吏は由緒もあり、他の三長吏とは別段の措置を取ろうということになり、善次郎は毎年頭の「御宝蔵頂拝之節、御用被仰付、其序を以拝礼御免」を内願した。さらに、善次郎は追って倅を見習いとして出勤させたいとも願い、これも差し支えなしとされた。これを聞いて、小使恒次郎は、元旦の宝蔵への出仕の際に長吏善次郎が帯刀で、自分が一刀では「彼是差障り」があると内願し、彼も帯刀での出仕となった。

長吏たちの格式の上昇を次々と認めていった四天王寺であるが、それが山内秩序を乱すことにつながり、その再編が必要になったのである。

第三局面の経緯は以上の通りであるが、本記録にはこの後、弘化四・五年の関連記事が少しだけ記されている。まず、弘化四年正月に、悲田院長吏善次郎が木下雄次郎宅に来て、大坂絵図一件の冥加として「両御奉行様え年頭・八朔幷御初入之節ニ、御礼奉相勤度旨」を願って認められ、今年は「去ル七日、両御奉行様え年頭御礼相勤、御献上物仕、引続御家中幷天満組御役人えも夫々廻礼」したことを届け出た。

続いて同年二月に、聖霊会への供奉だけだと、御用と差し合って出れないこともあるからと、聖霊会と涅槃会の両方に御供したいと願う。これも「最早何れへも差支之筋も無之間」として、すぐに容認された。同時に、一山各院の遷化葬式の際、警固を申し付けられ掃除番人のようで歎かわしいと申し出たが、これについては出役を申し付けないので、自分として見送りするようにとされた。さらに両大会の節、履物などを持つ供人一人を連れてきたいと願い、聞き置きとなった（実質の了承）。

最後の記事は、弘化五年正月に、悲田院長吏善次郎の倅善吉が一六歳になり長吏役見習として出勤するという四天王寺役人中宛の届けである。

弘化四年・五年にも、弘化二〜三年の長吏たちの要望を受け入れていく四天王寺の姿は継続していたのである。

以上、弘化二年七月から翌年二月にかけての動きは、大坂絵図をめぐる局面、扶持・帯刀をめぐる町奉行所を含む交渉の局面、そして四ケ所長吏（それを主導する悲田院長吏）と四天王寺との関係の局面の三つの段階を経て、展開した。そこで注目された点を小括しておきたい。

①今回も、四天王寺が一件の発生を知ったのは、寛政八（一七九六）年の場合と同じく町奉行所からの問い合わせによるものであった。しかし、それを心得違いと非難するようなことはなく、垣外仲間による大坂絵図の「非人村」記載の削除要求を後押しした。また、それと関連して要望された（准）扶持や帯刀の問題も次々と認めていったのである。両者の関係は四天王寺による処罰を拒否しようとした安永五年の段階とは全く逆転していた。

②一方、四天王寺による（准）扶持や帯刀の許可について、町奉行所は御用に支障が生ずることを危惧した。安永五年には、垣外仲間にとって御用は四天王寺の支配に抵抗する根拠であり、町奉行所もそれを支持したが、ここでは町奉行所は「公辺御用」を最優先で考え、四天王寺の支配の強まりに制限を加えようとした。裏返すと、垣外仲間をその強い支配下の存在だと考えており、四天王寺の処罰は事前に届けることが求められたのである。その点では、町奉行所の論理は安永五年段階と一貫している。

③当時の御用勤めの状況も、安永五年段階とは大きく変わっていた。安永五年には、小頭の処罰は御用の支障とされたが、

若き者はそうではなかった。それに対して、今回は若き者は全員が「公辺御用」を勤めており、四天王寺の用向きを優先させては支障が生じるといわれており、御用負担の比重が一段と増している現状があった。天王寺垣外では、弘化二年十二月に家督（垣外番株）を持つ者で自ら御用を勤められない者は代勤者を立てることを求められる改革が行われたが（塚田二〇一二）、それはこうした御用負担の現状と関わっていたのであろう。なお、町目付の下での御用は勤める個人が特定されていたと思われることも注目される。

④垣外仲間は十八世紀に直接的な社会関係のなかでは非人と呼ばれることは少なくなっていたが、一方で、外部からの一般的な認識を示すと思われる大坂絵図への「非人村」記載は十八世紀半ば以前に定着していた。それをこの段階で変革したいと考えたのは、町奉行所の御用負担の深まりや四天王寺に依拠した格合の上昇が背景にあったものと思われるが、それが十三組小屋頭以下の者たちに非人という認識を押し付けることにつながった。[16]

⑤四天王寺は四ケ所長吏に二人扶持に相当する米を渡すことを認めたが、内実は奉納銀とのバーターであった。しかし、その形式の持つ意味は大きかった。だからこそ、町奉行所は「扶持」そのものであることを認めず、あくまで「准」ずるものとすることで容認されたのである。一方、小頭以下にはバーターのカラクリを秘していたのも形式の持つ重要さを示している。

⑥天王寺・鳶田垣外の者は四天王寺の「両彼岸・千日参・大会等」の用向きに出役していたが、そのなかで長吏は聖徳太子の「御聖忌」（遠忌）には帯刀での出役が認められていた。道頓堀・天満垣外の者はこれまで出役することはなかったが、この時に「御聖忌」への帯刀での出役があったということにされ、以後認められることになった。その後、彼らは「両彼岸・千日参・大会等」に出役している若き者の監督のため帯刀で出役（ただし手弁当）したいと願ったのが、聖霊会での帯刀・供奉の承認となり、さらに涅槃会への帯刀・供奉の承認へと、次々と要望が認められていった。ただし、悲田院長吏を他の三長吏と区別するため、彼だけに正月元旦の宝蔵拝礼が認められたのである。一方、こうした四

ケ所長吏たちに帯刀での出役が広がるという格合の上昇は、門役・小使などとの均衡を失わせ、寺内の秩序の再編が必要になったのである。

⑦これまで四天王寺の用向きを勤めていたのは天王寺・鳶田両垣外だけであったが、(准)扶持を四ケ所長吏に与えることとの辻褄合わせから、道頓堀・天満両垣外も寺用向きを勤めることがあったということとされ、それに事実を合わせていくことが必要となった。それは悲田院垣外から、鳶田が、続いて道頓堀と天満が分かれたという由緒の〝実態化〟ともいえよう。

⑧四ケ所長吏らは、大坂絵図からの「非人村」記載の削除の冥加を名目として、町奉行所への年頭・八朔と初入りの時に御礼に出ることを願い、麻上下・脇差での御礼を認められる。四天王寺との関係での格合の上昇だけでなく、町奉行所との関係でも格合の上昇を実現したのである。

以上のような状況は、十八世紀以降の四ケ所垣外と町奉行所や四天王寺との関係の変動の到達点を示しているといえよう。その際、「公辺御用」や「山内用向き」の勤め方は変動の基軸をなしていたのではなかろうか。この時期の「公辺御用」と「山内用向き」の勤め方の一端を節を改めてみておこう。

4　四天王寺の用向きと公辺御用

『悲田院長吏文書』のなかに、前節で検討した弘化年間を前後する時期の四天王寺の僧侶の葬列や将軍位牌の入寺の行列などを記した史料が残されている。それらを列挙すると、天保十二(一八四一)年九月三日の一一代将軍徳川家斉の「御尊号」(文恭院)入寺の行列(『悲田院長吏文書』五〜七頁A、同前八〜一〇頁B)、嘉永六(一八五三)年の一二代将軍徳川家慶の「御贈号」(慎徳院)入寺の行列(同前一八〜二〇頁A、同前一四〜一七頁B)、弘化三(一八四六)年八月十一日の年預千葉院の葬列（同前一一～一三頁）、文久三（一八六三）年十月四日の前一舎利無量院の葬列（同前二一～二六頁）の四回分六点である。

これらの全面的な分析は他日を期し、以下では前節までの議論と関わる若干の論点を示しておきたい。

将軍位牌の入寺行列については、二回ともほぼ重なる内容の帳面が二冊（A・B）づつある。天保十二年の家斉「御尊号」Bには、盗賊方の指示により四天王寺の帳面を写したものであることが注記されている。嘉永六年の家慶「御贈号」Bにも四天王寺のものを写したとの注記があり、同性格のものと思われる。Bはともに、町奉行所関係者各人の名前が入っておらず、それは悲田院長吏によって朱書で注記されている。それに対して、両度ともAは町奉行所作成のものの写しかと思われるが、断定できない。

将軍位牌の入寺については、町奉行所からの出役がみられるのに対して、四天王寺僧侶の葬列は寺内だけの関わりである。それ故、将軍位牌入寺の際の出役は、町奉行所への御用と四天王寺への用向きが絡まっていることに留意する必要があろう。

嘉永六年の家慶「御贈号」の場合には、先頭に東西の町目付同心と供人、その後ろに東西の定町廻り方与力・同心と供人が続き、この後「当山列立迄凡十間程間合有之、列外ニ候へ共始終ニ見合セ歩行」と記載され、続いて山内の行列が詳細に記されている。最後に盗賊方の与力・同心と供廻り人が記されている。長吏たちは当日暁六つ時に北浜一丁目揃いとあるが、盗賊方の出方は暁六つ半時に北浜二丁目会所揃いとされており、盗賊方の出役は行列とは別の警固の動員ではないかと思われる。町目付・定町廻り方は行列の前方を歩く形の警固であり、盗賊方は行列とは別の形の警固であるが、警備という点では共通しており、「当山列立」とは区別されるものだったといえよう。こうした構造は、天保十二年の家斉「御尊号」入寺の際も全く同様である。

町目付・定町廻り方の供人や盗賊方の供廻り人には、垣外仲間からの動員が行われた。また、四天王寺山内の行列のなかにも垣外仲間の動員がみられた。このうち町奉行所関係者の下への動員は、天保十二年の場合、嘉永六年の場合ともに、四ケ所すべてから行われている。これに対して、四天王寺山内の行列においては、天保十二年の場合は悲田院・鳶田両垣外の長吏・小頭・若き者に限定されていた。しかし、嘉永六年の場合には、四天王寺から十一月二十三日に悲田院・鳶田に加えて、道頓堀・天満にも出勤するよう達しがあった。各垣外の長吏は麻上下・帯刀で、小頭（一人）は羽織着の、若き者（三人）は無羽織の小紋股引き脚絆で草履履きという指示であった。前節でみた弘化二年の扶持・帯刀一件で、四天王寺の用向きへの出役を天王寺・鳶田垣外から道頓堀・天満を含む四ケ所全体に広げたことの反映がみられるのである。

しかし、この指示の前提には、悲田院長吏から四天王寺への働きかけがあった。十一月二十二日付の天満長吏作次郎から悲田院長吏善次郎への書状は、「御尊号四天王寺へ入御在之ニ付ては、御地幷尊号御先例ニ候迚、右警固ニ御出向可被成由」（これは天満長吏の視点から書いているので、「御地（天王寺垣外）の尊号入御の際の先例で警固に出るとのこと」という意味）だが、「先早々道（道頓堀垣外）幷当方（天満垣外）も右ニ可出向義ニ候得は、其由御院内へ可申込哉」（道頓堀・天満垣外の出役を四天王寺に申し入れるかどうか）と返答を求められたのに対する返書であるが、天満長吏作次郎は、道頓堀長吏と相談する猶予がほしいと書き送っている（『悲田院長吏文書』二一七〜二一八頁）。そして翌日、道頓堀長吏の仁左衛門の不在、その倅繁三郎は幼少かつ病気であることから、道頓堀垣外では「此度之出勤、先見合可申」といってきたが、自分（天満長吏作次郎）も今朝西地方役から急ぎの用向きを命じられたこともあり、「同様出勤相見合可申候」と返答している（同前二一七〜二一八頁）。

つまり、悲田院長吏は道頓堀と天満の長吏に対して、四天王寺への出役の申し入れをしようと思うが、どうだろうかとの問い合わせをしたが、道頓堀・天満からは賛同を得られなかったのである。もちろん道頓堀・天満垣外ともに、それが今後の「規模ニも可相成」ということ自体は否定していないが、悲田院長吏の立場とははっきりとした落差がある。弘化二年以後、嘉永六年まで道頓堀・天満垣外の者が四天王寺の用向きを勤めることはなかったことも確認できる。この断りの返答の書状と四天王寺からの動員指示を伝える書状が同日付なので、悲田院長吏は道頓堀・天満の長吏からの返書を待たずに四天王寺に申し入れたものと思われる。

当日の行列の記載をみると、定町廻り方与力磯谷九八郎の御供として道頓堀長吏繁三郎の名前がある。繁三郎は長吏仁左衛門の倅であるが、長吏の肩書をされている。一方、山内の葬列の最後尾の方で四ケ所垣外の長吏・小頭・若き者三人ずつが記されている。「麻上下帯刀」の鳶田長吏の庄吉、悲田院長吏見習い善吉、天満山長吏作次郎、道頓堀長吏仁左衛門の名前が並んでいるが、作次郎、仁左衛門には「病気之趣断」と注記され、両人は出役しなかったことがわかる。ここからは、弘化二年の一件を経て、四天王寺の用向きを四ケ所全体が勤めるようになった変化と道頓堀・天満両垣外にとって四天王寺の用向きは外在的なものであり続けたことの両面がうかがえる。

先に触れたように、弘化三年の年預千葉院の葬列と文久三年の前一舎利無量院の葬列は町奉行所の関与はなく、寺内のみのものという点では同性格であった。しかし、その規模は大きく異なる。弘化三年の葬列は、具体的な人名などの記載はなく、詳細は不明である。長吏が「さらへ」（竹箒に続いているので、合わせて行列の先払いの役か）として参加していることが確認できるだけである。おそらく、天王寺・鳶田の長吏に限られている。

これに対して、文久三年の無量院の葬列は、千葉院の場合と比べると規模がとても大きくなっている。この葬列は、当時の寺中の全体構造を示していると思われるが、その分析は後日に譲り、若干の点に触れておきたい。先頭に掃除の「さらへ」と竹箒が並ぶが、その後に麻上下帯刀の悲田院長吏善五郎、鳶田垣外長吏吉次郎が「若者共」といっしょに並んでいる。ここでも、悲田院垣外と鳶田垣外の者だけが参加しており、道頓堀・天満垣外の関わりは認められないのである。

この葬列には、「はじめに」において山崎論文によって紹介した僧俗にわたる寺内の構成員や公人が加わっているが（山崎二〇一二）、それ以外にも念仏堂の亀講・謝恩講・内陣講・深切講・薪講・舞台講などの多様な講中、「林町」（詳細は不明）の者たち、「大工・手伝・左官・屋根屋、其他共」のような出入職人、「里方」が葬列に加わり、さらに見送り衆として五カ町年寄（八百屋源兵衛・金剛定五郎・久保町忠右衛門・土塔町年寄・西向町七郎兵衛〈公人兼〉）などが記されている。これらの総体からなる四天王寺を磁極とする寺院社会構造のなかで、垣外仲間もその一端を構成しているのである。

こうした点と関わって、嘉永六年の家慶「御贈号」入寺の山内行列のなかに、麻上下で鉄棒を引く煮売屋仲間の者二人、皮羽織を着た手伝方肝煎二人が加わっていることも注意しておきたい。四天王寺から認められた煮売屋仲間や四天王寺を結集核とする手伝い仲間も、四天王寺の寺院社会の一端に位置づくことがここに示されているからである。

おわりに

本章では、十八世紀半ば過ぎから幕末に至る大坂の垣外仲間と四天王寺、および町奉行所の関係のあり方とその展開を概観してきた。その際、一節から三節では、安永五（一七七六）年の四天王寺による天王寺・鳶田垣外の処罰一件、寛政八（一七九六）年の代官所による天満垣外処罰一件、弘化二（一八四五）年の大坂絵図ならびに扶持・帯刀一件をそれぞれ取り上げたが、寛政八年時には安永五年の一件が想起され、弘化二年時には安永五年と寛政八年の一件を参照するため一件記録の写本が作られたのである。四天王寺において、これら三つの一件が関連する問題群のなかにあると意識されていたことは間違いない。しかし、そこでの三者の相互関係は大きく転換していたのであった。

十八世紀半ば過ぎまで、天王寺・鳶田垣外に対しても四天王寺の支配は外的で、むしろそれに反発していた。四天王寺が垣外の者を処罰しようとした時、その受入れを拒否しようとして持ち出されたのが、町奉行所の御用に支障が生ずるという理屈であった。それは、とくに小頭に即して主張されたのであるが、盗賊方の下での御用を小頭らが主として勤めたことが大きな意味を持っていたのであった。

十八世紀末の代官所による天満垣外の者の処罰の方式をめぐる一件を転回点として、聖徳太子と四天王寺に関わる由緒は、道頓堀垣外と天満垣外を含むものへと拡張された。しかし、その一件の出発点では四天王寺は、自ら願い出てこない天王寺垣外の態度を無礼だと感じており、両垣外に対する支配の内実を強化しようとした。垣外側でも代官所の処罰において、えた身分である渡辺村年寄に引き渡されることを阻止したいという願いを実現できたことで、四天王寺の支配を内面化する契機となった。ただし、四天王寺の支配が限定されていたことは変わらなかった。

十九世紀半ばには、垣外仲間と四天王寺との関係は大きく転換していた。四天王寺の権威を利用して自らの格合を上げていこうとする垣外仲間があり、一方で、それを容認する四天王寺があった。この時、町奉行所は四天王寺の一元的支配は公辺御用に支障をきたすのではないかという危惧からむしろそれを制約しようとしていた。もちろん、現実には四天王寺の支配は限定されたものであり、とくに道頓堀や天満の垣外にとっては外的なものであり続けた。また、長吏たちの格合の上昇が、四天王寺の山内秩序のあり方にも影を落とし、その再編が必要になったことにも注意する必要があろう。

こうした長吏と垣外仲間の格合の上昇は、非人という社会的な認識を十三組小屋頭以下に押し付けることと表裏であったことにも注意しておきたい。

これらの一連の経過をみてくると、垣外仲間（そのなかでも四ケ所の間での違いがあり、長吏個人の個別利害もあるが）と四天王寺と町奉行所の異なる思惑が交錯するなかで一つの着地点が決まっていくことが見て取れた。垣外仲間（とくに天王寺垣外・鳶田垣外）も四天王寺の寺院社会構造の不可欠の一環をなしていた（行列のあり方をみよ）のであるが、四天王寺による一元的な統合の下にあったわけではなかった。一方で、それを利用する垣外仲間の利害と構造が併存し、複合的な関係が形成されていたのである。

（1） ここで、渡辺村年寄を「穢多頭」と表現していることが注目される。代官篠山は、江戸での軽罪の者が関八州えた頭弾左衛門に引き渡される方式に準ずるやり方を持ち込もうとしたものと思われる。

（2）道頓堀垣外長吏への引き渡しは、道頓堀垣外が所在する難波村と天満垣外の所在する川崎村が同じく篠山十兵衛代官所支配だったからだと思われる。ともかく、渡辺村年寄への引き渡しは回避されたのである。
（3）この史料については、拙著『都市大坂と非人』（山川出版社、二〇〇一）三七〜四五頁を参照。この「条々」は身分内法の第一形式である。
（4）ただし、『悲田院文書』一三の三条目「御伽藍用大切に可相勤儀は勿論之事」が欠けている。
（5）この点については、四天王寺は「既ニ去ル安永五丙申年六月悲田院小頭忠治幷若キ者共不作法之義有之候ニ付、段々としらベニ相成、公辺御沙汰ニも及ひ、御紀之上当山之仕来り通りニ落着被仰渡候而、右忠治其外若キ者共夫々ニ咎等申付候、左候得は旁以不相遁れ彼等が為ニハ支配ニ候当山え一言之不届出事、不相済儀」と考えている。
（6）この点については、（のび二〇一〇）に指摘がある。なお、同論文には本一件の概観がある。
（7）ただし、寛政八年の由緒書上げにおいて、過去の由緒書上げの前例をあげたなかに、安永五年九月に盗賊方田坂源左衛門から尋ねられた事例が含まれている。四ケ所垣外にとっては、安永五年の一件も、主として盗賊方の担当と意識されていたと思われる。
（8）大坂では、寛永二十一（一八四四）年に転びキリシタンの吟味のため、道頓堀垣外の者たちが難波村庄屋に預けられ、翌年に垣外仲間から、転びキリシタンと確認された一〇人に対する管理責任を誓約した請書を同村庄屋宛に提出している（塚田二〇〇一）。この経緯と町奉行が曽我丹波守とされていることを考えると、「宝永年中」は「寛永年中」の誤りであることは明らかである。なお、人別支配の問題については、別稿での検討を予定している。
（9）ここで押込みに処せられた小頭忠治は、転びキリシタン兵治の類族なので、天王寺村庄屋から代官所に届け出られた。翌二十日に庄屋たちは、代官所に届けた旨を四天王寺にも伝えている。
（10）四ケ所長吏たちが願い出たのは盗賊方の八田衛門太郎であったが、その後彼は寺社方に転役して、この一件を担当した。
（11）この処罰事例は、寛政八年に提出した前例をそのまま書き出しているが、その時に安永五年とするべきところを天明八年としてしまった誤りが、そのまま踏襲されている。
（12）大坂の垣外仲間において、十三組小屋頭が集団構造のレベルで下位に序列化されていたことは間違いない。しかし、天王寺垣外の若き者林八後家たみの倅才吉は十三組小屋頭を勤めていたが、退役して実家を相続したいが、退役を願うのは恐れ多いので、自分は一代勤めとし、幼少の倅市次郎に実家を相続させたいと願っている。個人レベルでみると、両者の間に明瞭な一線が引かれるわけではない。

(13) この点は、長吏たちが享保期以前には悲田院という地名だけが記載されていたと述べていた（つまり、それ以後は「非人村」と記載された）のと符合している。

(14) 木下雄次郎は、この問答で、悲田院に対して以前は四天王寺から相応の下行を与えており、「中々当時之様ニ身分いやしめられ候ものニハ無之候、全以恐入候儀ニ候得共、公儀御用筋囚人抔ニ携り候由縁ゟ世上制外ニ相成候」と述べている。四ケ所垣外仲間が本来は非人ではなかったという当時の主張を擁護しようとするものといえよう。ここからは、当時の「制外」認識がうかがえるとともに、由緒を実態化する論理の転倒が見て取れる。その際、彼らの立場を上昇させる意味を持った「御用」が、「制外」認識とつながる面があったことも注目される。

(15) これは四ケ所長吏から四天王寺への「乍恐口上」の表現であるが、ここには長吏たちの作為があるように思われる。盗賊方与力浅羽太膳と四天王寺年預役人との問答では、あくまで扶持に「准」ずるものと確認されており、「二人御扶持」がそのまま認められるとは考えられない。また、「施行」とあるのは「旅行」の誤記と思われるが、四天王寺の用向きで遠方に出向くことはないということを問題にされていた。四天王寺としては、聖徳太子「御聖忌」（遠忌）の際の出役に限定して帯刀を理解していた。以上のことを勘案すると、長吏たちから町奉行所に届け出た内容そのものと考えると不自然であり、彼らの願望に基づく言い換えが施されたものと考えられる。その後の経過を考えると、四天王寺もそれを容認したのである。

(16) 「格合」という語の使用については、（エーラス二〇〇六）に示唆を受けている。

〔参考文献〕

エーラス＝マーレン「大野藩の古四郎—藩社会のなかの非人集団—」塚田孝編『身分的周縁と近世社会四　都市の周縁に生きる』（吉川弘文館、二〇〇六年）。

小野田一幸「大坂四ケ所組織と十三組」『部落解放研究』一七七（二〇〇七年八月）。

高久智広「大坂町奉行所と『長吏の組織』—特に町目付との関りから—」『大阪人権博物館紀要』一三（二〇一一年三月）。

武谷嘉之「近世大坂における家作『手伝』職の仲間形成」『社会経済史学』六五巻一号（一九九九年五月）。

塚田孝「非人―近世大坂の非人とその由緒―」『シリーズ近世の身分的周縁三　職人・親方・仲間』(吉川弘文館、二〇〇〇年a、のち〈塚田二〇〇七〉所収)。

塚田孝「近世大坂における非人集団の組織構造と御用」『年報都市史研究』八(山川出版社、二〇〇〇年b、のち〈塚田二〇〇七〉所収)。

塚田孝『都市大坂と非人』(山川出版社、二〇〇一年)。

塚田孝『近世大坂の非人と身分的周縁』(部落問題研究所、二〇〇七年)。

塚田孝「近世後期・大坂における非人の『家』」高澤紀恵、吉田伸之、フランソワ＝ジョセフ・ルッジウ、ギョーム・カレ編『伝統都市を比較する』(山川出版社、二〇一一年)。

のびしょうじ「大坂四ケ所の支配・御用と勧進―塚田孝『近世大坂の非人と身分的周縁』に関わらせて―」『部落解放研究』一八八(二〇一〇年一月)。

山崎竜洋「近世四天王寺における寺院社会構造」『都市文化研究』一四(二〇一二年三月)。

〔主要史料〕
岡本良一・内田九州男編『悲田院文書』(清文堂、一九八五年)。
長吏文書研究会編『悲田院長吏文書』(解放出版社、二〇〇八年)。
長吏文書研究会編『続　悲田院長吏文書』(解放出版社、二〇一〇年)。

2章　近世大坂生玉神社の境内と門前町

山下聡一

はじめに

地形的に平坦な大坂にも、大坂城から四天王寺にかけた一帯には、起伏に富んだ上町台地が南北に走っている。この上町台地には、まっすぐに連なる南北平野町と、その両側を挟みこむように寺町が展開している。これらについては、豊臣秀吉の城下町建設に関わるものであったため早くから注目されてきた(1)。しかし、都市大坂の中心部における社会構造分析が深化する一方で(2)、当該地域がいかなる地域社会であったのかについては不明な点が多い。史料の残存状況も手伝って、当時の随筆や紀行文、名所図会などに依拠した表象レベルの紹介にとどまっている。

そこで、前稿(3)では、上町台地一帯の地域社会のあり様を明らかにすることを念頭におきながら、生玉神社を核に形成される神社社会(4)の解明のため、神社内部の空間構成把握と、内部組織を構成する社家仲間の実態解明を進めた。しかし、一般に神社が存立するにあたって関係を取り結び影響を与え合う範囲は神社内部にとどまらない。とくに、大坂三郷に隣接する上町台地に立地し、北平野町を門前の位置に置き、難波村に朱印地を持ち、かつ広域の氏子域・講組織と檀家を有する生玉神社にあっては、都市大坂との関係の総体を把握する必要がある。そこで、本章ではこの点を意識しながら、①神社が直接支配を及ぼす境内・朱印地に対する支配・土地利用を、神社の内部組織と関わらせながら把握するとともに、②神社の外部である門前に広がる町域との相互関係について明らかにしていきたい。

使用史料は、第一節では生玉神社の社家（祢宜ともいう）(6)・藤江家の史料群を伝える門林啓三氏所蔵史料(5)を、第二節以降は北平野町庄屋文書・北平野町庄屋秋田家文書を中心としている。

1　触の伝達と境内・朱印地

生玉神社の空間構成

前稿で示した生玉神社の空間構成の概要について、表1・2を参照し、補足も含めながら整理すると以下のように概括できる（図1・図2参照）。
①生玉神社が支配する「領地」は、上町台地上に位置する［境内］一万七〇六二坪と、大坂三郷に南接する難波村内の［朱印地］三〇〇石からなる。
②［境内］空間は、(ア)本殿を中心に複数の諸堂が展開する［社内］（＝狭義の境内）(7)、(イ)それを挟むように南に三つ、北に七つ軒を連ねる［社僧（生玉十坊）屋敷］、(ウ)その東側に位置する［神主・社家屋敷］、(エ)独立した小境内空間をもつ［末社地］（弁財天・北向八幡宮）、(オ)［社内］から東へ延びる正面馬場（馬場筋）などの［境内道］、(カ)西側の上町台地地形を形成する段丘崖の「宮山」によって構成される。
③［境内］空間の支配関係は小空間ごとに細分化されており、末社である弁財天社やその西向にある妙見祠は別当南坊が支配し、もう一つの末社北向八幡宮は神主松下が支配していた(8)。
④［境内］一帯は全体として「浪花百景」(9)に掲載されるような景勝地であり、かつ「摂津名所図会」(10)に「境内」や「門

前」、「馬場前」において、「田楽茶屋」や「唐わたりの観物・歯磨売の居合女祭文浮世物まね売卜法印」が「軒端をつらね」るなど繁華な様子が描かれるような、大坂有数の遊興空間であった。

⑤［朱印地］三〇〇石は、難波村領内に幕府領と錯綜して展開している。朱印状は神主と別当南坊が隔年で管理しているが、高は社僧分一九五石（うち南坊一一七石、九カ寺七八石）、神主・社家分一〇五石に配分されている[11]。

触の伝達と内部秩序

以上の空間構成を前提にしながら、生玉神社がどのような支配体制をとっていたのかを、法の伝達システムから探ってみたい。その際、生玉神社の内部組織を確認するとともに、［境内］と［朱印地］に分けながら考察することにしたい。

生玉神社の社家の史料を伝える門林啓三氏所蔵史料には、「御触書控帳」が二冊[12]（天保八～十年、同十一～十三年）残っている。冒頭には、次に掲げる天保八（一八三七）年十一月の触が書き留められている。

表1　生玉神社の建築物

	梁×桁(間)	備考
本社	2.5×3.0	御拝1丈1尺2寸5分
末社		6社
拝殿	3.0×8.5	
神楽所	3.0×6.5	南へ1.5間庇
本堂	5.39×6.44	
祖師堂	6.0四面	
太子堂	3.0四面	
仁王門	2.5×4.0	
弁才天	0.9四面	拝殿3.0間四面
鐘楼堂	3.0四面	
八幡社	0.534	
同拝殿	1.5×5.0	東へ1.0間庇
(朱)東照宮		御遷座所
塗込物置	3.0×5.0	
御供所	2.0×3.5	

典拠：門林啓三氏所蔵史料「生玉明神建物間数幷坪数覚」（天保11年)［引出ろ―5］より作成。

表2　生玉神社の空間面積

社内	1935坪余	(ア)
南坊居屋敷	1336坪余	(イ)
寺中九ヶ院屋敷	4361坪余	(イ)
神主屋敷	1539坪余	(ウ)
社家屋敷	1864坪余	(ウ)
弁財天，嶋地共	1236坪余	(エ)
八幡，屋敷地共	2165坪余	(エ)
正面馬場筋	958坪余	(オ)
境内道之分	1120坪余	(オ)
宮山	548坪余	(カ)
惣合	17062坪余	

典拠：表1に同じ。

〔史料1〕

此度田安大納言殿御事、被叙従一位ニ旨被仰出、被揃田安一位殿ニ候段、従江戸被仰下条、寺社家おゐて可有承知候

酉十一月七日　山城

伊賀

神主

社家

廣下長門

横山因幡

大蔵大和

上田若狭

宮本播磨

杉村周防

神子

常

よ祢

由亀尾

a

右之通境内不洩様相触もの也

支配人　由兵衛

左兵衛

b

「江戸」よりの全国触を受けて、大坂町奉行が「寺社家」に対して発給した触である。この「御触書控帳」に書き留め

られている法は、こうした形式のものに限られている。このうちaの部分が宛先となるはずの部分である。まず冒頭には、「神主」が「社家」以下よりも一段高く記載されている。この時の神主は松下出雲であり、二月に死去した父陸奥のあとをうけ、三月に家督を相続したばかりであった[13]。管見の限り生玉神社の神主は松下家の世襲で、京都の吉田家から神道裁許状や受領名を拝領している。続いて「神主」よりも少し下がった位置に「社家」（六名）、「神子」（三名）が記載されている。社家はいずれも名字と国名からなる姓名が記されている。一方、神子はいずれも女性の名前のみで表記されている。神子には社家の母娘姉妹など家族が就いており、〔史料1〕の神子はそれぞれ横山常、宮本よね、杉村由亀尾であった。これら社家・神子も吉田家から裁許状を獲得することで、その地位に就くことが認められている。以上の「神主」「社家」「神子」が、生玉神社を構成する神職者である。

　ここで法の伝達形式に関して注目されるのは、宛名に「社家」「神子」にのみ

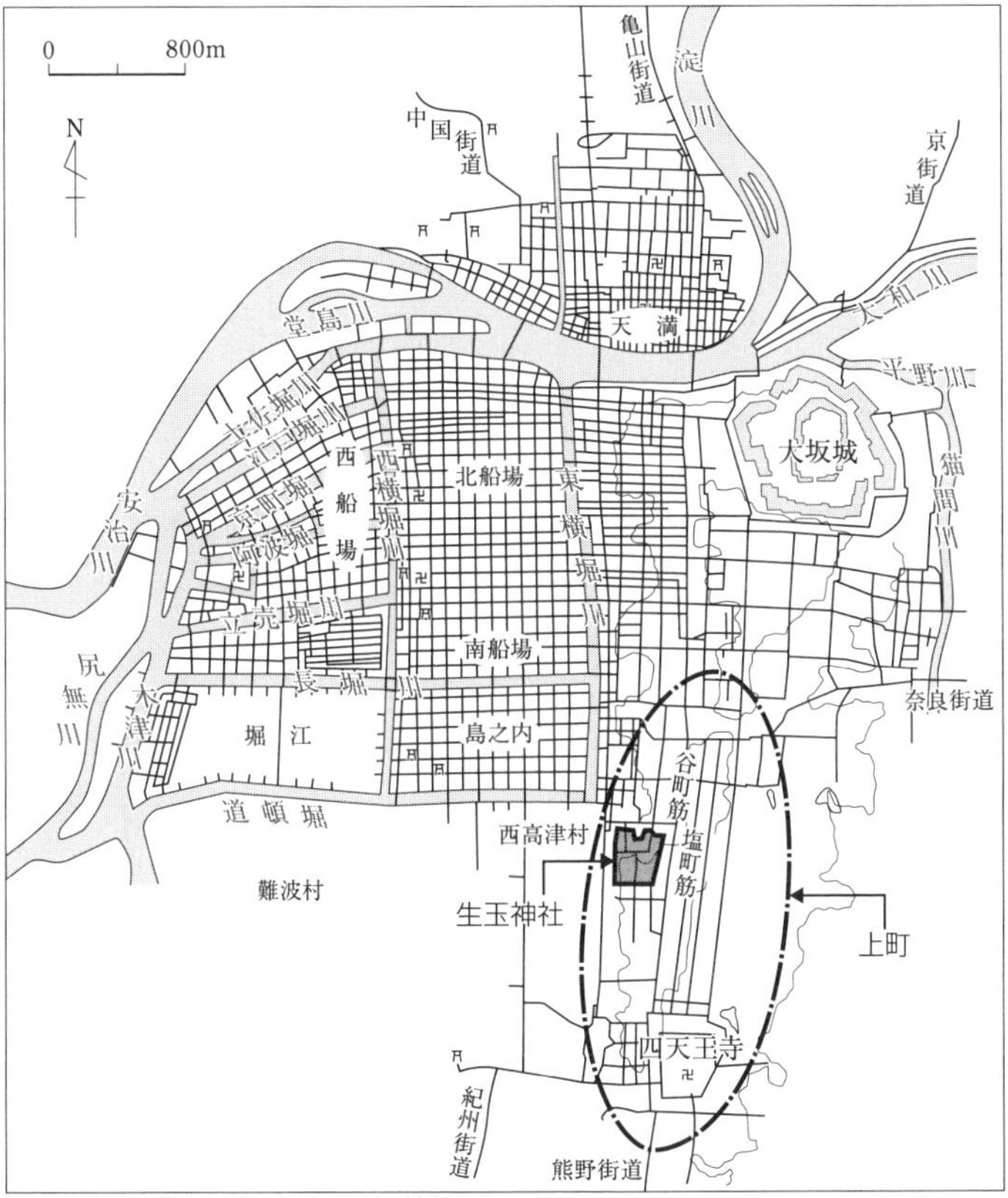

図１　大坂三郷と上町台地・生玉神社

図２　生玉神社境内図(大阪歴史博物館蔵)

人名が記されている点である。というのも、町奉行が生玉神社へ宛てて触を通達するにあたって、神主の名前を記さずに社家・神子のみを記したとは考えにくい。そうであるならば、通達過程で「社家・神子」の名が書き加えられたことになる。その場合、神主の名前が記されていないのであるから、書き加えたのは神主以外に考えられない。つまり、大坂町奉行が発給した触を受け取った神主が、社家・神子の名前を宛名に書き記した、と想定できよう。

なお、右の触伝達ルートには社僧が全く出てこない。「御触書控帳」（天保八〜十三年）を見る限り、社僧が伝達ルートに登場する例は一つもない。別当南坊を筆頭に全十カ寺ある社僧には、右の伝達ルートとは別個に触の伝達がなされているはずである。

社家仲間の内部秩序

ところで、〔史料1〕の宛名に書き加えられた社家・神子は、その定員（社家七、神子四）よりも少ない。このことが持つ意味について考えるため、宛名の変化を追ってみたい。

表3は触の宛名に登場する名前を表にしたものである。見てわかるように、宛名の順番は基本的に固定している。冒頭の廣下長門が天保九年正月までしか確認できないのは、死去するためで[14]、直後の同年二月の触では、二番目に記されていた横山因幡が冒頭に繰り上がっている。天保九年中は、宮本播磨の書かれる順番が杉村家との関係で何度か前後しているが、これは社家職にあった杉村周防の退役と父親掃部の復職、宮本播磨の退役・復帰という問題がこの間に起こっていたことによるものであり[15]、誰がその時点での社家職であるかによって前後したものである。つまり触の宛名の序列は、社家仲間内部での秩序の反映であった。

この序列を考える上で注目したいのが、前稿で指摘した人別改めの記載順序である。社家人別記載の順番は、社家仲間の序列と一致する。この序列が、触の宛名の順番と一致するのである。表4は、確認できる人別記載をもとに作成したものである。天保八年の人別改めに記載される社家廣下・横山・大蔵・上田・宮本・杉村・藤江という順番は、〔史料1〕の宛名順番と一致する。神子は、天保十年のもので比較すると、常・織女・由亀尾・吉野という順番が、天保十年六月触の宛名において全く同じ順番で登場する。つまり、宛名の序列は人別改めの記載順と全く同じである。

ただし、表3・表4を比較してわかるように、宛名に表れるのは、一一人（社家七人・神子四人）全てではない。天保八

	神　子				支配人
	1常	2よね	3由亀尾		由兵衛・左兵衛
	1〃	2〃	3〃		由兵衛・佐市
	1常	2織女	3由亀尾		由兵衛・佐市
	1〃	2よ米	3〃		〃
	1〃	2織女	3〃		〃
	1〃	2〃	3〃		〃
	1〃	2〃	3〃		〃
	1〃	2〃	3〃	3吉野	〃
	1〃	2〃	3〃	3〃	〃
	1〃	2〃	3〃	3〃	〃
	1〃	2〃	3〃	3〃	〃
	1〃	2〃	3〃	3〃	〃
	1〃	2〃	3〃	3〃	〃
7藤江半次郎	1〃	2〃	3〃	3〃	〃
—	1〃	2〃	3〃	3〃	〃
7藤江半次郎	1〃	2〃	3〃	3〃	〃
7〃	1〃	2〃	3〃	3〃	〃
7〃	1〃	2〃	3〃	3〃	〃
7〃	1〃	2〃	3〃	3〃	
	1つね	2織女	3由亀尾	4吉野	由兵衛・左市
	1つね		2由亀尾	3吉野	由兵衛・九兵衛
			1由亀尾	2吉野	由兵衛・九兵衛
	1常		2由亀尾	3吉野	由兵衛・九兵衛
	1常		2〃	3〃	由兵衛・九兵衛
			2〃	3〃	九兵衛
		3代番琴	2〃	3〃	九兵衛
		3〃	2〃	3〃	九兵衛
		3〃	2〃	3〃	九兵衛
		3〃	2〃	3〃	九兵衛
		3〃	2〃	3〃	九兵衛
		3〃	2〃	3〃	九兵衛

表３　生玉神社の触伝達順序（天保８年）

	祢宜					
11月８日	1 廣下長門	2 横山因幡	3 大蔵大和	4 上田若狭	5 宮本播磨	6 杉村周防
同日	1　〃	2　〃	3　〃	4　〃	5　〃	6 杉村掃部
天保９年						
1月８日	1 廣下長門	2 横山因幡	3 大蔵大和	4 上田若狭	5 宮本播磨	6 杉村掃部
2月		1 横山因幡	2 大蔵大和	3 上田若狭	4 宮本播磨	5 杉村掃部
2月		1　〃	2　〃	3　〃	6 宮本播磨	5　〃
2月26日		1　〃	2　〃	3　〃	6　〃	5　〃
3月16日		1　〃	2　〃	3　〃	6　〃	5　〃
4月22日			2　〃		5 宮本播磨	6 杉村掃部
4月25日			2　〃		5　〃	6 杉村周防
6月９日			2　〃		5　〃	6 杉村掃部
6月16日			2　〃		5　〃	6　〃
7月９日			2　〃		5　〃	6　〃
同　月			2　〃		5　〃	6　〃
7月20日			2　〃		5　〃	6　〃
9月			2　〃		5　〃	6　〃
9月			2　〃		5　〃	6　〃
9月（17日）			2　〃		5　〃	6　〃
9月（21日）			2　〃		5　〃	6　〃
10月			2　〃		5　〃	6　〃
天保10年						
6月	1 大蔵大和	2 宮本播磨	3 杉村掃部			
7月６日	1　〃	3 宮本貞太郎	2 杉村掃部			
8月	1　〃		2　〃	3 藤江主税		
9月	1　〃		2　〃	3　〃		
9月	1　〃		2　〃	3　〃		
10月	1　〃		2　〃	3　〃		
11月	1　〃		2　〃	3　〃		
11月	1　〃		2　〃	3　〃		
11月	1　〃		2　〃	3　〃		
12月11日	1　〃		2　〃	3　〃		
12月15日	1　〃		2　〃	3　〃		
12月21日	1　〃		2　〃	3　〃		

典拠：門林啓三氏所蔵史料「御触書控帳」［引出ち―３］，「御触書控帳」［引出ほ―45］より作成。名前の前の数字は，祢宜・神主の宛名順番を示す。各触の内容については省略し，発給された月日のみ表記した。（　）内は，『大阪市史』より補った。

表4　人別記載序列の推移

人別帳順番		天保8	天保10	天保11	天保12	天保13
祢宜	1	廣下出雲	大蔵大和	大蔵大和	大蔵大和	大蔵大和
	2	横山因幡	宮本播磨	杉村（未）	※杉村掃部(仮)	※杉村掃部
	3	大蔵大和	杉村（未）	藤江半次郎	藤江半次郎	藤江半次郎
	4	上田若狭	藤江半次郎	宮元貞太郎	宮本貞太郎	宮本貞太郎
	5	宮本播磨	廣下（未）	横山元之助	横山元之助	横山元之助
	6	杉村周防	横山（未）	廣下（未）	廣下（未）	上田若狭
	7	藤江半次郎	上田（未）	上田（未）	上田（未）	廣下（未）
神子	1	石見絆米	常	由亀尾	遊喜尾	遊喜尾
	2	常	織女	吉野	吉野	吉野
	3	(未)	由亀尾	(未)	(未)	(未)
	4	(未)	吉野	直	直	直

(未)＝「未跡無之」，(仮)＝「仮役」
※天保12，13の杉村掃部は，人別帳の二段目(家族の欄)に記載。
＊廣下出雲天保9病死。横山因幡天保9御咎。宮本播磨天保10退役。
典拠：各年の「月番帳」より作成。

年の触の宛名に見えない藤江家は、天保九年七〜十月に短期間みられるのみで、天保十年七月末に門林家から養子に入る藤江主税まで触の宛名に登場しない。また天保九年に町奉行所の処罰を受けて退役を命ぜられている廣下・横山・上田家[16]は、天保九年・十年の触の宛名には登場していない。つまり、触の宛名に登場するのは、正式に社家職・神子職に就いている人物に限られており、未だ正式にその職に就いていない段階では、触の宛名に登場しないのである。このように、触の宛名には社家仲間の内部序列が忠実に反映されており、そうした内部秩序と現状を熟知している神主が、触の宛名を記していたのである。

境内支配人

次に、生玉神社が自らの〔境内〕〔朱印地〕に発する達を見てみよう。まず、〔境内〕については、先の〔史料1〕bの部分に注目したい。この部分は「境内」への触の伝達を命じられた「支配人」の宛名が記される。命じている主体については神主である。

天保八年、神主松下陸奥の死去にともない息子出雲が忌中のため、その間の公用・社用は社家が勤めることを通達する触が発せられている。

〔史料2〕

境内へ申渡書付控

一昨日神主〆申渡候通り陸奥正死去ニ付、出雲正忌中之間公用・社用此方両人相勤候、此段承知之上間違無之様可相
心得候、其為申達候、已上

四月十八日　　　　　　　　　因幡
　　　　　　　　　　　　　　大和

右書付承知之上印形致し返却可致之処、支配人小物や利右衛門致病去候間、社（地脱カ）役人大黒屋左兵衛中渡置候筈之処、是又重病ニ付退役願出候得共、右神主取込、支配人壱人死去致し候間、（　）《暫カ》差扣候様申聞置候利解ニ而、右書付ハ未タ申不渡、跡役相定候と見合ニ相成候事(17)

境内への申し渡しを書付で伝えている横山因幡・大蔵大和は、社家の二老・三老である。一老の廣下長門はこの時期社家の月番を勤めておらず、また翌年早々に死去している。一老として神主に代わって「公用・社用」を勤めることが困難であったため、三老が差出に現れたのだろう。この達は、その性格から社家から発するという形式をとっているが、通常の通達は町奉行からの触で見たように、神主から発せられるはずである。

この史料で注目されるのは、境内への通達ルートが明らかとなる点である。一つは、社家（本来は神主）から通達された達は、「支配人」である小物屋利右衛門が承知印形をした上で返却するシステムであったことがわかる。境内の諸存在に対する法の伝達は「支配人」が担っていた。しかし、このとき小物屋利右衛門が病死していたために、「社（地）役人」大黒屋左兵衛へ通達されている。ここからは、二点目として境内への通達を担う「支配人」がそれを担えないときには、「社（地）役人」が代行するシステムであったことがわかる。

翌天保九年、神主松下出雲は、朱印改めのために江戸へ出立する。このときも、神主が不在となるため、次のような達が出されている。

〔史料3〕

申渡口上

松下出雲正御朱印改ニ付、来十九日江府へ出立ニ付、留主中社用・公用共、此方両人相勤候、此段承知之上間違無之様可相心得候、其為申渡候、已上

四月　　大和
　　　　播磨

前仰渡之趣承知仕、連印如此ニ御座候、以上

境内支配人　由兵衛　印
同　　　　　左市　　印

申渡口上

一松下出雲正御朱印改ニ付、明十九日江府へ出立ニ付、留主中公用・社用共此方両人相勤候、此段承知之上、同違無之様可相心得候、其為申渡候、已上

戌四月　　大和
　　　　　播磨

前書之趣承知仕、連印如斯御座候、已上

摂州西成郡難波村
年寄九郎右衛門
同　清左衛門[18]

朱印改めのために江戸へ向かうことで不在となる神主の代理として、「社用・公用」を社家の大蔵大和（一老）・宮本播

磨（二老）が勤めることを通達する内容である。神主不在に関わる通達は〔史料2〕と同じ事態であるが、こちらでは健在の一老が発給主体に名を連ねている。この通達も境内へ周知が行われるが、その役割を担うのが「境内支配人」の由兵衛・佐市の両名であった。この両名の「境内支配人」は通達に対して承知印形を押している。これは〔史料2〕の「承知之上印形致し返却可致之」が正常に機能した事例である。

ここで「（境内）支配人」「社（地）支配人」について検討を加えておきたい。表3の「支配人」欄は、「御触書控帳」で〔境内〕への通達を命じられた人物について、社家・神子と同様に表にしたものである。ここから、「支配人」は一〜二名が定員で、確認できる限りでは二名の時期が多いこと、天保八年四月に死去している〔史料2〕の小物屋利右衛門を加えると、天保八〜十年の三年間で由兵衛・（大黒屋）左兵衛・佐市・九兵衛の五名が確認できる。限られたデータから指摘できることは少ないが、小物屋利右衛門は文政期に境内商人の管理責任を問われる「生玉（社）地支配人」であること（後述）、利右衛門の病死の席に入る由兵衛が天保十年九月まで約二年間確認できること、病気の大国屋佐兵衛の代理に佐吉が出ており[19]、これが佐市であるとすると、大国屋佐兵衛―佐吉（佐市）も天保十年六月まで継続して二年以上勤めていることが指摘できる。境内支配人と社地支配人の違いについての詳細は不明である（本章おわりに参照）が、いずれも神職者ではない。

なお、神主不在を伝える〔史料2〕〔史料3〕の何れもが、南坊にも通達されている。ともに生玉神社の領主的立場であるがゆえに通達したものであろう。ただし、他の社僧九カ寺に対して社家から直接通達する史料は存在していないので、南坊から連絡されていたものと推察される。神主―社家と同様の関係が、別当南坊と他の九カ寺との間にはあったものと思われるが、詳細は不明である。

生玉社領難波村への支配

〔史料3〕には、境内への触と同日付で、もう一通同内容の「申渡口上」が社家両名から出されている。宛先は生玉神社の領地・難波村である。その際注目されるのが、難波村の側で触の伝達を担っているのが年寄だという点である。というのも、領主生玉神社との関係において難波村の側で対応するのは、常に年寄であった。

たとえば、難波村三〇〇石分の年貢納入の場面に庄屋が現れる事例はなく、常に年寄がその役にあたっている。

〔史料4〕

乍恐以書付奉願上候

一御下百姓共一統難渋ニ付、去戌御年貢皆納調達致兼、其段御願奉申上置、明日迄御猶予奉願上、則御切日ニ相成候得共実々難渋もの共有之、未皆上納出来兼、昼夜心配仕、乍恐右躰之儀斗申上候段、奉恐入候、然ル処御料同村之儀も割下ヶ之儀慥成儀、未タ不相分候得共、御領分之儀は格別之儀ニ付、右難渋之もの者へ私共手元ニ而融通致し遣シ、他借仕、皆納仕度候処、時節柄借入等も多分出来兼、仍之右皆納銀之内御高壱石ニ付銀七匁宛来十二月迄私共へ御拝借之儀乍恐奉願上候、右御聞届被為　成下候ハヽ、御沙汰次第余銀借入皆納仕度奉存候間、御月番従御当家様ゟ御一統様へ御相談被為　成下、格別之御憐愍ヲ以此段御聞届被為　成下候ハヽ、難有仕合ニ奉存候、以上

天保十亥年四月七日　　御下難波村

年寄　九郎右衛門　印

同　清左衛門　印

御地頭様

御役所(20)

難波村の年貢は、十月「初納」・十一月「中納」・十二月「皆納」の三度に分けて納めることになっていたが、しばしば

納入が遅れている。天保九年の「皆納」分も分割しながら少しずつ納めていたが、翌十年四月七日に至っても皆納できていなかった。そこで、難波村年寄の両名は生玉神社に対して願書を提出し、未納分を十二月まで難波村年寄両名が拝借するということで、「皆納」した形をとるという提案をする。神主・社家らの対応は記されていないので、この後の経過は不明である。

年貢遅延願いは、史料の残存する天保八〜十三年にかけて毎年のように確認できる。[21] そのいずれの史料も難波村の年寄が差出人となっている。とくに、右の史料のなかで借銀の返済について、「私共手元ニ而融通致し遣シ、他借」してでも納めると述べているように、年寄らは未納分の納入の責務を負っている。難波村の生玉社領は、空間的に幕領と入り組んでおり、[22] 村役人の有り様について具体的な姿は未詳であるが、[23] 生玉神社による領主支配に関わる問題においては年寄二名が担っていたことを指摘しておきたい。

なお、右の史料は、社家仲間の月番が記録する「月番帳」に写されたものである。したがって、「御地頭所役所」に宛てられた願書は、社家仲間の側にも通達され、神主―社家全体としての対応がなされたことになる。このことに関して、「南坊役者」からは、難波村から年貢納入に関する願書が出された翌日に「松下様御役所」に宛てた一通の書状が出されており、これも「月番帳」に書き写されている。難波村からの願書に対して「寺中」で相談し、「其方様」(＝神主松下役所)の思し召しもなければ聞き入れることになったので、明日にも思し召しを命じて欲しい、という内容である。南坊―九カ寺の方も、社僧全体としての合意を諮った上で、神職側との最終意見調整を行っている。

この項の最後に、生玉神社が難波村に対して領主的性格を見せる事例として、人足徴発を挙げておきたい。天保八年に起きた大塩の乱によって罹災した東照宮は、生玉神社の末社北向八幡宮に避難していた。同年三月五日、焼跡へ建てられた東照宮の御仮殿へ還御するにあたり、生玉社家らが行列を組んで送っている。その供廻りとして二六人の人足が用意されたが、そのうち七人が難波村から出され、残り一九人は「よしや」で雇われる。[24] また、翌天保九年四月、御朱印改めのために江戸に向かう神主を見送るため、守口宿まで向かう大蔵大和の供廻りに、難波村から六人の人足が出されている。(25) 東照宮の還御や朱印改めの見送りといった重要な行為の供人足を難波村から出させるのは、領主―生玉神社と領地―難波村との関係からくるものであろう。

小括

以上、主として触の伝達のあり様から、神社内部組織の支配・秩序と、［境内］［朱印地］への支配関係を見てきたことを再整理すると次のようにいえよう。

①領主集団の一方を構成する神職者集団では、触の伝達を見る限り、神主―社家・神子という上下関係にあったが、その支配は一方的なものではなく、社家集団の内部秩序に依拠しながら行われていた。もう一方の社僧集団については史料がなく不明であるが、見通しとしては、別当南坊を筆頭に、他の九カ寺を支配・統制する関係にあったものと見られる。

②広義の［境内］に対する支配の全体は不明であるが、少なくとも神職者が差配する部分については、神主が境内支配人を通じた支配を行っていた。神主松下氏の支配下とされる北向八幡宮も神主から、一方、南坊の支配下とされる弁財天へは南坊からの触の伝達がなされたと予想される。

③［朱印地］に対しては、高が配分されてはいるものの、神職者・社僧がともに一体として領主集団として対応していたものと見られる。それに対し、難波村の側で領主生玉神社と対峙するのは、常に二人の年寄であった。

2　馬場筋・馬場先

馬場筋

［境内］空間の一つに道路空間があった。なかでも、「社内」中心伽藍から東へ向かう道筋「正面馬場筋」は、「境内道之分」とは区分された特別な空間であった。この間を通る「馬場筋」の全体がどのように支配されていたかはよくわかっていない。そのなかで、北平野町に残された次の史料は、「馬場筋」の支配・権利関係を物語る貴重な史料である。

〔史料5〕

一札

一生玉明神馬場筋、私建家社地へ相懸り候処之分、地面御貸被下辱奉存候、然ル上ハ建家前馬場筋半分通、何時ニよらす掃除等仕、何ニ不限引散シ置申間敷事

一私建家前通ニて喧嘩口論・殺害人等其外如何様之儀御座候共、御寺へ御難儀御懸申間敷事

一御作法相背候歟、又は御寺御入用之節ハ、右借地何時ニても御取上被成候共申分無御座候事

一私勝手ニ付家譲候節ハ、其旨御断可申上候事

一右為地代、壱ヶ年分、年頭八朔ニ銀弐両宛無滞急度相納可申事

天明七未年二月　中嶋屋音吉

前書之趣致承知候ニ付、奥印依之如件

年寄
庄屋　庄左衛門

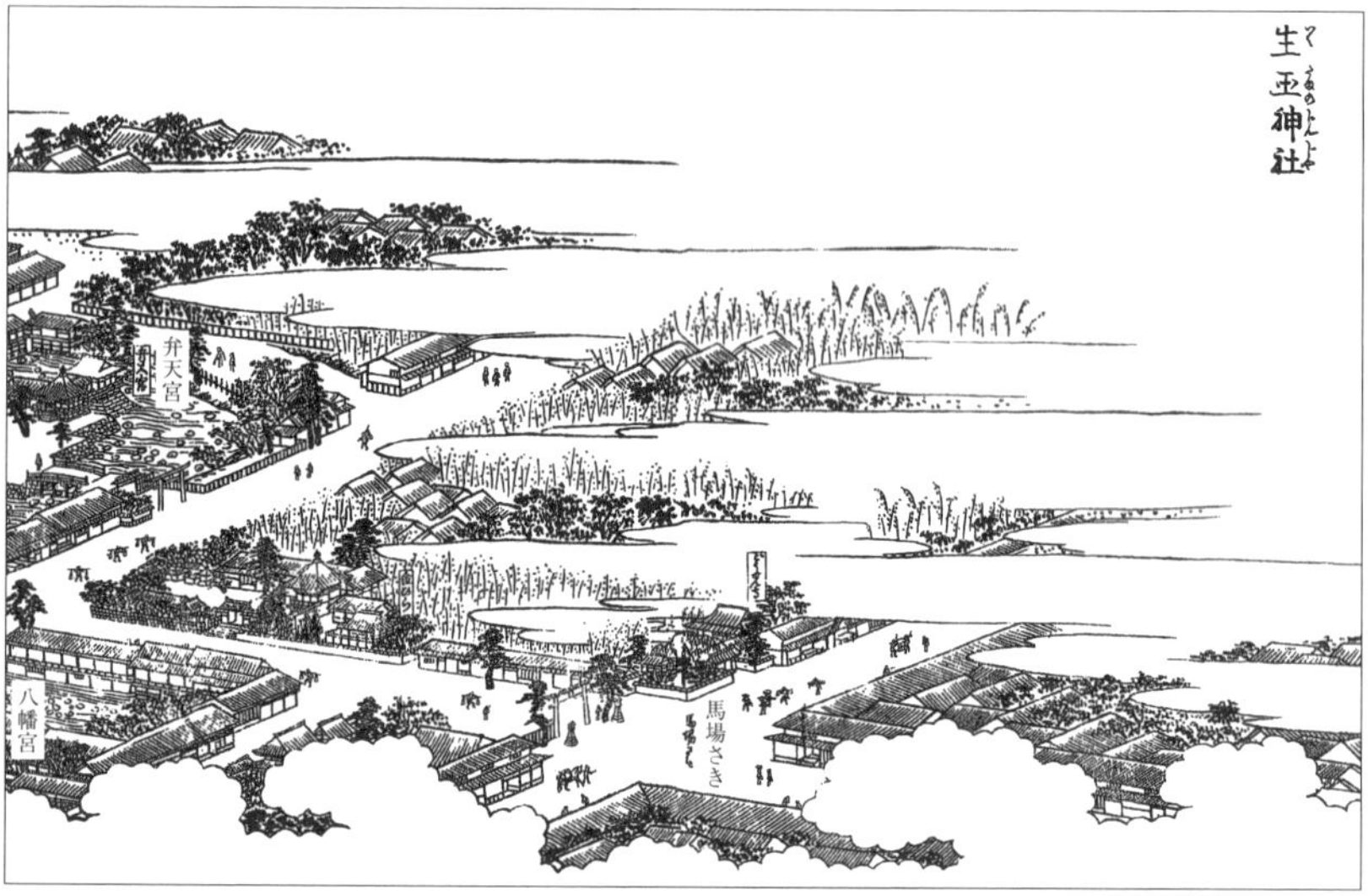

図３　生玉神社東側（摂津名所図会）

南坊御役人中(26)

この史料は、中嶋屋音吉が生玉明神の「馬場筋」のうち、「私建家社地へ相懸り候処之分」の地借をするにあたって提出した一札である。同内容の「一札」は弘化三（一八四六）年のものがもう一点残っている(27)が、それを提出した綿屋太郎右衛門は、嘉永六（一八五三）年に泊り茶屋営業を願い出た北平野町七丁目の住人として確認できる(28)。奥書をする年寄・庄屋が北平野町の村役人である(29)から、中嶋屋も綿屋同様に北平野町の人物であろう。この「一札」の宛先は、「馬場筋」の地面を貸す当事者の南坊である。すなわち、「馬場筋」の当該地面の支配主体は南坊であった。この点は、一、二、三条目の対象がいずれも「生玉神社」ではなく「御寺（＝南坊）」となっていることとも対応する。これは、神主・社家や他の九カ寺などが支配に関与できない空間であったことを示している。

問題は、馬場筋のどの空間を指しているか、である。一条目からは、中嶋屋の「建家」が「社地」（＝馬場筋）へかかっていることがわかる。おそらく中嶋屋の建家は馬場筋に面するように間口を開いており、軒下などの店表や店先の部分が馬場筋へ張り出す様子がイメージされる。中嶋屋の建家が馬場筋のうちのどのあたりにあったかは不明であるが、「摂津名所図会」には、弁財天や八幡宮の周囲

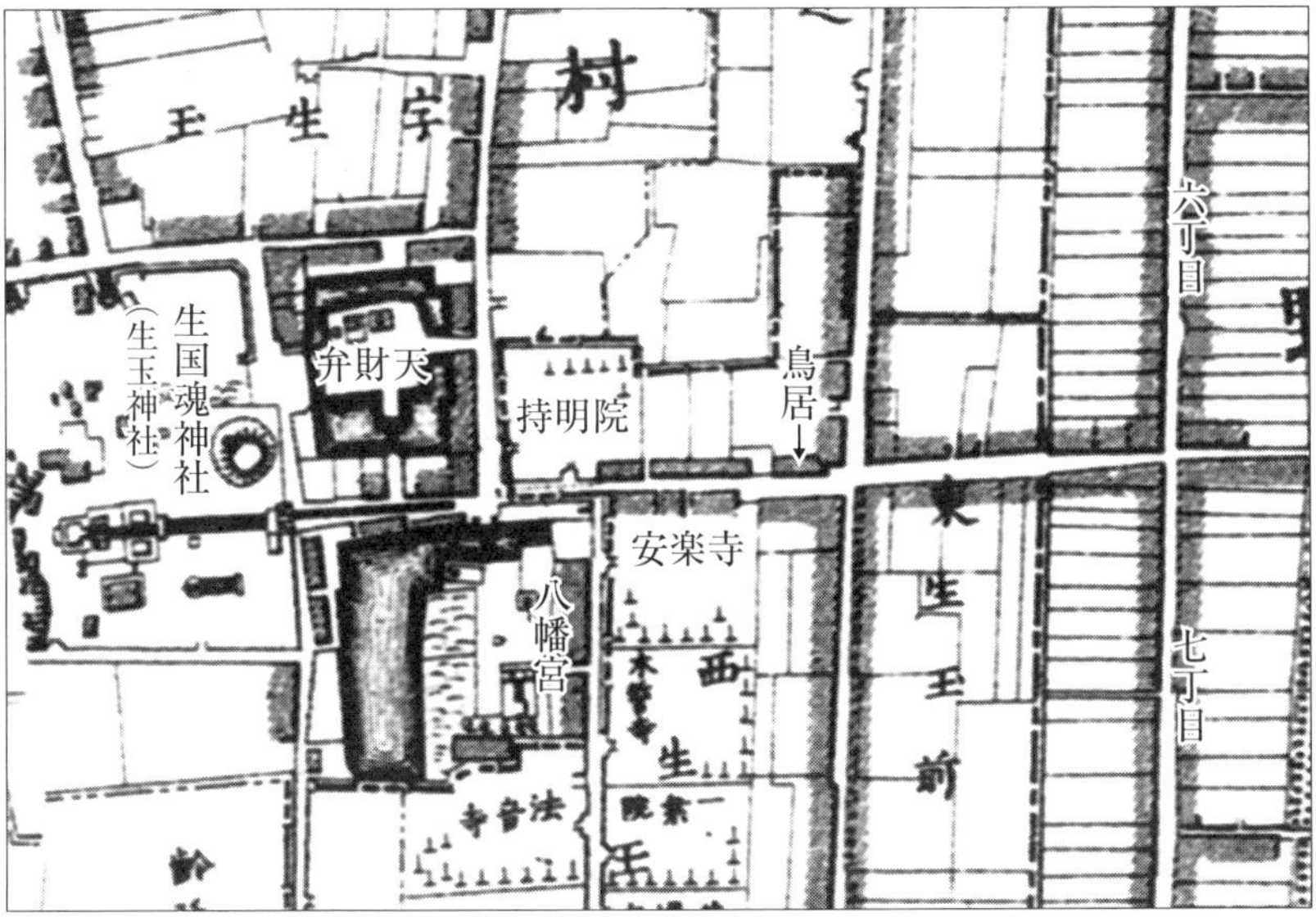

図4　生玉神社から東へ延びる馬場筋・馬場先（「内務省大阪実測図」〈1888年〉より作成）

など道路に面する部分に建て家が並ぶ風景が描かれている（図3）。また一八八八年「内務省大阪実測図」には、持明院や安楽寺のうち、馬場筋に面する部分やそこから鳥居までの空間に建家が並んでいるように見える（図4）。南坊はこうした馬場筋に沿って建ち並ぶ建家群の持ち主に対し、馬場筋の一部を貸し与える代わりに、地代を取るとともに道路の清掃と治安維持を請け負わせていたのである。

馬場先

馬場筋をさらに東に向かい、鳥居を抜けた先の空間が「馬場先」「馬場前」である。「摂津名所図会」には、文章部分に「馬場前の麗情」の風景が記述され、図中（図3）にも「馬場さき」と明記されている。この「馬場先」は、右の「馬場筋」とは同一視されることも多いが、厳密には別の空間であった。この点を考えるために、図5を参照にしながら次の史料を検討しよう。

〔史料6〕

（絵図）

右道幅之絵図は、今度御領分御検地御座候故、生玉馬場先

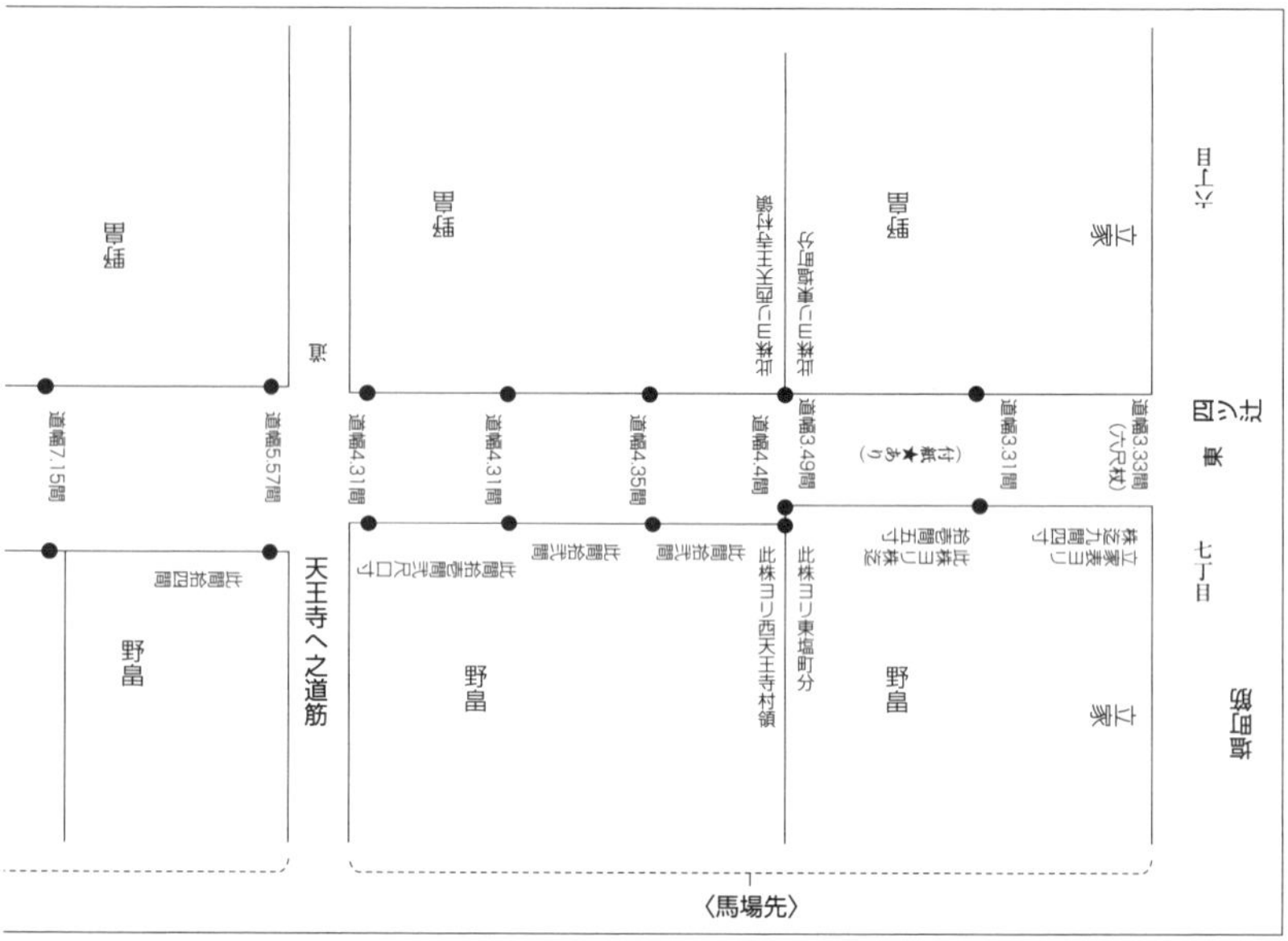

年々百姓共せはめ申候ニ付、南坊ゟ青山大膳亮殿御
検地役人衆へ断被申候処ニ、被致了簡、[a]馬場先天王
寺道筋東塩町迄之間道幅をひろけ、所々ニ株（杭カ）を打被
申候、以来百姓共道ヲせはめ不申候様ニ御（挿入）「地」奉行
衆・御代官之手代衆・塩町分之庄屋庄左衛門・天王
寺村庄屋六左衛門立合、株御打、則絵図ニ南坊幷庄
屋共ニ連判被仰付、承知仕候、此度ひろく成候所[b]同
天王寺道筋ゟ西之方煎木ノ松有之所之分も道幅之間
数株所ハ絵図ニ相見へ申候、為後日仍而如件

延宝六戊午六月二日　生玉社僧　南坊
天王寺庄屋　六左衛門
塩町分ノ庄屋　庄左衛門

前書之絵図道幅我等共罷出相改候処、相違無之候、
以上

松井与五右衛門
西田清兵衛
伊藤半兵衛
牧野平左衛門
大柴六兵衛手代　藤井加兵衛

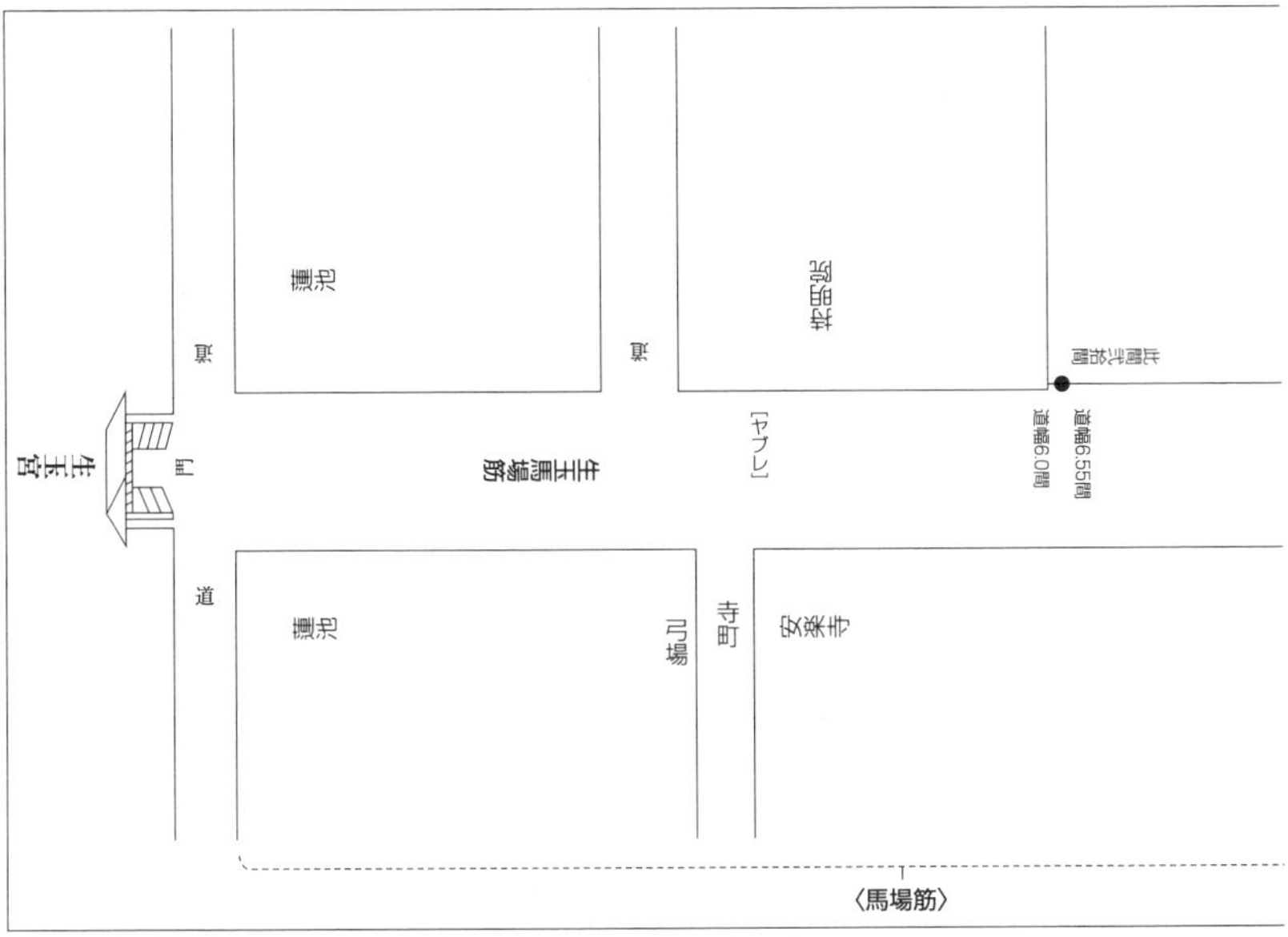

図5　生玉馬場筋－馬場先図（延宝6年）
（付紙★）「此大道筋ハ生玉寺領也／但シ六丁目七丁目之四ツ辻迄／享和弐卯年四月廿六日ニ／此切紙改張ル」大阪市史編纂所所蔵「北平野町庄屋秋田家文書」Ⅱ―37「生玉馬場先地改書写」より作成。

　　御奉行所之絵図写控[30]

本史料が作成された延宝期には幕領検地が実施されている。この検地にあたり生玉社南坊は、検地奉行らに対して、「生玉馬場先」が百姓らによって狭められていることを訴えた。そこで「株」（「杭」の誤写カ）を打ち、「生玉馬場先」と百姓らの土地の境界を明確にしたのである。傍線部aに注目すると、「天王寺道筋から東、塩町までの間の道をひろげ」るように「株」を打ったこと、その空間のことを「馬場先」と呼んでいることがわかる。なお、塩町とは、北平野町の別称である。さらに傍線部bでは、天王寺道筋よりも西の部分についても併せて「株」を打って境界を確定しており、これも絵図に明示されている。ただしこちら側は「馬場先」と表現していない。「天王寺道筋」よりも西は、生玉神社の［境内］空間に属する「馬場筋」にあたる。したがって「馬場先」とは、「天王寺道筋」よりも東側の空間に限定して用いられていたことがわかる。

ところで、この図による限り、馬場筋・馬場先ともに、道に沿った両側に建家が建ち並ぶ景観は未だ確認できな

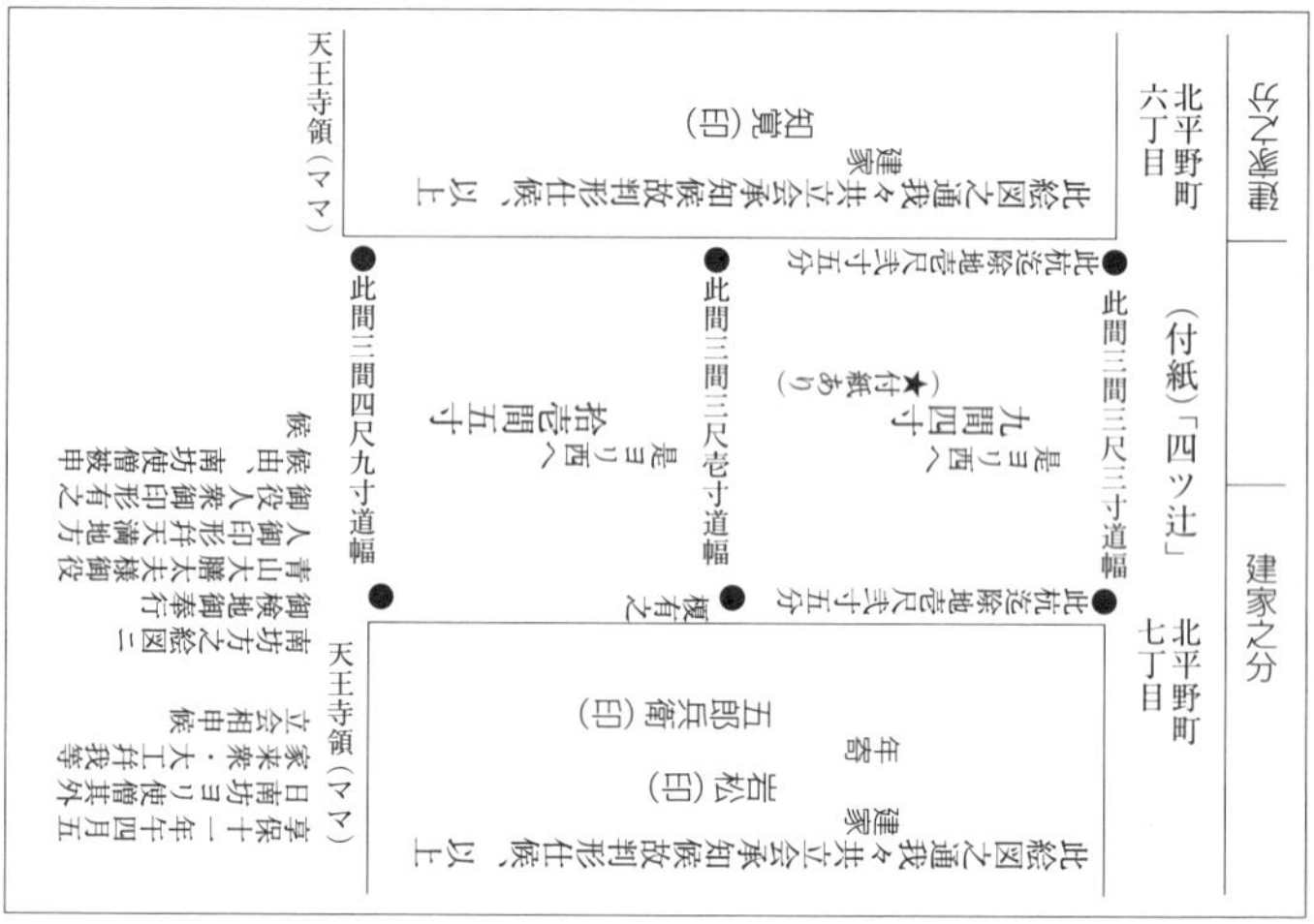

図６　生玉神社馬場先絵図（享保11年）　大阪市史編纂所所蔵「北平野町庄屋秋田家文書」Ⅱ―６「六丁目七丁目さかい生玉絵図」より作成。

い。「立家」とあるのは、「塩町筋」（北平野町）に面する部分（「立家表ゟ株迄九間四寸」が建家空間）だけに限られ、その裏部分（「此株ゟ株迄拾壱間五寸」）や天王寺村領は全て「野畠」と記されている。延宝検地が行われた十七世紀中後期の段階でも、秀吉による北平野町開発以降、それほど都市化が進んでおらず、未だ畑が広がる景観であったと見られ、道幅を狭める主体は、建て家主というよりも、農業耕作を行う百姓としての営為であったのかもしれない。

この後、馬場先空間の領有権をめぐって、少なくとも二度にわたる確認が行われている。一度目は享保十一（一七二六）年四月五日で、南坊からの使僧や家来衆に大工と「我等」が立ち会って行われた改めであり、図6はその時のものとみられる。(31)「我等」とは「馬場先」の両側建家主の「岩松」「知鏡」と北平野町年寄五郎兵衛であろう。「馬場先」の領域確認を南坊と北平野町の間で行ったときの絵図と想定される。この図の左端に記される南坊使僧の言に従えば、図5の正文が南坊のところにあるという。

図6と図5を比較して注目されるのは、北平野町六丁目・七丁目との境の部分に新たな「杭」の印が付され、そこに「此杭迄除地壱尺弐寸五分」と書きこまれていることである。これは「杭」から建家までの距離を示しているものと考えられる。道幅については図5から変更されていないので、享保十一年に問題となったのは、道路空間と建家までの「除地《よけち》」の広さについてだ

ったと見られる。図5で道幅を確認すると、東側が最も狭く（三・三三間）、中央部（七・一五間）の半分にも満たない。とくに「立家」がある部分については、通行の点からも「除地」を確保する必要があったものと思われる。この「除地」が当初からのものであったかは不明である。

二度目は、図5・図6ともに付箋が添付されている享和二（一八〇二）年四月である。どちらも「馬場先」の道路上に添付されており、いずれも共通して「此大道筋ハ生玉寺領也／但シ六丁目七丁目之四ツ辻迄」と記されている。とくに図6の方には「庄屋幸左衛門」と記されており、彼がその確認作業に携わったことがわかる。何故このとき再確認が行われたか未詳であるが、馬場先の帰属をめぐって、北平野町と生玉神社の間で対立が生じていたものと思われる。なお「生玉社領」ではなく「生玉寺領」とされているように、馬場先は南坊支配であることがここでも確認できよう。

小括

わずかに残された史料から分析を進めてきたが、改めて整理すれば、次のようになろう。

①生玉神社の正面の道筋は、鳥居を境に、馬場筋と馬場先に分かれている。馬場先が延宝検地以前から境内の一部であったかは不明であるが、検地以降、境内の一部として扱われていったものと思われる。ただし、いずれも支配・地代店賃の取得者は南坊であった。

②十七世紀中は、北平野町に面する部分のみ町屋が建ち並ぶ景観であり、北平野町の裏店部分や馬場先から馬場筋にかけては野畠が広がる景観であった。その後、十八世紀に入ってから馬場先の空間利用をめぐる確認が行われているように、空間利用が進んだのではないか。

この点に関して、『浪速叢書』から馬場先に関する記事を探ると、次のものを見つけることが出来る。

（ア）一（享保七年）四月五日、八百屋半兵衛お千代心中／宵庚申の夜、生玉馬場先南都東大寺大仏勧進所ニ而死ス…

（イ）一（宝暦八年）二月六日夜、生玉馬場先芸子殺シ…

（ウ）一（天保二年十月）四日、生玉馬場先町丸屋抱茶立女弥生十八歳、今朝身投し、長堀茂左衛門町東掘角ニかゝり検使受、親方へ死骸引渡ニ相成候

（ウ）にあるように、十九世紀には「馬場先町」として独立した町として扱われるまでになっている点に注目したい。安政五（一八五八）年二月の史料であるが、天王寺垣外に属する友七が、北平野町の村役人に対して、「隣町馬場先同様月別之外、番賃と唱、月半ニ御町人様廿四文、表借屋拾六文計、裏借屋右ニ準し頂戴仕候ハヽ、右を全之給料ニ為致」るとして増番賃を要求している(32)。友七が参考にしているのは北平野町の隣町「馬場先町」であり、そこでは家持「町人」がおり、「表借屋」「裏借屋」が展開する「町」の構造が見て取れる。その実像については未詳であるが、都市化が進んでいる様子がうかがえる。それだけでなく、生玉神社の「馬場先」といえば、北平野町六丁目・七丁目あたりも含めた空間としてのイメージが広がりつつあった。（ア）に見える南都（東大寺）大仏勧進所は北平野町五丁目に位置しており、厳密にいえば「馬場先」ではない。であるにも関わらず『浪速叢書』の作者にとって、ここは「馬場先」として認識されているのである。

3　門前町と茶屋

生玉曼荼羅院一件の概要

馬場先を挟んで南北両側に広がる北平野町六丁目・七丁目は、それより北に連なる北平野町一～五丁目などとともに町村を構成する個別町であった。行政的には、幕府直轄領（一時高槻藩預り支配）の北平野町村であり、生玉神社の［境内］［朱印地］外の村であったが、生玉神社の影響を受ける門前町としての性格を併せ持っていた。文政十三（一八三〇）年、

生玉神社の社僧曼荼羅院が、北平野町七丁目の茶屋で抱えられた大和屋きぬと密通し、処罰される一件が起きる。この一件は、生玉神社とその門前町たる北平野町の実態と相互関係を考える上で興味深い一件である。そこで、まずは町奉行所で取られた曼荼羅院尊悟の口書などを用いながら、一件の概要を把握しておこう(33)。

讃州高松の出身の尊悟は、十歳で南坊の弟子となったのち、文政四年から曼荼羅院の住職に就いていた。その後、文政十年ごろからきぬと懇ろの仲になり、親元へ定期的に仕送りをしてやるまでになっている。一方のきぬは、西高津町大和屋きしの娘で、文政九年ごろから、親きしの指示により、北平野町七丁目で茶屋を営む大和屋きさ（代判卯右衛門）店へ「日預り」奉公に出ていた。そのうち、「きぬ姉聟生玉社地播磨屋熊吉方ハ料理屋之義ニ付、折々罷越、酒宴之上、きぬと密会ニおよひ」続けた結果、きぬは懐妊し、九月に男子を出産してしまう。その男子は乳母を雇い、親きしのところで養育させていたが、噂が立ってしまっては住持職の妨げになると考えた生玉神社側（南坊）は、南坊社役人三宅藤蔵が親きしへ手切れの交渉を行い、尊悟から親きしへ養育料として金十五両を渡すことで関係を断つことにする。きしは、出産ののち再び大和屋きさの「日預」奉公に出ていたところ、尊悟は大和屋清兵衛・大和屋さと・舛屋よね（いずれも北平野町七丁目の茶屋）の店へ計十一回もきぬを呼び寄せ、密会を繰り返したことが露見し、町奉行所による吟味を受けることになった。

右の罪状により、尊悟は遠島に処されている。以下では、この一件に関して処罰された人々の全てを取上げることはできないが、［境内］の利用をめぐる関係と、茶屋をめぐる関係に分けながら、それぞれの存在形態と社会関係に注意して整理することにしたい。

境内の利用をめぐる関係

播磨屋熊吉は、「生玉神主支配地」にある松屋庄次郎の借屋で料理屋を営む境内商人である。きぬを身売りさせた上、曼荼羅院尊悟を招き、料理を出してきぬと密会させたことを不埒とされ、家財取上げの上、手鎖隔日封印改めに処されている。熊吉の家主である松屋庄次郎に代わって「家事引受世話」をしていたのが松屋利兵衛である。利兵衛の罪科は、「貸家内」に人別外のものを長々と差し置いていたことに加え、隠売女が行われていたことを知らなかったことが不埒であるとされ、「暮方入用壱ヶ年四部一銀過料、其上熊吉家之家賃五ヶ年分之間欠所、手鎖隔日封印改」を命ぜられている。

ここからは、人別外のものを滞在させたことが罪であるならば、逆にいえば、人別内の者であれば生玉社地に存在し得ていた、ということを指摘しておきたい。たとえば天保四（一八三三）年に讃岐屋竹松に抱えられた茶立奉公人とくの実母今井屋さんは、「生玉社地野田屋三之助かしや」に居住しているし[34]、天保十三年六月に作成された「質屋古道具屋古手屋名前帳」には北平野町で古手屋・古鉄小道具屋を営む山田屋佐助支配借屋の伊勢屋源助が、その後「生玉社地え変宅」している[35]。このように社地には、そこに居住し人別を置く社地商人がおり、彼らは生玉神社による人別支配を受けていたと見られる。こうした商人は、松屋庄次郎（利兵衛）のように生玉神社から地面を借りる地借の場合と、播磨屋熊吉のように家を借りる借屋の場合があった。

「前書之趣不存罷有段不届」という理由で、銭一〇貫文の過料を申し付けられたのが、「生玉地支配人」の小物屋利右衛門である。〔史料1〕で見た「支配人」と同一人物であると見られ、正式には「境内支配人」もしくは「社地支配人」の誤記であろう。さらに、神主松下陸奥正も「是も右同断」と記した上で、支配人への申し付けが不届きであったことにより、呵りの上に、「熊吉家之下地面地代銀五ヶ年之間欠所」と「自分ニ慎」が命ぜられている。ここからは、当該地面の貸主が神主であること、境内支配人は、神主による境内支配を代行・請け負っていたため、社地商人の管理・統制責任が問われたことがわかる。

この他、生玉神社の内部関係者として処罰されている人物に、生玉南坊社役人の三宅藤蔵がいる。三宅の罪科は、尊悟ときぬの手切れの挨拶をし、過分の金子をきしに渡したことが不埒である、というものである。彼は南坊の寺侍とでもいうべき存在であり、門林啓三氏史料群からは、神主松下家にも神主役人の存在が確認できる（伊藤喜十郎）。住職・神主が行うべき職掌のうち、主として宗教的活動以外の部分を代行していたようである。しかし罪状はそれだけであり、社地商人や社地支配人に対する管理責任を問われていない。これは、当該地面が南坊の管轄地面ではなかったためである。馬場筋・馬場先で発生した事件であれば、南坊やその支配を代行・請け負う存在が処罰されていたと考えられる。

茶屋をめぐる関係

まず、茶屋そのものではないが、大和屋きぬの人別に関することで処罰された、西高津町中野屋長兵衛とその借屋人大和屋喜助に注目しよう。「売女致候義不存共、人別之者長々他所へ参り候段其侭ニ致置」いたことを不埒とされ、喜助は押し込みに、長兵衛は銭三貫文の過料に処されている。また、同町の年寄・五人組も関連して御叱を受けている。西高津町は、生玉神社の北に隣接する町である。「長々他所へ参り候」とあるように、大和屋きし・きぬ母娘の生活の拠点は人別を置く西高津町ではなかった。きぬの御仕置き文言には「姉婿播磨屋熊吉方ニ不断人別外ニ罷有」とあり、実質的には母娘ともに生玉社地の親類播磨屋のところに居住していた。人別外の近隣のものが生玉神社社地に入り込んでいたことになる。

母きしは、娘きぬを、北平野町七丁目で茶屋を営む大和屋きさのところへ「日預り」奉公をさせ、清僧を客にとって過分の金銀を貪りとったという罪科で中追放となる。娘きぬは、「御法度之隠売女致候段重々不埒」ということで、「傾城町五町年寄中」へ三カ年引き渡されることになる。「日預り」奉公とはいかなる状態のことを指すのであろうか。そうした行為が「御法度之隠売女」と判断されていることを踏まえながら、きぬを「日預り」として抱えた大和屋きさの御仕置きを見ることにしよう。

〔史料7〕

北平野町七丁目
大和屋きさ
病身ニ付家事引受人
代判宇右衛門

右茶屋株借受渡世致、兼て御制禁之趣乍弁、茶立女両人ハ売女不致候共、前書きし任頼、娘きぬ日預リニ致、外方へ差送、花代受取候段不届ニ付、暮方入用四部一銀過料・手鎖隔日封印改被仰付候事

きぬを「日預り」として抱え入れ、「外方へ差送、花代受取候段不届」とされ、「暮方入用四部一銀過料」と「手鎖隔日封印改」を命じられている。

まず注目したいのが、「茶屋株借受渡世致」と記されている部分である。北平野町での茶屋営業のために株が必要とされていたらしいことである。その株主に関しては、「天満天神社地茶屋株主京屋忠兵衛」が、銭一〇貫文の過料に処されている。天満天神とは、天満にある大坂天満宮のことで、境内の茶屋株一一株が町奉行によって認められている。ただしこの株は「所限」すなわち天満天神境内でのみ営業が許された株のはずであるから、北平野町七丁目での茶屋営業に用いることができない性格のものである。なぜ株の貸借が行われたのかについては不明であるが、ともかくも、文政期の北平野町七丁目における茶屋営業には茶屋株が必要であった(後述)。

つづいて、「茶立女両人ハ売女不致候共……」とある部分に注目しよう。ここからは、大坂の新地などで認められた茶屋株同様に、二人の(売女ではない)茶立女を抱えることが認められるものであったことがわかる。[36] 茶屋の大和屋きさは、抱えている茶立女二人には売女させてはいなかったが、「日預り」として抱えたきぬに売女行為をさせたことになる。しかしきぬは実際は常時きさの店にいた形跡はなく、母と共に社地料理屋で生活していた。いわば通いの茶立奉公人であり、

この形態のことを史料文言では「日預り」と表現しているものと見える。これも、茶立女の人数制限があったがゆえにとられた抱え方であろう。公認された茶屋の周縁には、茶屋の店外に抱えられた「日預り」茶立女が展開していたのである。

茶屋と置屋

大和屋きさと同じく、茶屋として処罰されたのが大和屋清兵衛・桝屋よね・大和屋さとの三名であった。「いずれも北平野町七丁目で茶屋営業を営んでいた者たちである。この三名と大和屋きさについては、それぞれの供述調書が残されており、自らを「茶屋渡世之もの」と名乗っている。しかし、この一件への関わり方は、きぬを「日預り」として抱え、他所へ派遣した大和屋きさとは異なっている。いずれも料理・酒を曼荼羅院尊悟へ提供したこと、その酒宴の相手にきぬを呼び寄せたこと（枡屋の場合は、他に芸者二名も呼ぶ）であり、自らが抱える茶立女や芸者に相手をさせた様子は見えない。この三名の罪状について茶屋株の所有・貸借に関して問題にされていないところからすると、同じ「茶屋渡世」と名乗っていても、茶屋株を持ち（借り）、茶立女を抱える茶屋（いわゆる置屋）と、客に酒飯を提供し、客の求めに応じて芸者などを呼ぶ茶屋（いわゆる揚屋・呼屋）とがあったことを指摘しておきたい。例えば、「一生玉馬場先女郎・芸子、八分花也、茶屋は別に有之、置屋と申に女郎も芸子も居候、尤置屋は何軒も有之……」（「浪花洛陽振」『上方芸文叢刊』）とあるように、当時の観察者からは茶屋と置屋とに分けて見なされている。さらに『浪花叢書』には文政十年閏六月二十四日に、北平野町六丁目小山屋善兵衛借屋橘屋てるという茶屋の二階で起こった心中事件が記されているが、女性側は、北平野町七丁目足袋屋九八郎借屋播磨屋可助抱茶立奉公人きくであった。ここにも、茶立奉公人を抱える播磨屋可助と、茶立女を呼び寄せる茶屋の橘屋てるという関係が確認できる。ただし、大坂で公認された茶屋は、自らの店外へ茶立女を派遣することが禁止されていたから、この分離がどれほど徹底していたのかどうかについては不明である。

茶屋株の公認

そもそも北平野町では茶屋株は認められていなかったようである。宝暦四（一七五四）年、北平野町一丁目万屋長兵衛借屋の大津屋治右衛門女房しげが隠遊女奉公に出ていたことをめぐり、それに関わった北平野町二丁目播磨屋しゅん借屋和泉屋るひ同家金七、同二丁目日野屋利兵衛借屋大坂屋長兵衛、同四丁目住吉屋喜八と、家主や村役人・五人組らが処罰を受けている。それぞれの処罰理由には「無株之所ニ而隠遊女渡世致候段」・「無株之所ニ而売女を世話致候段」・「無株之所ニ而隠遊女を差置」とある。[37]つまり宝暦四年の北平野町は「無株之所」であり、茶屋営業は公認でも黙認でもなく、禁止されている場所であった。

茶屋株の公認は明和年間よりも下ることになる。「諸品定数大坂記録[38]」（安永期成立カ）には、大坂公認の茶屋株としてa「北平野町・天王寺村・西高津村通用」六八株と、b「北平野町・塩屋口野畑・西高津村・吉右衛門肝煎通用」二五株が書きあげられている。[39]

このうちaは、明和元年に葭屋林之助（難波新地一丁目金田屋源六支配借家）が北平野町七丁目裏に新建家開発を認められた際に、冥加銀四十貫目を上納することで認められた、三郷通用の茶屋株十株・「北平野町辺通用」煮売株十株を端緒とする。しかし、北平野町七丁目裏の地面を希望するものがなく、また両株ともに借主がいなかったため、開発地の年貢・村入用負担に差し支えた葭屋林之助は、両株を返上したうえで、毎年冥加銀一五枚の上納を条件に、a株三〇株を願い出、認められている。その後、西高津村のものが冥加銀上納（初年度銀二五枚、毎年銀一〇枚）を条件に風呂屋株許可願いを提出したため、町奉行所から故障の有無を尋ねられた林之助は、風呂屋株願が「茶屋株類シ候願」であるため故障があると し、毎年納める冥加銀を五枚増やすことを申し出、その結果、風呂屋株は却下されている。その後、再び林之助は茶屋株三八株の増加を願い出て認められた結果、a六八株となる。[40]なお、「手鑑[41]」によれば、六八株のうち五三株は北平野町・天王寺村通用、一五株は西高津村通用と分かれていたこと、また南平野町で通用させるために、毎年冥加銀四三匁が上納されていたことがわかる。

続いてbは、「諸品定書大坂記録」[42]によれば、西高津村の畑地南北七〇間余×東西三〇間余の建家場繁昌のために、西高津村・塩屋町口野畑・吉右衛門肝煎・北平野町通用茶屋株二五株、同四カ所と天王寺村のうち小義町・馬場先町通用煮売屋株一八株が、葭屋林之助に認められていることがわかる。このうち煮売株について「株仲間名前帳」[43]によれば、葭屋林之助が、自身に免許されていた西高津村内の谷町筋東側新建家場限り通用湯屋株の返上と引き換えとして、右の四カ所通用として免許された株で、安永七（一七七八）年十二月に町奉行所へ株仲間「名前帳めん」を提出したことがわかる。

こうした新地（新田）開発請負人に対する助成としての諸株免除は、大坂における都市開発のなかで次々に赦免されていく諸株との共通性が見いだせよう。塚田孝氏はこの煮売株が葭屋林之助に認められた個人所有の株で、煮売屋営業者は葭屋から株を借りて営業をしていたこと、天明八（一七八八）年二月に葭屋林之助が家出したため四株が取上げとなり、残る一四株は他者に売り渡されていることを指摘している[44]。残念ながら茶屋株については不明であるが、少なくとも通用範囲が煮売屋株と同一のb二五株は、町奉行公認のもと、請負人葭屋が一括して支配し、茶屋営業者は全て借株としてスタートしたものと思われる。

茶屋仲間と茶屋の分布

茶屋仲間の様子が垣間見える数少ない史料が、享和二（一八〇二）年の茶立奉公人「衣服之儀は麁相成ヲ可着」を誓約する「差入申一札」である。

〔史料8〕

差入申一札

一前々ゟ被　仰渡有之候茶屋商売ニ召抱、茶立奉公人共衣服之儀は麁相成ヲ可着筈ニ候処、前々ゟとは花美ニ相成、心得違之ものも有之、奢ヶ間敷衣服致茶屋定法も猥ニ相成、此後　御公儀様ゟ御察度も有之候而ハ茶屋渡世之もの共可致後悔候間、向後奢ヶ間敷儀何事ニ不寄致間敷候、茶屋奉公人は不及申、其外召使之もの迄其主人ゟ得と申聞セ、衣服其外花美ニ不相成候様可致旨被為　仰聞、承知奉畏候、右御申渡相背候而猥ニ相成候儀も有之候得は、私共商売御差留可被成候共、其節一言之申不分無御座候、尤同商売之ものえ不洩様右之趣可申聞旨被為　仰聞、是又承知奉畏候、仍而印判仕差入申一札仍而如件

享和弐戌年十二月

壱丁目

三原屋孫助（印）

河内屋庄右衛門（印）

播磨屋伊右衛門（印）

天満屋佐兵衛（印）

亀屋弁次郎
代判仙蔵（印）

津国屋清兵衛（印）

庄屋　幸左衛門殿

大和屋やゑ
代判安兵衛（印）

（十名分略）

伊勢屋もと
代判重蔵（付紙）「休株ニ付無印形」

（十六名分略）

前書之通被為　仰聞承知奉畏候ニ付、私〻も茶屋仲間一統え不洩様為申聞、花美成儀其外猥ニ不相成候様、急度可仕候、以上

享和二戌年十二月　　　　　　　　年行司　はりま屋与八（印）

庄屋　幸左衛門殿

庄屋　与三左衛門殿(45)

その署名には、①「壱丁目」三原屋孫助を筆頭に全六名が庄屋幸左衛門に宛てた部分と、②大和屋やゑ代判安兵衛以下全二八名が連印し、③「年行司」はりま屋与八が奥印して、庄屋幸左衛門・与三左衛門へ宛てた部分からなっている。さらに②の部分には、「休株ニ付無印形」とあるものを全部で四名確認することができる。以上から、茶屋株による茶屋営業が行われていること、年行司を筆頭におく茶屋仲間として結合していたことが分かる。

「一札」の本文には「茶屋定法も猥ニ相成」という文言も見え、「定法」を持つ集団であったことも確認できる。ただし、この定法は、町奉行から茶屋仲間に対して規定された定法を前提としたものであり、全く自律的な性格ではないことに注意がいる。①と②の違いについては、①の直前、「一札」の本文に「尤同商売之ものえ不洩様右之趣可申聞旨被為仰聞、是又承知奉畏候」と庄屋に対して述べている箇所が参考になる。これは、法の伝達形式からすれば、庄屋から家持に対する「仰聞」を受けての「承知」であると考えられ、ここでいう「同商売之もの」とは、借屋の茶屋営業のものを差すことになろう。つまり、まずは村役人の庄屋から町制機構を通じて家持（＝茶屋）である六名に伝達され、それを誓約する①の部分と、家持（＝茶屋）から法の伝達を受けた借屋（＝茶屋）がそれに誓約する②の部分、これら全体を受けて、茶屋仲間の代表としての年行司が奥書きする③の部分という形式ということになろう。つまり、茶屋仲間には、家持の茶屋と借屋の茶屋が存在していたのである。(46)

①の「壱丁目」とある部分に着目すると、ここで連名する茶屋は北平野町一丁目で営業する茶屋だけであることが見て

取れる。このほかに、二丁目以南にも展開していたことも想定しなければならず、茶屋仲間としての実態は不明であるが、北平野町全体にわたって均質に展開してはいなかったと思われる。たとえば、明治二(一八六九)年十月二十五日付の大阪府布令で、茶屋渡世差し止め、ならびに営業継続希望者に対する松嶋廓への移住強制を命じた対象には、北平野町一丁目・六丁目・七丁目しか見られない。北平野町内部での茶屋の偏在性については今後の課題であるが、曼荼羅院の一件に関わる茶屋が展開する六丁目・七丁目は、生玉神社の正面馬場筋の両側に連なる門前町とでも呼ぶべき地域であり、南坊が支配する馬場先とともに茶屋が集中する場であった。

おわりに

以上、本章では［境内］［朱印地］［門前町］の空間に即しながら、生玉神社の神社社会構造の一端を明らかにしてきた。生玉神社は［朱印地］に対しては、神主―社家仲間と南坊―社僧集団が集団的に「領民」と対峙し、年貢・人夫を収奪する関係にあった。［境内］は神拝や神楽などの宗教行為を行うことでその対価を得、諸堂に設けた賽銭箱に集まる喜捨物によって収入を得る場でもあったが、境内商人・社地商人に場所を貸し、境内の掃除や治安維持を勤めさせ、地代・店賃を獲得する場でもあった。［境内］は小地域ごとに、神主や南坊が分割して支配していたが、その支配を代行する存在として境内支配人・社地支配人が置かれていた。こうした［朱印地］［境内］は、ともに「領主」的立場にある生玉神社が直接支配を及ぼし得る場であった。

ところで、いまのところ社地商人と境内商人の明確な区別は史料に見出せていないが、屋久健二氏が明らかにした大坂天満宮の事例(47)を参考にすれば、狭義の境内において公的には居住の認められていない(なかば常設化しつつあるものの)仮設の小屋で営業をし、普段は境内外の町屋裏店に居住し人別を置く境内商人と、狭義の境内の外にある常設店舗で営業・

居住し、そこに人別を置く社地商人という整理が得られるものと考えられる。生玉神社に即した実態については、今後の課題である。

［門前町］でもある北平野町六丁目・七丁目は、生玉神社の領主支配が直接及ぶ場ではないものの、両町の間にある馬場先は景勝地・名所たる生玉神社への入り口にあたり、生玉神社との関係抜きには存立し得ない場であった。神社の出入り商人・職人らの幾許かはこの地域に展開していたと思われるが、もっとも北平野町を特徴づけるものが茶屋であった。

北平野町は、公認遊廓＝新町と黙認遊女の茶屋株という体制のなかで、茶屋株「無株之所」であったが、十八世紀中後期に新地開発にともなって茶屋株が公認されたことにより、安永年間には株に基づく公認の茶屋仲間として当該地域に立ち現われてくる。仲間定法と年行司を持つ茶屋仲間ではあったが、家持と店借、株所有の有無という差異を含む集団であったと見られる。

生玉神社の社僧曼荼羅院が処罰された一件は、生玉神社の神社社会と、遊廓社会の外縁たる北平野町が形作る地域社会が重なり合う場において起きた事件であった。

（1） 伊藤毅『近世大坂成立史論』（生活史研究所、一九八七年）など。
（2） 巨大都市を分節的に把握する方法を提唱する吉田伸之氏・塚田孝氏の方法論に呼応しながら、蔵屋敷・市場社会・遊廓社会・かわた町村など、小社会に即した分節構造を明らかにする研究が積み重ねられつつある。例えば、塚田孝編『大阪における都市の発展と構造』（山川出版社、二〇〇四年）、塚田孝『近世大坂の都市社会』（吉川弘文館、二〇〇六年）、塚田孝・吉田伸之編『近世大坂の都市空間と社会構造』（山川出版社、二〇〇七年）、原直史編『身分的周縁と近世社会　三　商いがむすぶ人びと』（吉川弘文館、二〇〇七年）の諸論考など。
（3） 拙稿「近世大坂生玉神社における社家仲間」（『市大日本史』一一号、二〇〇八年）。
（4） 神社社会論を深めるにあたって、吉田伸之氏・塚田孝氏らの寺院社会論の成果を参考にしている（吉田伸之「都市民衆世界の歴史的位相―江戸・浅草寺地域を例として」『歴史評論』五六三、一九九七年〔のち『巨大城下町江戸の分節構造』山川出版社、二〇〇〇年所収〕、同「寺社をささえる人びと―浅草寺地域と寺中子院」『身分的周縁と近世社会　六　寺社をささえる人びと』〔吉川弘文館、二〇〇七年〕、同「江戸・内・寺領構造」『伝統社会　4　分節構造』〔東京大学出版会、二〇一〇年〕、塚田孝『横山と槙尾山の歴史』〔和泉市教育委員会、二〇〇五年〕など）に多くを学んでいる。このほか寺院社会論・神社社会論に関する論稿は数多く発表されているが、近年の都市大坂に関する論稿としては、山崎竜弘「近世四天王寺における寺院社会構造」（『都市文化研究』、一四、二〇一一年）や、屋久健二「近世大坂天満宮の境内商人と西側茶屋仲間」（『市大日本史』一五、二〇一二年）がある。

（5）和泉市池田下町門林啓三氏所蔵史料。本史料群は和泉国泉郡池田下村で水車・人力絞油業を営んでいた家に残されたものであるが、天保十〜十三年にかけて、生玉神社社家・藤江家の社家株を金八〇両で実質的には買い取ることで養子となり、その後、実家の都合で帰村した際に持ち帰ったものである。委しくは前注(3)拙稿参照。なお、門林家の絞油業に関しては、『和泉市の歴史　三　池田谷の開発と歴史』（和泉市教育委員会、二〇一一年）を参照。

（6）大阪市史編纂所所蔵。ともに古書店から大阪市史編纂所が購入したもので、「いずれも庄屋家の文書と考えられるが、受け入れ時期が異なったために別の文書名を付けている。」（野高宏之「解題」〔『大阪市史史料第七二輯　近世の城南北平野町―上町にあった下町―』大阪市史編纂所、二〇〇九年〕）なお、同史料集には、北平野町に関する史料が数多く収録されており、本章でもいくつか参照している。

（7）門林啓三氏所蔵史料群を見る限り、「境内」をここでいう「社内」と同義で用いる場合と、表2の全体を意味する場合と混在しており、明確に使い分けているようには見えない。なお、前注(3)の表に誤りがあったため、本章の執筆にあたって修正を加え、再整理した。

（8）以上の記述は、「摂津名所図会」によるもので、残念ながら一次史料では確認し得ていない。今のところ「摂津名所図会」の記載に依拠しておく。

（9）生玉神社に関しては、「生玉真言坂」「生玉弁天池夜景」「生玉絵馬堂」がある。

（10）「摂津名所図会」（秋里籬島、竹原春朝斎、寛政八・十年）。

（11）「生玉宮由緒略記」（『官幣大社　生國魂神社誌』一九一八年、に掲載）に以下の記述がある。

一社領三百石之内（百九拾五石南坊／百五石神主）
右百九拾五石南坊支配之内、七拾八石は社僧九ヶ院へ配分
遍照院　持宝院　覚園院　観音院　真蔵院　桜本坊　曼荼羅院　地蔵院　醫王院
百五石神主支配之内、（称宜／神女）配分

(12)　門林啓三氏所蔵史料「御触書控帳」［引出ち―3］、「御触書控帳」［引出ほ―45］。
(13)　門林啓三氏所蔵史料「月番帳」（天保九年）［引出と―3］。
(14)　門林啓三氏所蔵史料「月番帳」（天保八年）［引出ほ―9］。
(15)　杉村掃部は、社家職にあった息子の周防が日光へ参拝に出たのち江戸から帰国しなかったため、天保八年の冬から代勤として社役を勤めている。その後、周防の退役が正式に承認されるのが天保九年の四月である。宛名に周防と掃部がともに現れるのは、このことによる。また宮本播磨は、天保九年正月二十七日に「社例を相背」を理由に退役を申し付けられたのち、二月に再勤を許されている。天保九年二月から三月にかけて杉村家の後ろに記されるようになるのは、宮本播磨が一端退役し、復帰したことによるものと考えられる。そして再び杉村家よりも前に戻るのが、杉村周防が正式に退役となる四月であった（以上、前注(13)より）。順番が入れ替わるのは、こうした複雑な事情が背後にあることと関係していたのである。
(16)　前注(14)に同じ。
(17)　前注(13)に同じ。
(18)　前注(14)に同じ。
(19)　前注(13)に同じ。
(20)　門林啓三氏所蔵史料「月番帳」（天保十年）［引出ほ―53］。
(21)　前注(12)、(13)、(19)のほか、門林啓三氏所蔵史料「月番帳」（天保十一～十二年）［引出ほ―54］、「月番帳」（天保十三年）［引出ほ―55］。
(22)　『大阪市史史料』第一〇輯「古来ゟ新建家目論見一件」。
(23)　難波村の村役人に関して、青物市場について分析を加えた八木滋氏によれば、村内にある町に年寄がおり、彼らが中心となって難波村の青物市を運営していたこと、庄屋は場所の選定にのみ関与していたこと、加えて、生玉社領の年寄が「青物挨拶場」

と称する市場を開設し、口銭を取得していたことが指摘されている。
(24) 前注(13)に同じ。
(25) 前注(12)に同じ。
(26) 大阪市史編纂所所蔵「北平野町庄屋秋田家文書」Ⅱ—5「一札」。
(27) 大阪市史編纂所所蔵「北平野町庄屋秋田家文書」Ⅱ—17「一札」。
(28) 大阪市史編纂所所蔵「北平野町庄屋秋田家文書」Ⅱ—19「覚」。
(29) 北平野町は大坂三郷の外縁に位置する代官所支配地の「村」であるため、村役人としての庄屋が置かれている。また、同時に内部は複数の「町」が包摂される、いわゆる「町村」であったため、「町」ごとの年寄が置かれるようになるが、村（町）役人の実態については保留しておく。
(30) 大阪市史編纂所所蔵「北平野町庄屋秋田家文書」Ⅱ—37「生玉馬場先地改書写」。
(31) 大阪市史編纂所所蔵「北平野町庄屋秋田家文書」Ⅱ—6「六丁目七丁目さかい生玉絵図」。
(32) 大阪市史編纂所所蔵「北平野町庄屋秋田家文書」Ⅱ—20「乍恐以書附歎願奉申上候」。
(33) 以下、この一件に関しては、大阪市史編纂所所蔵「北平野町庄屋秋田家文書」のうち、Ⅱ—10「曼荼羅院住持丁内茶屋向きへ遊参ニ罷越候手続書上の写差置候綴紙」、Ⅱ—11「生玉曼荼羅院住持尊悟不如法一件ニ付、当町七丁目大和屋きさ方ニ日預りニ差置候きぬと申女隠売女相顕候始末」による。
(34) 大阪市立大学学術情報総合センター近世史資料室所蔵「伏見屋善兵衛家文書」Ⅰ—55。
(35) 大阪府立中之嶋図書館所蔵「質屋古道具屋古手屋名前帳」。
(36) 茶屋株と茶立女に関しては、塚田孝「近世大坂の茶屋をめぐって」(『ヒストリア』一四五、一九九四年。のち『近世大坂の都市社会』吉川弘文館、二〇〇六年）参照。
(37) 大阪市史編纂所所蔵「北平野町村文書」Ⅰ—4宝暦九年四月「御仕置者指上帳」。
(38) 大阪市立大学学術情報総合センター所蔵『日本経済史資料』1—24。
(39) 『諸品定書大坂記録』下、「七十　弐茶屋株」（大阪市立大学学術情報総合センター『日本経済資料』332.1　N14　1-22)。
(40) 『諸品定書大坂記録』中、「六十一　地子銀地代船床上前銀」（大阪市立大学学術情報総合センター『日本経済資料』332.1

N14 1-23)。

(41)『手鑑・手鑑拾遺』（大阪市史史料〈第六輯〉一九八二年）。

(42)前注(40)に同じ。

(43)『大阪市史』第五巻。

(44)塚田孝「近世大坂の開発と株」（『大阪市立大学文学部紀要　人文研究』第四八巻第一二分冊、一九九六年。のち『近世大坂の都市社会』吉川弘文館、二〇〇六年）。

(45)大阪市史編纂所「北平野町庄屋秋田家文書」Ⅱ―7。

(46)きぬを「日預り」奉公に抱えていたきさの家主大和屋梅（代判佐助）は、借家人が、隠売女をしていたことについての責任を問われ、家賃五カ年分（銀一九三五匁八四）の没収、ならびに「家内暮方入用四部一銀（銀四八三匁五八四）欠所、手鎖隔日封印改」を命ぜられている。この大和屋梅は、嘉永六年に泊り茶屋許可を願い出た「大和屋むめ」と同一人物とすれば、家持＝茶屋でありながら、自らの町屋敷を茶屋に貸していたことになる。『近世の城南北平野町』に採録されている遊所ガイドブックには、女郎・芸子を数多く抱える「大梅」「大むめ」を見つけることができる。

(47)前注(4)屋久論文。

3章　明治前期における泉州泉郡南王子村と信太地域

三田智子

はじめに

本章では、一村立てのかわた村である泉州泉郡南王子村と地域社会の明治前期における関係の変化について考察する。ここでいう「地域社会」とは南王子村と氏神を同じくし、歴史的にも深い生活関係を有した信太《しのだ》郷七ヶ村である。近世において信太郷七ヶ村と南王子村は、氏神・信太明神社（または聖神社。明治以降は後者に統一される）とその広大な除地・信太山を紐帯とするまとまりであった。除地は、あくまでも信太明神社に境内地として認められたものであるが、実質的には氏子七ヶ村による共有という性格が強かった。(1) しかし近代になるとこの除地は上地され、賤称廃止令も出される。この転換は、地域社会の何をどのように変化させたのかを、神社社会の特質を踏まえて解明してみたい。(2)

本章の前提として、これまでのかわたと地域社会の関係に関する研究について述べておく。管見の限り、残念ながら両者を構造的に捉えた成果はまだ少ないように思われる。古くは本村支配をそのまま地域社会のあり方と考え、またいくつかの差別的な事件をもって、地域社会での差別―被差別関係を確認するにとどまることが多かった。こうした傾向に陥る原因は、対象とする「地域社会」を具体的に措定・分析する方法を欠いていたことに求められよう。

こうした問題を克服すべく、筆者はこれまで二つの試みを行ってきた。一つは、南王子村の出作・小作を通じた地域社会との関係分析である。[3] 近世中期以降、南王子村の周辺村では人口が停滞し、手余り地が増大するなか、人口が激増する南王子村の村民がそれらを買得し、あるいは小作人として耕作を行っていることを指摘した。近世末期には、南王子村高一四三石余を大きく上回る、出作高四七〇〜四〇〇石余・小作高四四〇〜五一〇石余の規模に達していたと推定している。[4] もう一つは、聖神社氏子村々との関係分析である。これらを通して、信太明神社は氏子持ちの神社であったこと、除地山の用益をめぐって十八世紀以降社家や社僧と氏子が対立することを明らかにした。また正式な氏子としては認められていない南王子村が、出作地を拡大すること（それらは除地外である信太山内の谷筋などにも展開）への抵抗感は出作先の村々に広がっており、文政期には信太明神社からの排斥運動となることも明らかとなった。本章はこの延長線上に位置づけられる。

近世中期以降の南王子村にとって、人口激増問題は集団秩序を変化させるだけでなく、十九世紀以降には村方騒動が頻発する主要な原因となる。[5] 村内人口の八割以上を無高が占めるなか、村方入用の賦課方法と村内取り締まりが村政上急速に争点化していくのである。[6] この一方で、すでに述べたように周辺村々は、南王子村の労働人口なしには再生産ができないような状況となっていた。こうした南王子村の特徴を踏まえることなく、南王子村の地域社会における位置を具体的に捉えることはできない。

以上のことを前提に、明治前期の南王子村と信太地域の関係を、信太明神社を神社社会と捉える視点から、とくに除地山をめぐる動向に注目して検討をすすめることとする。

1　近世の信太地域と聖神社

信太地域は和泉国泉郡の平野部に位置し、村々の南東側には海抜三〇～七〇メートルの信太山丘陵が広がっている（図1参照）。この信太山の裾野に和泉国三宮の信太明神社（聖神社）は存在した。同社は明治五（一八七二）年に郷社となる。近世において、氏子は信太郷七ヶ村（上代《うえだい》・上《かみ》・尾井《おのい》・太《たい》・中・富秋《とみあき》・王子）であり、同社は七ヶ村立会である。七ヶ村は、いずれも村高が二〇〇～四〇〇石程度、戸口が三〇～六〇軒程度の比較的小村である（表1参照）。この七ヶ村には含まれないものの、氏子に準ずる立場にあったのが舞村と南王子村である。七ヶ村の北側、大鳥郡との郡境に接する舞村には陰陽師や舞太夫が住み、舞太夫は明神社の神事で舞を奉納していた。しかし舞村は元来大鳥郡の村々と関係が深く、氏子とは認められていなかった。七ヶ村の南側に位置する南王子村は、十七世紀末まで王子村内に居住していたかわたであった。一村立て後も明神社への神役は続けていたが、こちらも氏子とは認められていなかった（四節にて後述）。二村は、歴史的背景をもって、七ヶ村に加えられることはなかったのである。ここで注目しておきたいことは、先述した南王子村の人口である。天保三（一八三二）年頃における南王子村の人口は一七一〇人、すでに七ヶ村と舞村の人口を上回っている（表1）。

つぎに信太明神社の宗教者をみておこう。社僧は万松院である。奥院も社僧だが、近世を通じてほぼ無住であった。別当は十七世紀後半に氏子との不仲を理由に退寺し、以後置かれなかった。社家は、神主一人、禰宜二人、神子一人がおり、いずれも白川家に入門していた[7]。ただし明神社は、七ヶ村が社事を差配する氏子持ちの神社であり、社僧と社家は強い権限を有してはいなかった。

信太明神社を考える上で重要な存在が、近世を通じて明神境内地として除地の扱いを受けていた信太山である。これは信太山丘陵の最先端部（正保郷帳に東西二四町・南北九町と記される）であり、氏子村々の領域に接している（図1・2破線部）。谷筋は除地外で、溜池として利用されていた。とくに大谷と呼ばれる谷筋の大野池―須坂池は、氏子七ヶ村を中心に十一ヶ村立会の大野池郷によって管理され、信太地域の基盤用水源であった。東側の東大谷筋の池々は谷奥が尾井村・上代村用水として利用され、谷下部分は大鳥郡村々の用水池である。山内にはこのほかに小規模な池も複数あり、七ヶ村のうちの一村、または数カ村立会となっていた。近世を通じて池尻（池床）部分の開発も次第に進んでいた（図2参照）。

一方峰筋は除地で、事実上氏子七ヶ村と舞村・南王子村の立会山であった（ただし二村は七ヶ村と対等な立場ではない）。十八世紀中期までは氏子が立木を管理し、社殿修覆などの必要に応じて伐採・売却を行っていたことが確認できる。また草山部分は、定日を定めて九ヶ村が利用していた。除地部分において注目される利用形態に、神畑（請所畑とも呼ばれる）がある。これは除地内の個人請で、永代占有権に近い。本人が除地内の適当な場所を見定め、七ヶ村庄屋中に申し出て許可を得れば、毎年明神社へ定米を納入することを条件に認められた。百姓同士で売買もされており、幕末には数百筆規模（二五町程度、三節で後述）まで増加していたようである。

十九世紀の信太明神社では、毎年十一月の社勘定において、「神田畑定米帳」（収入）と「社事勘定帳」（支出）を付き合わせた上、「山方家別帳」を作成し、不足分を氏子七ヶ村へ家別割りに賦課していた。詳細は不明だが、境内山を財政基盤とする神社であったと考えて間違いなかろう。このため氏子七ヶ村は信太山の開発が持ち上がるたびに強く拒否したが、その際「明神境内山」であるという主張は、かなり効果的であったようだ[8]。これに対し、氏子から定額給（名目は薪代）を受け取る立場にあった社家は、比較的開発に積極的で、近世中後期において何度か氏子と対立している。

ここで南王子村の立場を整理しておこう。先述したように、王子村内に居住し、「信太の穢多」とも呼ばれていたかわたが、十七世紀末に隣接する「上泉郷」へ移転し、南王子村となった。以後も南王子村は神社への神役奉仕を継続したが、十九世紀においても社勘定に立ち会うことは許されておらず、毎年山懸銀として銀百目を負担するだけであった。文政末

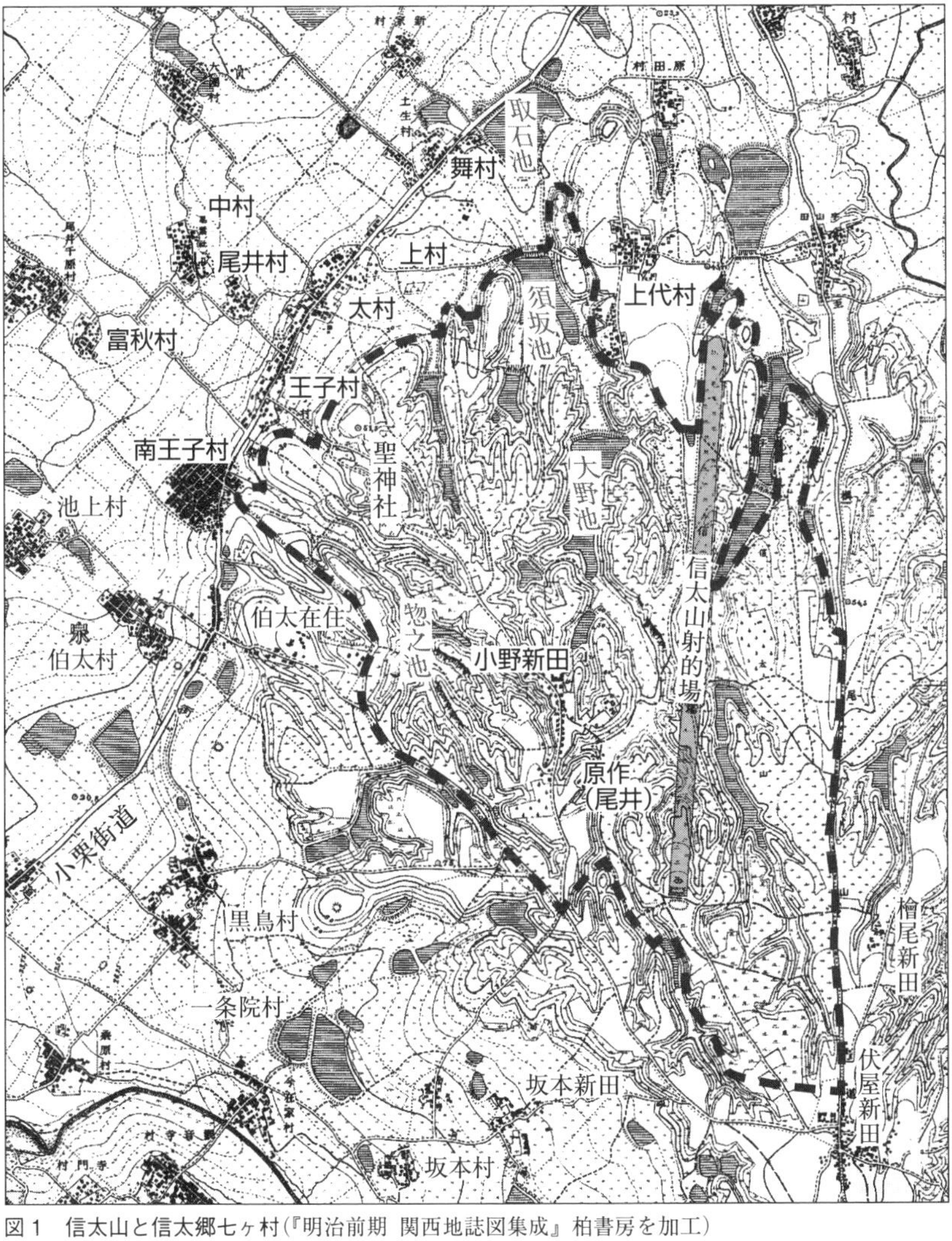

図1　信太山と信太郷七ヶ村(『明治前期 関西地誌図集成』柏書房を加工)
破線で囲まれた範囲が聖神社境内地。

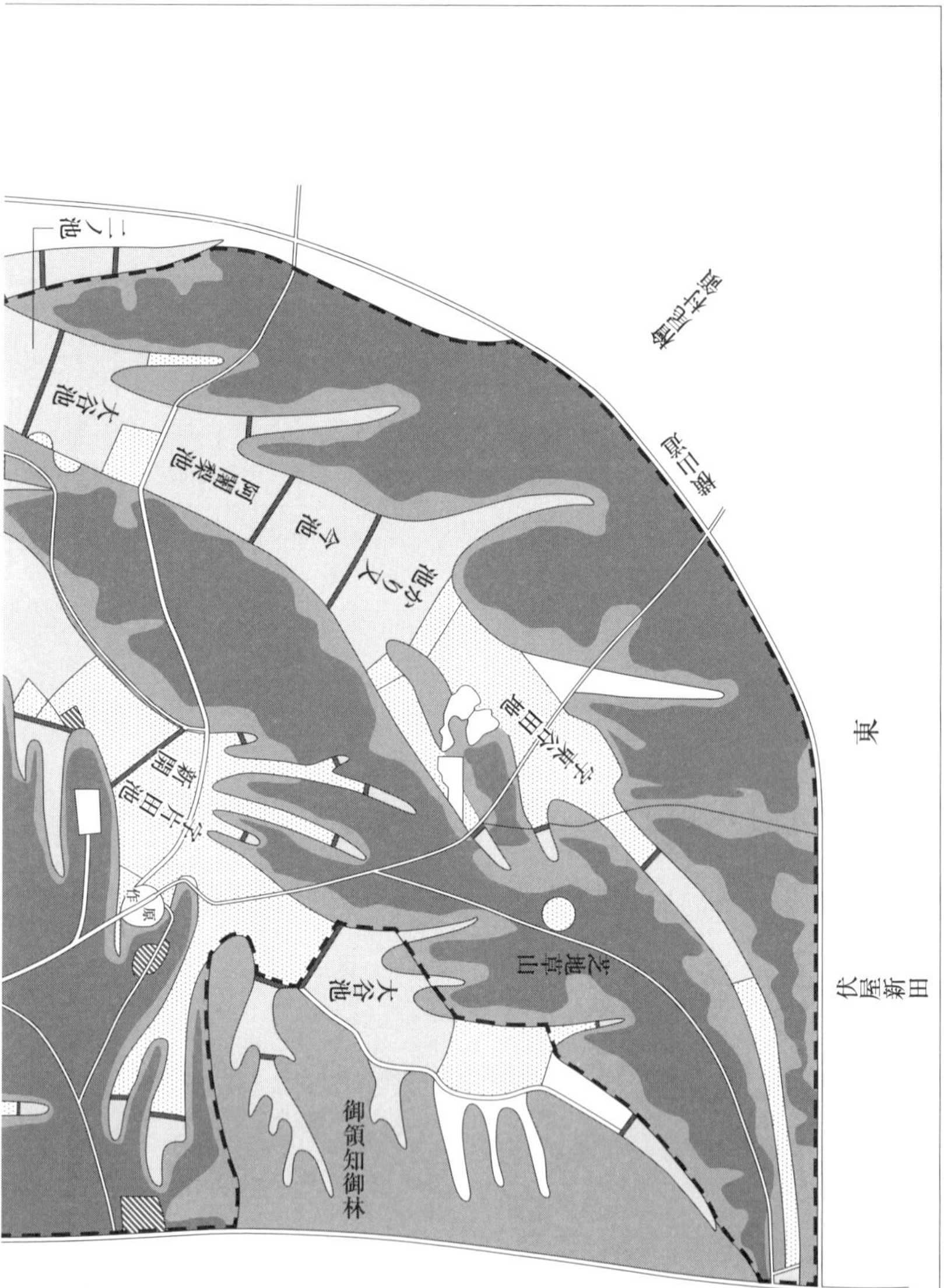
二ノ池
大谷池
今池
新開池
東
芝地草山
大谷池
御領知御林
一条院村領
池田下村領

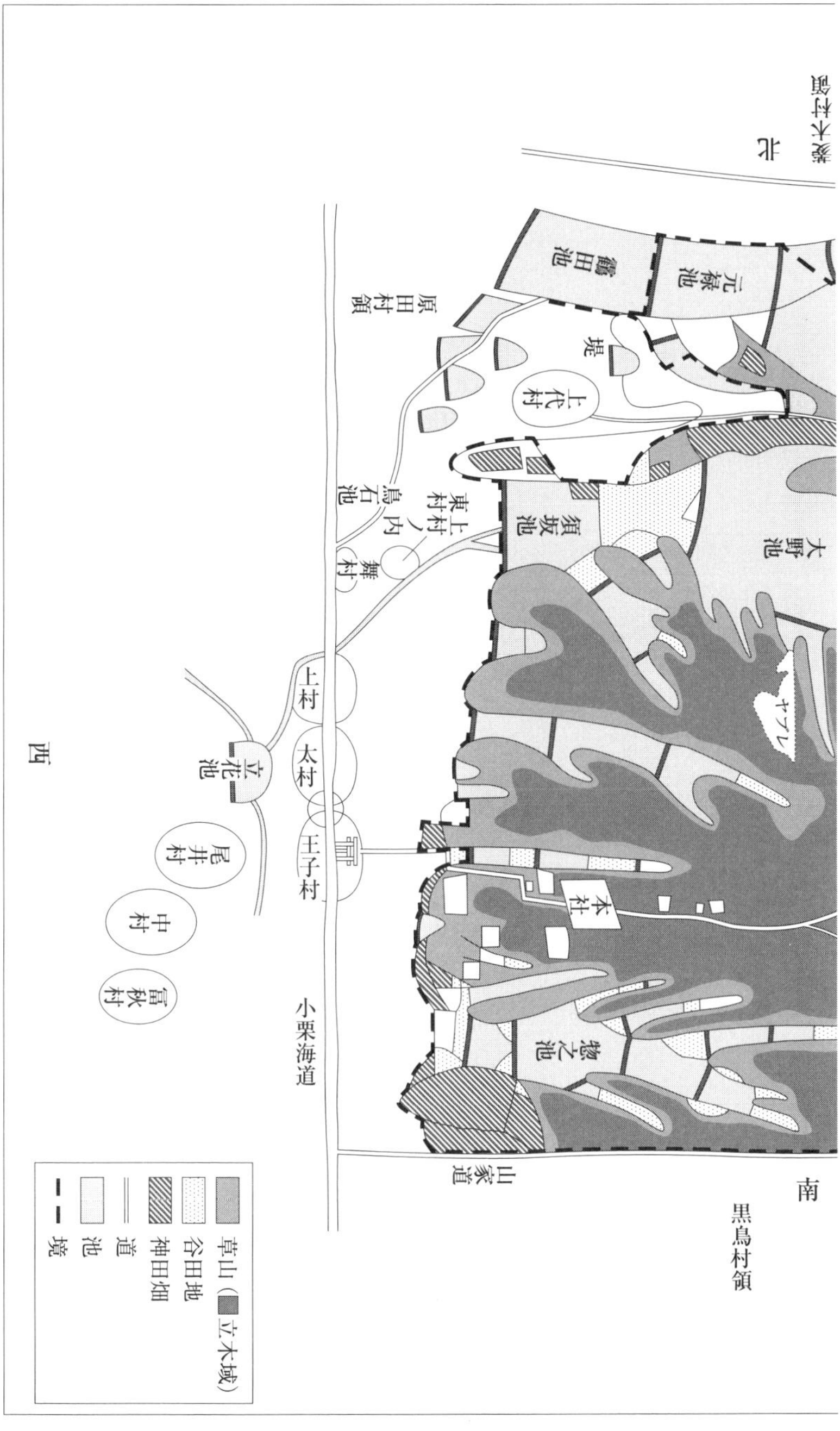

図2 天保3年 信太山大絵図（和泉市教育委員会蔵） 作成者は信太七ヶ村の庄屋中である。

表１　信太郷七ヶ村と南王子村・舞村の概要

村　名	天保３年					明治14年
	村　高	家　数	人　数	溜　池	その他	家数/人口
上代村	334.117	60	243	狩又池・今池・高池・阿闍利池・会池・宮谷池・目腐池		67/336
上　村	332.118	45	208	志津池・にこり池・道田池		41/191
太　村	424.212	51	250	狸池・狸上池・丸池・大坊池・治郎池・菩提池・道池・道中池・道下池		62/287
尾井村	233.937 ※	25	137	南谷池・清水谷池・大谷池・内山池・大東谷池・大東谷池・中谷池・東谷池・東谷池・青木谷池・尼ヶ谷池		62/272
中　村	410.195	30	129	記載なし		34/156
富秋村	195.35	26	107	千草池(池上村外と立会)		23/110
王子村	323.711	33	167	惣之池(南王子村と立会)・今池・尼ヶ池・ひゃうたん池・ささら池・川池・こと池・よもの池・摺鉢池・渡シ池・一ノ谷池・宮谷上池・宮谷下池		41/195
舞　村	31.855	20	75	記載なし	陰陽師　百姓甚太夫 藤村右京　　土御門家門流の陰陽師で，和泉・河内両国に以前より旦家があり，年に三度祈禱に廻って初穂を受けとるほか，信太暦を配っていた。享保八年に京都大経師と信太暦の売暦について争論となって以降は南都暦を配っている。 舞太夫　百姓徳兵衛松寿太夫　　越前国幸若八郎より免状をもらい，以前から信太明神の祭礼の節には神前で音曲の舞をつとめている。	20/92
南王子村	143.133	305	1710	記載なし		483/2373
小野新田						33/104

天保３年の情報は，福島雅蔵「天保三年一橋領知『和泉国大鳥郡・泉郡村々様子大概書』について(一)(二)」(『堺研究』26号，27号)による。明治14年の情報は，『泉大津市史第四巻』76頁による。
※尾井村520石余(尾井千原村を含む)は一橋家・林家・施薬院・長岡家(熊本藩上級家臣)の四給で，一橋分が233石余。

期以降、舞村は社勘定への立会を認められ、氏子へ一歩近づいたが、南王子村には認められなかった。ただし山の用益については、草山の利用を認められるなど完全に疎外されていたわけではない。しかし池郷という点では、南王子村は近世には大野池郷に属していない。信太地域の最南に位置するため、除地内の最も南の谷筋にある惣之池を利用していたためである。さらに氏子七ヶ村と舞村・南王子村はいずれも十八世紀中期以降、御三卿一橋領知となるが、八村が他二村と信太組を構成する一方、南王子村は府中組に属していた（上泉郷へ移転したためと考えられる）。

以上から、信太明神社は氏子の立場が極めて強く、氏子は信太山の用益を結集の核とする地域的結合であったと評価できよう。社僧や社家は、都市部の寺院（神社）社会をなす寺社のように独立した経済基盤を持たず、氏子の下で山の用益に与る存在であった。氏子たちにとって、信太山は明神境内地であると同時に、ほぼ唯一の用水源・用益の場であった。すなわち、山と水、そして氏子圏がほぼ一体の独自の生活世界として存在していたのである。領知支配においても八村は一組を形成していた。こうした生活世界に、南王子村は明神社への神役を介して繋がっていた（それは歴史的な経緯に基づくものであったがゆえに多くの面で疎外・隔絶の側面を有したが）。以下、本章では、このような信太山と氏子七ヶ村、及び舞村・南王子村を含む地域を信太地域と呼ぶ。

2　信太山の変化——聖神社境内地から小野新田・陸軍演習場へ

除地上地と開発入札

明治三（一八七〇）年十二月、諸国社寺領一般上地を命ずる太政官布告が出され、翌年正月、聖神社の除地・信太山も堺県の直轄となった。早くも明治四年十月初旬、堺県は開発を目的とした信太山入札の方針を打ち出し、信太山の検分を行い、山内を番付の上、大縄反別を打ち出した。十月二十八日には県内に信太山の入札を通達し、希望者は十一月八日までに申し出よ、とされた(9)。そうして十一月十五日に実施された入札で、信太山は一括して小野組の小野善太郎により落札された。

明治四年という一年の間に聖神社境内地から、開発対象の新田（しかも落札者は巨大な外部資本）へと、信太山は大きく変化した。ただし、聖神社自体は明治元年末より堺県の管轄に入っていた。これは明治元年十二月に堺県が太政官へ〝県内大社のうちいまだに県の直轄となっていない分について、県と領主のどちらが支配すべきか〟と問い合わせ、太政官が除地の支配もあるので県が支配するようにと返答したためである(10)。おそらく堺県は聖神社を管轄下に置いた明治二年の段階から、いずれは開発をと計画していたのだろう。

当然のことながら、この流れに対して地域の村々は反対した。まず十月九日、検分にやって来た堺県役人に対し、大野池郷村々と流末の大鳥郡村々は「山内には七〇余の溜池があり、田地七〇〇〇石の灌漑に差し障る」として開発入札の差し止めを願った(11)。堺県はこれを採用せずに検分を行ったわけだが、その結果信太山内に一〜一五二番の番付をし、面積を一一八町五反余と打ち出した。番付の場所はおおよそ判明するが、除地内のほぼすべてに番付し、なかでも大谷と東大谷に挟まれた峰筋が開発予定地の過半を占めていた。同月十六日には池口村々（信太のみ）が、内四〇番余を林として残すよう願っている(12)。これは土砂留めとして池廻りには林が必要である、という主張であろう。

大野池郷を中心に信太山の開発入札に強く反対する行動が見られた一方で、南王子村は正反対の対応をとった。十一月七日、南王子村は堺県に対し村内一六〇軒八六〇人による信太山の開墾を申し出たのである(13)。

> 一、今般信太明神境内御開拓被為　仰付、難有御時勢到来ニ罷在候、元来当村儀者御高百四拾石余ニ而人別弐千人余も居住之村方ニ罷在候ニ付、実ニ稼方乏敷土地ニ罷在候故、自然と難渋者斗罷在候所、今般　御聖徳之御鴻恩を以難有平民御加入之御潤沢被為　成候ニ付、向後心体改革仕、自今賤敷業体廃止(仕)度ニ付、如何之職業ニ取懸リ何等を相稼仕候而可然哉ト日々夜々心魂を凝らし候折節、右開墾之時節到来一同相挙喜悦抃躍無申斗難有儀ニ付、右

境内地江罷出開拓仕度志願一決仕候戸籍百六十余軒・人別凡八百六十人余罷在候、右等之者共一時も早々彼地江罷出、実意永続之心底ゟ正路を本として抽丹誠身魂を抛而情々開墾仕度念願ニ罷在候、尤地代之儀者何卒格別之御慈悲を以外落札銀平均之割合を以、右百六十余軒之者共へ御下与被為　成下度段、乍恐伏而奉歎願候、（後略）

ここでは、賤称廃止令が出され、今後平民としてどのような職業に就けばよいか考えていたところ、開発が仰せつけられて村内一同が喜んでいること、地代金については入札額の平均を負担する、としている。平民としての職業を渇望しているが、適当な職がなく信太山の開発を是非行いたい、そうした状況にあるかわた村への助成として落札価格よりも安く開発を仰せつけて欲しい、と極めて近世的な論理を用いた主張である。当然、南王子村の希望も認められることはなかったが、これは長年にわたる南王子村の開発欲求の表出として、また七ヶ村とは除地山への眼差しが全く異なっていることをも鮮明にした一件として評価できる。その一方で南王子村は、当初開発予定地一一八町すべてへの入植を具体的に計画していたが、最終的には池郷が開発予定地から除くように希望した四〇番余といくつかを除いた入植計画を再作成しており、地域社会と必要以上の摩擦を回避しようとする努力も行っていた。

再入札と陸軍演習場

明治六年一月、小野善太郎によって落札された信太山は小野新田と命名された[14]。小野組は信太山内の尾井村原作《はらさく》集落西側に建家や土蔵を設け、開墾にのりだした（図1）。ところが明治七年末に小野組は閉店し、同八年六月、堺県下の小野組財産は糶売にかけられることとなった。その第五号が小野新田であり、信太山は再入札されることになったのである[15]。落札者には、大縄反別一〇四町余とあり、そのなかに土蔵四棟や建家二棟も含まれている。再入札の落札者は不明であるが、入札に南王子村が参加した形跡はない。おそらく明治四年の願書が聞き届けられなかったこと、落札額を到底負担できないことが理由であろう。小野新田は明治十一年には一括して永見米吉郎名義、同二十五年頃には津枝正信名義となっており、小野組に引き続き、地域社会とは隔絶したレベルの資本によって所有されていったと考えられる。[16]

他方で、信太山は陸軍演習場としても利用されていくこととなる。奇しくも明治四年十月二十八日（堺県が一度目の入札を県下に達した日）、大阪鎮台は堺県に対して信太山を射的場として利用したいと申し入れた。大阪鎮台は当初、大和川河原、ついで堺から泉大津にかけての大阪湾岸に射的場を設置する予定でいたが、漁業権との折り合いがつかず、国有地となっていた信太山に目を付けたのである。堺県は入札の達をすでに出していること、信太山内に民家もあることなどを理由に「開墾した方が御国益」として難色を示したが、大阪鎮台が「射的演習は年に数度で、開墾に支障はきたさない」と主張したこともあり、結局大蔵省は大阪鎮台の申し出を許可した。[17] そのため明治五年四月には早くも大砲試験打が信太山で実施され、同年七月には射的場用地（一番～四番砲台敷地ほか）として二町三反余が堺県から陸軍省へ譲渡された。この射的場は、大谷と東大谷のあいだ、すなわち開墾予定地の中心部分に設置された。

小野組閉店にともなう再入札の際には、負債整理の一環として小野新田のうち四万七五〇〇坪が無償で射的場用地へと編入された。[18] 同時に一万二〇〇〇坪余の私有地（上代村外三カ村）も買収の上、射的場用地となった。[19] さらに明治十九年には、野営演習場用地として小野新田の過半と中心部（先述の建家・土蔵周辺）が買収されたようで、射的場としては利用されなくなるものの、陸軍信太山演習場として拡大していく。[20] 小野新田には明治十年代には一〇〇名ほどの住民が確認できるが、こうした流れのなかで小野新田の規模自体が縮小し、開発は頓挫することとなった。なお、小野新田住民は名字を見る限り近隣村々の出身者がほとんどを占めたようだが、南王子村出身者は皆無であったと思われる。

以上述べた通り、明治三年十二月の諸国社寺領一般上地により、聖神社境内地も上地された。明治四年の段階で信太山は、開拓場一一八町と旧神畑二五町、残りは池溝として把握され（後述）、基本的には旧除地山から神畑を除いた部分すべてが小野新田になった。この一一八町は次第に射的場用地（のち演習場用地）に組み入れられ、氏子村々の立会山としての性格は失われたのである。

3　山の用益変化と地域——神畑をめぐって

除地・信太山の上地は、当然のことながら山の用益に変化をもたらす。この点について、比較的史料が残る神畑を中心に検討し、地域社会にどのような問題を生じさせたのか考えてみたい。

神畑の処理

①明治四年射的場へ編入

前節で述べた様に、最も早く射的場用地へ編入された信太山内の土地は、明治五（一八七二）年七月頃の二町三反余である。おそらく堺県が小野新田用地から間引き、大阪鎮台へ引き渡したのだろう。この土地について、「（大蔵省が）県官相糺候処、反別二町三反三畝八歩内四反三畝五歩ハ、信太明神除地ノ節旧社人ノ取扱ニテ小作人へ開墾為致作付罷在候地所ニ付、開墾入費モ相掛居候テ小作人迷惑ニハ候へ共、同（大阪鎮台）台ヨリ相当ニ手当下渡相成筈、県官申立候」とされており、うち四反三畝五歩は除地の頃から「小作人」に開墾させていた土地、すなわち神畑であった[21]。けれども大阪鎮台が小作人らに対し相当の補償をするであろうから、射的場用地へ編入して問題ないと堺県は返答しているのである。

ここで注目されるのは、堺県がすでに神畑の性格を把握していること、神畑は除地内であるから原理的には補償の必要はない国有地だが、それでも開墾入費を負担した小作人、すなわち神畑請人への補償は必要だと認識している点である。後者は、その後神畑が基本的には神畑請人へ優先的に払い下げられていく論理に繋がっていくものと考えられる。

②南王子村の神畑

南王子村の神畑は、天保七（一八三六）年に南王子村の四人が地代銀七五〇匁を支払いの上、毎年定米を二・七石納入

表2　南王子村の神畑

番	小　字	面　積（町.反.畝.歩）	（拝借人）	税　米（石）
1				
2	南道北谷	0.0.9.05	西3源治郎	0.366
3	南畑北谷	0.3.5.20	西3弥三八	1.400
4	南畑北谷	0.1.2.16	奥1久平	0.500
5	南道	0.0.3.09	松4九平	0.130
6	南道	0.0.2.11	山4新治	0.094
7	南畑北谷	0.0.9.12	寺5権八	0.376
8	南畑北谷	0.0.1.00	西1惣一郎	0.040
9	北谷今池谷	0.1.2.19	松4九平	0.500
10	南道	0.0.6.15	上1与四郎	0.260
11	北今池谷	0.0.8.05	中5喜平	0.326
12	南谷	0.0.7.22	川2定平	0.300
13	南道	0.0.1.12	西1惣一郎	0.056
14	北今池谷	0.0.6.20	上1与四郎	0.260
15	南道	0.0.3.25	西3弥三八	0.134
16	南道	0.0.1.18	松4九平	0.056
17	北今池谷	0.0.5.05	西3弥三八	0.180
計	—	1.2.7.10	—	4.978 2.7　従前税米 2.278此度増加米

「明治七年二月　地所拝借願書」（『大阪府南王子村文書』1290）より。
なお，1番に税米設定がない理由は，明治4年の時点で開墾が開始されていなかったためと思われる。『大阪府南王子村文書』では，名字は二字めが□内に番号を入れて記されている。

する約束で認められた一町五反余の一カ所のみであった。明治三年までにこの神畑は一七筆に分割されており（表2参照）、明治四年の堺県による検分の際、開拓してきた由緒を主張し、下与を願ったが認められなかった[22]。続いて明治六年二月にも払下願書を提出したが聞き届けられなかったようで、同年十二月頃に堺県は次の達を出し、入札実施にふみきった[23]。

信太社上地
村々合　弐拾五町一反五畝歩之内
　壱町五反五畝廿四歩　南王子村開
右之通御払ニ相成候間、望之者地所見受入札来廿七日限可差出、尤代金上納之儀者一時上納ニ有之、可得其意候事、
右之通御通達ニ相成候間、望之者ハ右日限迄夫々入札為致県庁直ニ持参可有之候、此段廻章至急順達可有之候、
泉第十一区長

この記述から、堺県が把握していた信太社の神畑は二五町余であったことが判明する。入札は不成立に終わったのか、南王子村は明治七年二月に一七筆中一六筆分について拝借継続願書を提出し[24]、従前の税米二・七石にさらに二・二七八石の増米を提案した（表2参照）。つまりこの時点まで堺県に対しては、かつての神畑請人が旧来の定米額を納入していたと

考えられる。一方、一七筆中の残る一筆については、同年十二月に下与を願った。これは火葬禁止令にともない、土葬のためのまとまった地所が必要で、「信太社上地之内当村開畑御竿入之内字道端弐反七畝拾壱歩開残芝地之分」をあてたいという理由による。[25] この地所は、記述から表2の1番であると考えられる。明治七年中に提出された二つの願書がどのように処理されたのかは未詳だが、明治二十二年の旧土地台帳には、いずれも王子村地番で掲載されている。[26] また明治十年には「南王子村ノ内五番畑三畝九歩」と「同九番畑一反二畝一八歩」が松[4]太四郎から川[2]定平へ売却されており、早い段階で元請人（拝借人）へ払い下げられたようである。

③王子村の神畑

王子村の神畑については、明治七年作成の『地券発行願書綴』に含まれている「信太聖神社上地」の一覧から知ることができる。[27] 一から一〇四まで番号が付され、一筆毎に小字・田畑の別・「拝借地作人」が記されている。七四番まではすべて畑で、二町七畝余と小計された上で、従前税米一・四石（イ）、七五番から一〇四番はすべて田で、四反五畝余／従前税米〇・五〇一石（ロ）、となっている。この一覧は、地券発行願書とは別に明治七年十二月、王子村戸長が堺県令へ提出した控である。また「字禰宜畑」一番から三九番の一覧もあるが、こちらは税米の記載がなく（総面積は二町余）、堺県へ提出したかも定かではない（ハ）。従前税米が記載されていないことや、小字名が「禰宜畑」であること、「拝借地作人」にあたる欄に旧社家の名が記されていることから、近世には禰宜給・神子給に相当した土地ではないかと考えられる。さらに「元信太社神主屋敷跡上地」分の一覧もあり、こちらは堺県へ提出されている（ニ）。

これらの一覧とは別に、イ〜ニの売買に関する届けも綴られている。いずれも明治八〜十三年頃までの作成であり、この頃までに順次払い下げられたと考えられる。[28] ハも明治八年頃から払い下げられた様だが、旧社家に限って無代払い下げであったようである。[29]

④上代村の神畑

上代村には、少なくとも一一町余の信太社上地分の神畑があり、明治十年二月にその約半数が払い下げの対象となっている[30]。

⑤太村の神畑

太村では、明治二十年五月に約一〇〇筆・三町余を対象とした「官有地払下願書」が作成されている[31]。これらは全て旧神畑で、いずれも同二十三年一月に聞き届けられたが地代金は再査定となり、願書より三割増し程度で決着した。

以上から、神畑がたどった経過は以下のように推定できよう。Ⅰ明治二年、信太社が堺県の管轄となり、神畑定米は従来額を堺県へ納入するよう義務づけられる（実地検分などはなし）。Ⅱ上地後の明治四年十月、堺県による検分を受け、神畑の総面積は二五町余と打ち出され、入札予定地からは除外された。請人は引き続き堺県へ定米を納入し、「官有地拝借人」となる。一方で神畑は「～村～番」という形で、官有地ではあるが特殊な枠で管理された。Ⅲ明治八年から二十年頃までに射的場へ編入された部分を除き、原則請人へ払い下げられ、私有地となる。地番も明治十年代に一般耕地も含めた通番へ付け替えられる。

近世において除地の一部は、神畑として廉価な定米の社納と引き換えに、氏子百姓たちの再生産を補完する役割を果たしていた。その規模は二五町余におよび、山畑が中心とはいえ、決して少なくはない。また禰宜給にあてる畑としても機能していた。しかし南王子村には、ようやく天保七年に一カ所が、しかも定米納入のほかに地代銀まで上納した上で認められただけであった。これは七ヶ村側が南王子村の開発欲求を抑制したいと考えていたからではないだろうか。だが、先述の王子村の神畑は、払い下げ後に過半が南王子村民に売却されている。これも七ヶ村と南王子村間の、山をめぐるせめぎ合いの一端である。

神畑と池床開発のあいだ

つぎに明治十二年六月から同十四年五月にかけて行われた、上代村赤井宗三郎と大野池郷の訴訟から、近世期の実態とその後の展開について見ておきたい。宗三郎は、十八世紀以降上代村の庄屋を勤めた赤井家の子孫であり、信太地域の有力者の一人である。合計四度にわたる訴訟は、明治十二年六月、宗三郎ほか一名が大阪裁判所堺支庁へ大野池郷を訴えたことにはじまる（Ⅰ）。当時宗三郎とほか一名が耕作している大野池尻・須坂池尻の土地が、旧神畑か、旧池床か、が争点となった。判決は、当該地は旧池床であり、地主は池郷だが宗三郎側に永小作権を認めた。続いて翌十三年六月に、再び宗三郎が池郷を大阪裁判所堺支庁へ訴えた（Ⅱ）。その内容は、当該地の小作増米を池郷側が不当に要求し、支払いを拒否すると強引に当該地を引き上げられたが、宗三郎の永小作権は継続しており、池郷による引き上げは無効である、というものである。これについては、十一月末に宗三郎が勝訴した。同十二月には、これを不服として池郷側が大阪上等裁判所へ控訴、翌十四年二月に池郷側が勝訴した（Ⅲ）。すると同五月、宗三郎は大審院へ上告したが（Ⅳ）、翌月仲裁の上願い下げとなった。

Ⅰは、当該地の所有者は宗三郎か池郷かを争ったものである。旧神畑（除地）であれば、先述の経過をたどり、宗三郎の私有地となるはずである。一方、池床開発地（除地外だが無年貢地）であれば、池郷が所有者となるのである。池郷側は答弁において、①当該地は寛政二（一七九〇）年に宗三郎の祖先と池郷が契約の上、池郷資金で開墾・小作させていたこと（Ⅰの判決では宗三郎祖先の資金であったと認定、永小作権の根拠となる）、②原理的には神畑と池床開発地の性格は異なるが、少なくとも近世末には実態はほぼ同じであったこと、③しかし宗三郎側はこれらの事情をよく知っているはずである、と述べている。[32]

池郷は②・③についてさらに興味深いことを述べているので、以下詳しく見ておこう。②近世において池床開発地からの小作米は、池郷が徴収したのち、全額を池郷から明神社への初穂にあてていた。ところが、次第に神畑定米と混同が生じ、ついには池床も社地と考えるようになり、池床小作米も「社納米」と呼ぶようになった。しかも、七ヶ村の信太社当番と大野池郷当番は兼務であったため、徴収者は同一人物であった、というのである。ここから、池床開発分（池郷への小作米）と神畑（明神への定米）は、明神社氏子中と池郷がほぼ重なるため、近世末には実態としても支払いの局面においても現象形態にほとんど差異がなかった、ということが明らかである。続けて池郷はこうも述べている。③そのため池床小作米は御一新の際に「社納米」に含まれてしまい、明治四年の堺県による取り調べの際に、池郷から検分を願い出て、池床であると認定を受け、「社納米」のうちから除外された。また七ヶ村の当番兼務は、明治八年に改め、別の人物を設定した。以上の意味するところは、明治二年に聖神社が堺県の管轄に入った際、神畑定米は堺県に上納することとなったが、誤って池床小作米も含まれてしまった、ということである。近世末においてほぼ同じ形態をとり、百姓たちにとってもその差違に重要な意味がなかったであろう神畑と池床開発地は、除地内・外という線引きを明確化させるなかで整理されていったのである。

Ⅱ〜Ⅳの裁判では、池郷を所有者と認定した上で、宗三郎の永小作権との関係性が問題になった。旧神畑から除外された池床開発地は、明治六年の地券発行の際には、池床に含まれていたが、明治八年に池郷が隠田として申告し、以後小作米をもって地租を池郷が納入するようになった。そのため池郷側は宗三郎に小作増米に応じるか、小作地を引き渡すよう通達し、明治十三年六月にいたり、池郷側が強引に引き上げたため訴訟になったのである。Ⅱの判決では、宗三郎の永小作権は継続しており、池郷による引き上げは不当で、今後宗三郎は小作米のみを池郷へ納め、地租は池郷ではなく宗三郎から納入せよ、とされた(33)。ここではこれ以上深く立ち入らないが、神畑と池床開発地をめぐるこうした状況を前提にⅠの訴訟は引き起こされ、当該地が私有地であると認定されることが目論まれていたと考えられる。

こうして、旧神畑は明治四年には開発対象地（小野新田）からは除外され、基本的には明治二十年頃までに払い下げの上、私有地として認められたと考えられる。旧神畑の私有地化は、かつての請人にとっては私有財産の獲得であった。この動向のなかで、有力者赤井宗三郎と、池郷が訴訟を繰り返していたことも注目される。近世には近似的であった池床開発地と神畑が原理的に整理されていく過程は、地域社会に対立も生じさせていたのである。一方で聖神社にとっては、社費の多くを賄う財源の喪失となった。この意味するところについては、五節で述べる。

4　明治初期の南王子村排斥運動

ここでは、少し時代をさかのぼり、明治二(一八六九)年から四年に起こった南王子村排斥運動について見ておきたい。連続的に起こった事件は、差別的な対応として評価されることが多かった。しかしこれらは、賤称廃止令前後の聖神社氏子のあり方を考える上でも重要であると考える。以下、簡単に経緯を追いながら、その理由を説明していこう。

近世の南王子村が担っていた聖神社への主な神役は、弓祭りの際の皮的献上(二月)、角力神事での土俵づくり(七月)、祭礼での御輿通行道づくり(八月)、の三つである。ところが明治二年正月、堺県は南王子村に対して〝御一新につき、これらの旧例は今後用いてはならない〟と申し渡した。南王子村は、堺県に旧例を主張し、一橋家の池田下役所にも堺県への取りなしを願った。この時南王子村は、首謀者は王子村の庄屋文次郎で、伝手を利用して堺県の役人に取り入っている、と認識している[34]。結局二月の弓祭りは実施されなかったようで、七月の角力神事も行われなかった。続いて八月の祭礼を前に問題は再燃した。南王子村は再び堺県と池田下役所に旧例を主張したが認められず、結局御輿通行道づくりは禰宜の中村が行った[35]。こうして明治二年、南王子村は聖神社の神事から締め出されてしまった。

さらに翌年七月二十八日、堺県は南王子村に対し、庄屋・年寄の罷免を命じるとともに、〝御一新につき、これまで分村となっていた村へは合村が仰せ付けられたので、南王子村も王子村へ附属を仰せ付けられるので、その旨を承知し高札を返上せよ〟と命じた[36]。驚いた南王子村は、翌日に村中連判をもって村格を以前の通りにして欲しい、多人数の村であるから合村しては取り締まりが行き届かない、と歎願書を提出したが、堺県は王子村と組合村（旧一橋領知信太組カ）、さらに南王子村からも箱訴があったのだ、と返答した。[37] その後も三度南王子村は堺県に対し歎願を行ったが、全く取り上げられることはなかった。神事からの締め出しと同様に、この時も王子村が堺県の役人と結託し、さらに近隣村々へも根回しをしたのだろう。八月九日、堺県は南王子村の三名を年寄（合村後の王子村年寄）に任命するに至り、十二日に三名は辞退を申し出たが、一村立ての村格が否定される事態は決定的となった。そのため南王子村は、大阪府・京都府・兵庫県へ箱訴を行い、東京への出訴も計画していた。最終的には九月に入り県知事が交代したことによって、王子村の計画は頓挫した。

続いて明治四年六月には、氏子七ヶ村が堺県に対し南王子村を氏子から排除したいと申し出た。[38] 当初、堺県は七ヶ村側の言い分を全面的に認めたが、南王子村が反発したため争論となった。詳細は不明だが、七ヶ村側は「聖神社と由緒があるとはいえ、現在上泉郷に居住している以上、氏子とは認められない。王子村と合村するのであれば氏子と認めてもよい」という趣旨の主張を繰り返したようである。そのため争論では近世の証拠物を双方より提出し、近世期の氏子のあり方を確認した。この点について、七ヶ村側は氏子は信太郷七ヶ村であるといい、南王子村側は神役奉仕の継続などを根拠に事実上の氏子であったと主張した。両者の主張はいずれも事実を含んでおり、堺県では判断が下せなかったようである。そのため問題を「穢多戸籍に氏神尊名を書くか、書かないか」という点にしぼり堺県が東京本役所へ問い合わせ、その返答に応じた裁許を下す、それまでは南王子村の戸籍提出は見送り、という決定が一旦下された（七月十七日）。南王子村は、戸籍編成規則の雛形のうち、穢多戸籍の部分にも氏神記載がある（ので問い合わせにはおよばない）、と主張したが聞き入れられなかった。こうした経過から、七ヶ村側の狙いは戸籍作成・氏子調べを機会に南王子村を氏子から排除することにあったと考えられる。なお、この時も南王子村では、王子村側が堺県の役人へ五〇両の賄賂を送っていると認識していた。

この戸籍問題は、賤称廃止令が出されたことにより、あっさり解決した。九月十二日、租税納入のため県役所へ赴いた南王子村の庄屋が、賤称廃止令が出されたことを聞きつけ、戸籍を提出してよいかと役人に聞いたところ、早々に提出せよとの指示があり、さらに「穢多」の記載を除くこと、庄屋・年寄・伍長に名字を付すことも認められた。南王子村は七ヶ村に聞きつけられないうちにと、翌十三日朝に提出・受理された。堺県内への賤称廃止令の通達は十五日になされ、南王子村では「吉兆勝利この上なし」と村中が喜び合った。

さてこの一連の流れの前提として、慶応四（一八六八）年九月に南王子村が池田下役所へ提出した願書を紹介しておきたい[39]。同年三月から五月末まで、泉州の一橋領知は一旦岸和田藩預所となった。これは徳川家をめぐる中央政局による措置である。その際、領知村々は一橋家による支配の継続を希望する動きを見せた。そうしたなか、王子村はこれに同調しないだけでなく、岸和田藩に取り入り策謀をめぐらせていた、というのである。そのためこれまでの経過を考えると「全深巧有之儀」で、今後が危ぶまれるとして、南王子村は王子村への出作地一四一石余と王子村中央寺の小作三三石余の年貢直納を申し出たのでる。この申し出は、「不容易筋」として認められなかったが、役所は王子村へ誤書の提出を命じた。この王子村への出作地は、十八世紀中期以降両村の間で免定公開や石掛銀賦課をめぐって度々対立が生じ、時には水論にまで発展する原因にもなっていた。

以上から、一連の動きを主導した存在は王子村庄屋文次郎であったこと、文次郎が堺県の役人と結託し、県からの命令という形で南王子村を排除しようとしていたことは明らかである。文次郎の最大の狙いは、南王子村の王子村への合村である。その目的は、十七世紀末以降の水利争いをはじめとする、南王子村との種々の対立関係を終わらせ、全面的に従わせることであろう。そのため、他の氏子村々がどこまで積極的に関与していたのかは不明である。だが文次郎が運動を拡大しようとする時、それは氏子七ヶ村が南王子村を聖神社から近世期のあり方を理由に差別的に排斥する、という形態をとらざるを得なかったのである。

信太地域のこうした特徴は、じつは少なくとも文政期まではさかのぼる。文政期にも南王子村は聖神社の氏子から排斥されかけたが、主導した村は氏子七ヶ村のうち、王子村・尾井村・太村であり、残る四村は事態も正しく認識していなかった。またこの時にも三村は一橋家の支配に強い反発を抱いており、このスタンスも共通している。[40]

5　明治一〇年代の聖神社

最後に、賤称廃止令後の南王子村と地域社会の関係について、聖神社を中心に考えておこう。

神社入用をめぐる問題

賤称廃止令通達後、南王子村は比較的スムーズに聖神社の氏子として迎え入れられたようである。南王子村の旧庄屋利平治が泉郡第十一区戸長に任命された明治五（一八七二）年六月から作成した「日用ヒカヱ」には、たびたび明神関係の参会に出向いた記述がある。[41]同年十一月には旧神畑部分の地券発行願書の作成をどうするか、翌六年に入ると神社調べなどが主要な話し合い事項のようで、参会の多くは太村池守（大野池郷池守カ）宅で行われていた。この点は、先述した明神入用と池郷の重なりとして理解できよう。また年不詳ながら、「信太九ヽヽ村立会聖神社除地元神主屋敷」の払い下げ願書も残っており、舞村も含め聖神社は名実ともに九ヶ村立会となったと考えられる。[42]

そのため明治十五年二月、聖神社の氏子総代三名を選出する際にも、内一名は南王子村から出すこととなり、喜[1]亀太郎（利平治の子）が就任した。[43]同年九月に行われた聖神社社事会では、経費削減の提案が亀太郎ら氏子総代から提案され、各村議員立会の上決議となった。日供や年中中祭費は原案から二分の一カット、年四度の定規会での弁当代（一二円）は全額カット、など大幅な圧縮が決定されたが、なかでも最大の問題は祠官給にあったようである。[44]明治十三年九月に年七二円と決定された祠官給は、この時の原案では年六〇円、決議では月二・四円となった。しかし月二・四円は四カ月しか適用されなかったようで、明治十六年一月からは月七円に戻っている。

この聖神社の社費削減については、氏子総代となった亀太郎がかなり強く推進したのではないかと考えられる。というのも、これらの社費は戸数割で氏子が負担しており、明治十八年当時の氏子総戸数は七七四、そのうち南王子村戸数は四一九であった。じつに聖神社経費の半額以上を、南王子村が負担していたのである。この頃の神社収支は、明治十五年七月から翌年六月にかけての一年分について判明するので内容を見ておこう。収入は「落葉や折枝売払代」「大野池口ゟの社納米」「氏子村々ゟ初穂米」計四五円に対し、祭典費や祠官給を中心とする支出は二〇四円余である[45]。また二・〇円「かり入利九月ゟ一月ニ至り五ヶ月分」という支出も記されており、当時聖神社が借入金を抱えており、しかもどうやら返済は順調に進んでいないらしいことが分かる。ここから、神畑を喪失し、境内地も大幅に縮小した聖神社が財政的に窮乏していることは明らかである。そしてその皺寄せは、明治に入り正式に氏子と認められた南王子村に集中していたのである。

その南王子村では、明治五年以降連続的に村方騒動が発生していた。騒動の構図は近世末期から連続するものであるが、その争点として浮上するものの一つに、聖神社の祠官給や説教所入費などがあった。とくに明治十五〜十七年にかけて南王子村の村

表３　南王子村明治14年度上半期協議費

内　訳	（円）	小　計
道路修繕費	0.720	11.110 (11.83)
衛生及病院費 (7月より12月まで衛生委員給料)	11.000	
伝染病費	0.080	
雑　費	0.030	
教育費 (学費上納〆辻)	138.369	189.859
校　費	37.490	
上等小学費	14.000	
戸長役場修繕費	11.600	30.281 (41.881)
戸長役場費及用掛其他諸雇給共 (用掛給料)	10.500	
役場費	19.781	
教育費	10.525	109.787 (122.562)
村会費	1.400	
徴兵下調費	0.850	
郷村社祭典及神官給 (郷社費)	90.505	
村社費	9.602	
諸神社へ寄附	9.680	
村界杭改建費	4.560	71.240
消防費	1.560	
雑　費	65.120	
合　計		412.277円 (437.372)

『大阪府南王子村文書』626より。（　）内は計算上の額。

表４　南王子村明治17年度予算

費　目	内　訳	（円）
学校費 394.920円	教員給	312.000
	学務委員給	19.920
	校番給	18.000
	校舎修繕諸器買入及消耗費共	45.000
役場費 51.100円	用掛給	18.000
	小使増給	3.600
	茶炭買入料	9.500
	用紙買入料	8.000
	筆墨朱肉代	3.000
	郵便賃	0.500
	戸長・用掛旅費日当	8.500
衛生費 21.739円	衛生委員給	12.000
	衛生委員事務取扱費	2.400
	旅　費	2.000
	種痘所入費	1.063
	種痘調査簿用紙代	2.400
	衛生委員月報紙其他紙価	0.926
	衛生委員備付書籍代	0.950
村会費 2.550円	村会筆生雇入手当金	2.000
	筆紙墨代	0.550
中等科学校費 42.756円	教員給	41.589
	諸器械買入費	1.167
消防費 8.900円	消防人足日当手当	5.400
	消防器械買入及修繕費トモ	3.500
両郡協議費地価戸数掛り高 4.235円		
信太聖神社郷社費 85.000円	神官及ヒ常雇氏子総代給及ヒ祭典費日供費トモ	66.224
	諸雑費	18.776
道路修繕費 1.700円	杭　代	0.500
	人夫代	1.200
予備費 25.000円		
合計　628.746円 ※地方税でまかなう9.154円は除く	戸数掛　471.559 地価掛　157.186	

『大阪府南王子村文書』704ほかによる。

会は激しく対立し、混乱状態にあったが、その争点は協議費を村内全戸にどのように賦課するのか、であった。そして当時の協議費は、小学校入用についで聖神社関係費が多くを占めていたのである（表３・４）。そのため村会において「聖神社祠官森田給料ノ儀者他邑ノ諸事ニ尊順シ、其儀ヲ議定」（明治十六年三月村会決議）とされるなど、継続的に審議されていた。こうした南王子村内の動向が、亀太郎をして聖神社社費削減行動に向かわせる原動力であったことは間違いなかろう。

明治五年以降、南王子村は聖神社の正式な氏子として遇され、その結果、聖神社氏子戸数の過半を占めることとなった。聖神社は近世に支出のほとんどを賄えるほどの収入源であった神畑を喪失し、毎年一定額の社費を氏子が負担する必要が生じていた。その過半を、戸数割によって南王子村が負担していたのである。南王子村は明治に入り、小学校入費の負担に苦しんでいた。また新たに賦課されるようになった神社入費も大きな負担であり、村方騒動の争点となっていた。そのため、聖神社の社費削減要求は南王子村から要請されたのである。一方で七ヶ村の方はというと、七ヶ村と舞村で小学校を一校開設しており、南王子村に比べれば費用負担は低額であったと考えられる。また何よりも、経済状況は七ヶ村と南王子村では隔絶したものがあった(46)。そのような意味において、南王子村にとって正式に聖神社の氏子となることは、積年の願いが叶った喜ばしい出来事であるが、村内事情をさらに深刻化させる側面もあったといえよう。

社家の動向

ここでは、断片的ながら社家の動向について整理しておく。なお、社僧万松院は近代になると全く姿を現さないので、神仏分離が進行するなか、早々に離社したものと考えられる。

神主は近世末には秦帯刀なる人物であったが、明治二年には尾井村庄屋の弟・井上延輔が就任している。井上家は近世に白川家に入門していた時期もあり、氏子のなかでも特殊な位置にあったこととおそらく関係していよう。その後、明治六年に祠官に任命されたのは中村の旧庄屋・森田樟雄である。森田は継続して祠官を勤めたようで、前述の祠官給は森田分である。

森田について特筆すべきことは、中村の信太森神社である。信太森神社は庄屋である森田家の屋敷内にあった楠を神体とする稲荷社で、近世には「信太の森のうらみ葛葉」の歌とともに地誌類に紹介されるなど、周辺に知られた存在であった。しかし、あくまでも中村の神社（通称は中村稲荷）であり、信太郷の神社という位置づけにはなかった。ところが明治末に信太地域で神社合祀が進められた際、各村社の合祀先は聖神社ではなく信太森神社であった。ここには、おそらく祠官森田による誘導が強くはたらいている。森田は明治以降「信太森神社」と葛葉伝説を世に広め、鉄道誘致にも関わりながら観光名所化させることに成功した。この流れのなかで、信太地域の中心となる神社を信太森神社へシフトさせていったのではないかと思われるのである(47)。

さて祠掌として残るのは、近世末の社家三人のうち中村式部の系統のみである(48)。禰宜畑の所有を見ると、三人は無代払い下げを受けたのち、そのほとんどを王子村と南王子村の者へ売り渡している。おそらく聖神社は、近代には社家一人を置くのがやっとの状況になっていたのだろう。そうして残った中村も、決して十分な給料を得てはいなかったのでないだろうか。なお、明治十五年〜十六年の社費書き上げには、節分神食料や日供などにほぼ「中村」と記されており、社務を日常的に行っていたのは森田ではなく中村であったと考えられる(49)。

もう一つ注目される動きは、森田や中村が泉大津地域の神社の受持祠官になっていくことである。明治十七年には森田が南曽根村菅原神社の、同二十四年には中村が助松村の助松神社の受持祠官となっている(50)。どちらの神社も近世には村座百姓による廻り神主であったが、何らかの制度変更によって専門神職を置く必要が生じたようである。こうしたところに、聖神社の社家が入り込んでいった、と評価できよう。このようにして、近世には信太明神社の社家としてのみ存在していた者が、それを後ろ盾にしながら近代に入ると活動領域を一つ広げていく、という展開が予想される。

おわりに

信太地域にとって明治維新がもたらした最大の転換は、生活の側面を重視するならば、除地信太山の喪失にあったことは間違いないだろう。近世に聖神社の境内地として除地であったがために上地され、早々に小野新田と陸軍演習場へと転用された。まさに「山者他之物ニ相成」、氏子たちの手が届かないものとなってしまったのである。[51] 近世においては、村々の立会山を除地として認められる、そのための担保として聖神社境内山である必要があった。しかしそれが逆効果をもたらし、除地山は聖神社のものではなくなった。そのため氏子たちが神社を経済的に支えなければならなくなったのである。除地の用益を核としていた氏子の結合は、変容を余儀なくされた。現在の見通しでは、近代に入ると氏子結合としてのまとまりは重要性を後退させ、逆に池郷としての意味合いが強くなるのではないかと考えている。氏子結合と信太山の強固な関係が断たれたことで、森田の信太森神社へと郷内神社の中心をシフトさせていく活動も案外円滑に進んだのではなかろうか。なお、近代行政村への展開を付言しておくと、七ヶ村と舞村、小野新田は信太村となり、南王子村は一村の枠組みを一九六〇年まで堅持することとなる。

一方、演習場へと姿を変えた信太山への近隣住人の立ち入りは、当局の指示のもと、近年まで黙認されていた。薪や下草の収集は日常的に行われており、神畑が私有地化したことも考え合わせると、氏子らが共同管理をする立会山から、個々人が働きかける対象へと変化したことに、近世と近代の大きな差異があると考えられる。

こうした展開を、①南王子村、②南王子村と地域社会の関係性、③周辺地域との比較、から整理して本章を終えることとする。

①南王子村にとっては、賤称廃止令によって保障された聖神社氏子への参加は、非常に喜ばしいものであった。しかし「かわた村」としての近世からの連続する側面が強く、その意味において南王子村は矛盾の結節点となっていく。もちろん近世段階からこの傾向はあったが、正式な氏子となることでさらに強まっていくのである。これが信太山の開墾欲求や社費圧縮の起点が南王子村にある構造的理由である。しかし、あくまでも地域社会（氏子村々）との調和を重視しながら、変化を求めていく、その姿勢はともすれば敵対的関係にあったそれ以前との大きな差異といえる。

②王子村による南王子村の排斥運動は、単なる差別的動向ではなく、根本のところでは水利権確保という生活に根ざしたものである。しかし執拗に繰り返し、新領主へ取り入るなど、かわた村である南王子村を蔑視した行動であることは間違いない。そして王子村のこうした動向が拡大する方向性をとる時、七ヶ村の運動＝聖神社氏子からの排除となることは近世にも間々見られたことである。だが賤称廃止令により、このような関係は公的に否定され、原理的には横並びとなった。そのために、聖神社入用を戸割することも可能になったのである。これは平等の理念を貫徹させたとも評価できるが、経済格差の大きい状況においては著しい不平等でもある。南王子村は村内にこの平等性を貫徹させることは不可能であるにも関わらず、地域社会との関係によって負担せざるを得ない、むしろ聖神社の正式な氏子の証明として負担したいと考えていた。戸口の多い南王子村に依存しながら近代の聖神社が成り立っていく側面も見逃せない。

③周辺地域と比べた場合、やはり信太山が早期に変貌を遂げた、という点が重要である。近隣の槇尾山施福寺や松尾寺も寺山が上地されたが、施福寺は明治十六（一八八三）年から下戻申請を、松尾寺は寺と旦那村が明治三十年代から還付請求を進めていった[52]。信太山の場合そうした条件はすでに失われていたわけで、山との経済的関係の切断が早いことが、氏子結合の変容にやはり直結していくのである。

ところで、在地の神社社会のあり方としてこれらを整理すれば、氏子持ちであることに規定されて、神社をめぐる歴史展開は、第一義的にはほぼ地域社会＝氏子村々の問題として表れるということが指摘できよう。つまり神社社会としてのありようは外皮であり、それを支える氏子たちが内実であったといえる。

（1）近隣の松尾寺では、除地山はほぼ寺の所有となっており、その意味において除地山の性格は大きく異なる。これは在地における寺院社会と神社社会の差異として理解できよう。松尾寺に関しては、塚田孝「地域史研究と現代―和泉市松尾地域を素材に」『人民の歴史学』一七七号（二〇〇八年）、また『和泉市の歴史2　松尾谷の歴史と松尾寺』（和泉市、二〇〇八年）に詳しい。

(2)吉田伸之「寺院・神社と身分的周縁」吉田伸之編『寺社をささえる人びと』(吉川弘文館、二〇〇七年)。
(3)拙稿「泉州南王子村における人口増加と出作・小作」『部落問題研究』一九四号(二〇一〇年)。
(4)拙稿「泉州南王子村と地域社会―文政十一年信太明神御室御所一件を通して―」塚田孝編『身分的周縁の比較史―法と社会の視点から―』(清文堂、二〇一〇年)、同「信太明神社と信太郷―宝暦期の社僧・社家・氏子間争論―」『市大日本史』一五号(二〇一二年)。
(5)拙稿「泉州南王子村における村落構造の変化」『部落問題研究』一八五号(二〇〇八年)。
(6)西尾泰広「安政年間村方入縺一件よりみた南王子村」『部落問題研究』一六二号(二〇〇二年)、同「近代前期南王子村の社会構造」『部落問題研究』一七二号(二〇〇五年)、同「かわた村―和泉国南王子村の一九世紀―」塚田孝編『都市の周縁に生きる』(吉川弘文館、二〇〇六年)。また飯田直樹「賤称廃止令前後の地域社会」『歴史評論』六一一号(二〇〇一年)、同「明治前期の南王子村の社会構造」『部落問題研究』一六四号(二〇〇三年)、横山芽衣子「維新変革期の地域と民衆」『部落問題研究』一七〇号(二〇〇四年)も当該期の南王子村の状況を解明している。
(7)『白川家門人帳』には、近世後期の信太明神社についてつぎの記録が残っている。嘉永三(一八五〇)年八月二十一日新家相続・神主秦帯刀、同日継目・社家長者中村式部、安政七(一八六〇)年一月十九日継目・社人平田金大夫、天保三年九月二十九日継目・巫片山源太夫。
(8)信太山丘陵の周縁部分は、各村の村領(山年貢賦課)として扱われていたが、檜尾新田・伏屋新田・坂本新田などとして開発されていった。この間の動きは、町田哲「新田請負人」後藤雅知編『大地を拓く人びと』(吉川弘文館、二〇〇六年)に詳しい。
(9)山中栄之佑編『堺県法令集』(全四巻、羽曳野資料叢書五~八、一九九二年)明治四年―162。入札手続きの具体的指示は、奥田家文書研究会編『奥田家文書』(全一五巻、大阪府同和事業促進協議会、一九六九~七六年)一二八四。
(10)山中栄之佑「堺県公文録」一~十一、堺市立中央図書館編『堺研究』五~一五号(一九七〇~八四年)三四~三五。
(11)『高石市史第四巻』(高石市、一九八七年)四八六頁。
(12)『奥田家文書』九三一。
(13)南王子村文書刊行会編『大阪府南王子村文書』(全五巻、和泉市教育委員会、一九七五~八〇年)一六四一。
(14)『堺県法令集』明治六年―10、及び『太政類典第二編二一三巻』。

(15)『堺県法令集』明治八年—100。

(16)明治十一年については、和泉市上代町西本永憲氏所蔵ファイルによる。明治二十五年については、法務局所蔵旧土地台帳に依拠。永見米吉郎は大阪株式取引所（明治十一年開設）の肝煎を勤めた人物で、長崎の豪商永見家の一員である。また、津枝正信は明治初期には奈良県権参事を勤めており、その後畜産業にも従事したようである。

(17)「堺県公文録」三七〇～三七二。

(18)JACAR（アジア歴史資料センター）Ref.C04026309100、昭和八年陸軍省大日記（防衛省防衛研究所）。

(19)JACAR：C04027394700、昭和十年陸軍省大日記（防衛省防衛研究所）。

(20)JACAR：C03030195000、昭和十九年陸軍省大日記（防衛省防衛研究所）。面積は明示されていないが、その後陸軍が民有地と演習地を交換する際に、何度か「明治十九年買収地」と記され（JACAR：C07050349400、C01006538000、C01002184 00、C01002324300）、また「明治十九年買収地」には「元耕作人居住家屋」や一〇棟の「長屋門・土蔵」が含まれている（JACAR：C07050065900、C07050036060 0）。旧土地台帳の小野新田は、すべて「明治二五年民有地成」と記載されており、小野組に由来する小野新田と、津枝が名義人となった小野新田は断絶したものと考えた方がよさそうである。

(21)『太政類典第二編二一三巻』。

(22)『奥田家文書』九二九。

(23)『大阪府南王子村文書』一七八一。『堺県法令集』には見出せない。

(24)『大阪府南王子村文書』一二九〇。

(25)『大阪府南王子村文書』一六五五。

(26)明治十九年に、王子村と南王子村の間で錯雑地の整理を行った際に、南王子村地番から王子村地番へ変更されたため。しかし、所有者は全員南王子村の者で、うち二反七畝四歩は墓地となっている。

(27)和泉市王子町山千代重榮氏所蔵文書1。

(28)一部は伯太村の人物へ払い下げられ、即日王子村や南王子村の者へ売却されている。伯太村には譜代大名渡辺家の陣屋が置かれており、おそらく家禄奉還士族への払い下げにあてられた分もあったのだろう。

(29)明治八年八月、堺県は従前無税の土地で、人民・神官・僧侶名前分は詮議の上民有地とする旨を達しており、関係するかもしれない（『堺県法令集』明治八年—148）。

(30)『堺県法令集』明治十年—42。

(31)和泉市太町成田雅彦氏所蔵文書・箱2—31、35、49—1〜4、50〜58、60、61、64、68、225、266。

(32)成田家文書・箱22—201。

(33)成田家文書・箱22—245。

(34)『大阪府南王子村文書』一六二二、一六二四。

(35)『奥田家文書』四九三、四九四。『大阪府南王子村文書』一六二六。

(36)『大阪府南王子村文書』一二九三ほか。以後の経過は、森杉夫「明治初期の村格一件」大阪府立大学『部落問題論集』第二号（一九七八年）に詳しく紹介されている。

(37)前二つの箱訴は、南王子村合村を願うものと考えられるが、南王子村からの箱訴は、聖神社境内地、すなわち旧除地山の開発願いであったことが帰村した村役人の調べで判明した。

(38)『奥田家文書』五〇一、『大阪府南王子村文書』一六三五〜一六四〇、一六四四。この件に関しては、七ヶ村側が作成した願書などは残されておらず、詳しいことはよく分からない。

(39)『奥田家文書』九九六。

(40)明治三年一月、一橋領知は正式に廃され、泉州の旧領は三月堺県の支配に入ることとなった。これ以降村々は摂津・播磨の旧領村々と連動して、一橋支配の継続を民部省や大蔵省に歎願した。しかし信太地域はこれに同調していない。この間文次郎は堺県に取り入ることに励んでいたと考えられる。

(41)『大阪府南王子村文書』三三一四。

(42)『大阪府南王子村文書』一三〇五。明治十五年の聖神社社事会には小野新田の議員も参加しており、最終的には一〇カ村立会となったようである。

(43)『大阪府南王子村文書』六二一六。

(44)『大阪府南王子村文書』一六五七、一六五八。

(45)『大阪府南王子村文書』一六五九。明治十五年の決議後も明治十七年末まで祠官給を年七二円で処理していたものが、十八年末に精算された際の史料である。
(46) 太村では、この間村内各戸に一等~五等の格をつけ、聖神社入用を負担させているが、滞納などは見られない（成田家文書・箱2―27）。一般的なこうした賦課方法は、南王子村では十九世紀初頭には成立しなくなり、寺風呂などに依拠していたのである。
(47) ただし信太地域の祭礼は、現在でも聖神社を中心に行われており、森田の行動は地域と神社の関係を全面的に変更したわけではない。
(48) 中村は明治七年の地券発行段階で所有地がなく、上地された神主屋敷に居住していたようである。明治二十二年の土地台帳には、中村美胤・賀南美の二人が確認でき（親子カ）、所有地も複数存在する。平田金太夫の子孫と思われる平田金治（明治九年、長男兵治相続）は、地券発行時点で複数の土地を所有していたが、明治二十二年には兵治名前の一筆だけになっている。また神子の片山源太夫は、明治七年には女名前になっており、明治二十二年には所有地がない。
(49) 社事会原案・議決、また社費の書き上げなどには「常雇給料」が月一・五円計上されている。これが中村分に相当するのか、あるいはさらに下役分であって祠官給に中村分も含まれるのかは不明。
(50) 『泉大津市史第四巻』（泉大津市、一九八八年）三九六、三九七頁。
(51) 「山者他之物ニ相成」という表現は、文政期の騒動において尾井村庄屋が氏子へ対して南王子村排斥を正当化するために用いた表現である。「南王子村がいるから山が自分たちのものでなくなってしまう」という話を聞いて、氏子たちは危機を感じ、同調していくこととなった
(52) 松尾寺の場合は除地の上地であったが、槇尾山は山年貢地が地租改正にともない上地されたので、本来の山の性質という点では異なる（『和泉市の歴史1　横山と槇尾山の歴史』和泉市、二〇〇五年）。

4章　本末帳に載らない「無本寺」寺院
――摂津国八部郡・再度山大龍寺

朴澤直秀

はじめに

本章は、摂津国八部《やたべ》郡（現、兵庫県神戸市）の再度山《ふたたびさん》大龍寺《たいりゅうじ》を事例に、宗教施設に媒介された、宗教者と周辺社会との関係のありようや、宗教施設と周辺社会との関係に規定された宗教者の特質について分析するものである。さらに、それを幕藩権力がどのように認識したのか、といった点について、考察を加えるものである。

宗教施設（筆者は、堂舎、境内・境外に領有あるいは所持する土地、狭義の什物、及び祠堂金などの金銭を含めた総体[1]として宗教施設を捉えている）に媒介される諸関係――例えば宗教者の集団と村・町や信者組織との関係――を検討する場合、個々の宗教施設の構成諸要素をめぐる、権利・義務関係（進退権、管理義務など）や所有関係に留意する必要がある。いうまでもなく、かかる権利・義務関係や所有関係が、その宗教施設に媒介される諸関係に影響を与えるからである。とりわけ宗教施設と周辺社会との関係を考察する場合、こういった視点は不可欠となる。また、宗教施設がどのような編成を受けているのか――例えば、寺院本末関係を設定されているとか、地域的な寺社組織に編成されているとか――、あるいは編成の埒外に置かれているのか、といった点も、併せて踏まえる必要があろう。

本論集の編集にあたって前提とされているのは、吉田伸之氏による近世「寺院社会」論[2]で深められてきた、単位社会の「磁極」たる権力としての寺社である。本章でとりあげる大龍寺は、一定の領域を「寺院社会」として秩序化するような存在ではない。しかし、仏教教団の場合、大規模寺院領主から、「末端」の寺院に至るまでの、多様な宗教施設を介して、同一教団に属する宗教者が、周辺社会などとそれぞれの宗教施設に即した多様な関係を取り結び得るのである[3]。例えば仏教教団を近世社会における社会集団の「重層と複合」の視点で捉えようとした場合[4]、「寺院社会」の核たり得る宗教施設（やその構成要素）を媒介とした関係のみではなく、それも含めた多様な宗教施設（やその構成要素）を媒介として僧侶集団が取り結んだ関係を、総体として把握すべきではないだろうか。さらに寺院・僧侶以外の者も含め、「寺院社会」（「神社社会」）の核たり得る宗教施設（やその構成要素）も、そうでないものも含めて包括的に、宗教者ないし寺社をめぐる「身分的周縁と地域社会」という問題を捉えようとする視点を、右記では含意している。

なお本章で取り上げる事例は、実は寺院本末関係に組織されていない寺院という、寺院編成原理からいえば「変則」的なものである。故に宗教施設の実態を幕府が如何に把捉し、コントロールしようとしたのか、という点にも留意しつつ、以下検討を加えていきたい。

1　再度山大龍寺と福原庄六ヶ村

再度山大龍寺

再度山大龍寺は、摂津国八部郡の「口一里山」に所在する、（古義）真言宗の「無本寺」寺院である。

寛政三（一七九一）年の、水戸彰考館本『古義真言宗本末牒　第二』[5]（古義真言宗触頭高野山学侶集議中を差出とする）には和泉国分と共に摂津国分が収載されているが、そこには十三カ寺の無本寺寺院が書き上げられているものの、大龍寺の名はみえない。因みに、近隣の摩耶山も載っていない。この本末改については、坂本正仁氏が「本末帳に見える近世の古義真言宗」(6)で検討している。以下それによると、この本末改は天明六（一七八六）年の寺社奉行の指令により行われたもので、寛政三年に幕府に提出された。また文久二（一八六二）年・慶応元（一八六五）年にも、同内容が書写され、幕府に提出されている。この本末帳は、古義真言宗触頭の高野山学侶の江戸在番が作成したものであり、仁和寺・東寺・高雄山・醍醐寺・大覚寺などの本寺やその院家はその触下でないため記されていないが、（それらの本寺の末門を含め）触頭の触下寺院は基本的に記載されていると考えられている。つまり、大龍寺は、天明・寛政の段階で古義真言宗触頭によっては把握されておらず、幕末に至るまで幕府の本末帳にも記載されていなかったということになる。

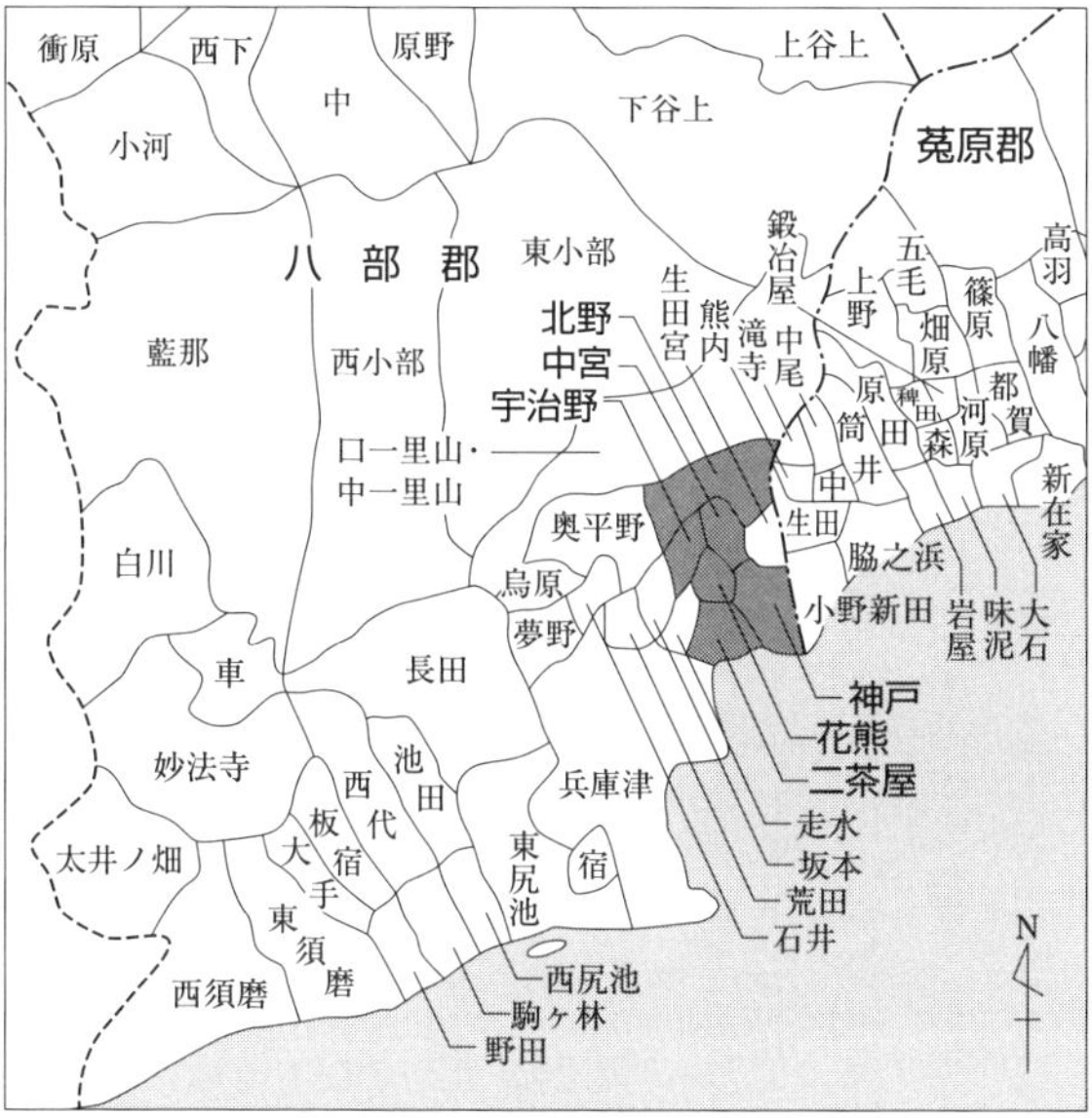

六ヶ村周辺地図　『兵庫県史』第四巻付図９をもとにした。

「口一里山」と「福原庄」

次に「口一里山」についてだが、これは八部郡内で地域呼称「福原庄」を称する六ヶ村（神戸村・二茶屋村・花熊村・北野村・中宮村・宇治野村＝［六ヶ村周辺地図］を参照）の入会山となっていた。

正保三（一六四六）年ごろの状況を表したと考えられている摂津国郷帳によると、矢田辺（八部）郡のうち、福原庄として兵庫津・夢野村・烏原村・石井村・荒田村・坂本村・奥平野村・中宮村・宇治野村・花熊村・走水村・二茶屋村・上辺（神戸）村・生田宮村が書き上げられている。[7]また享保十九（一七三四）年完結の『五畿内志』では、夢野・石井・烏原・荒田・坂本・中宮・宇治野・北野・生田宮・神戸・二茶屋・宿・兵庫・今和田新田・花熊の各村里について「呼曰福原荘」とされている（走水は「一名上庄」とされ、平野については庄名が明らかにされていない）。[8]このようにぶれはあるが、六ヶ村よりも広域の地域呼称として「福原庄」という言葉が用いられる場合があった。六ヶ村はその東部に当たる。

その一方で、狭義では六ヶ村、ないしそれに生田宮村を含めた地域が「福原庄」と認識されていた。なお生田宮村は、生田神社の関係者のみが居住しており、一般的な村とは様相を異にしていた。[9]そのためか生田宮村は狭義の「福原庄（六ヶ村）」に含まれない場合が多い。狭義の福原庄に対して、その東隣は生田川を隔てて菟原郡葺屋庄であり、西隣の兵庫津を中心とする範域は上ノ庄と呼ばれ（兵庫上庄の遺称であり、その西側に長田村などの「中ノ庄」、さらに東須磨村などの「下ノ庄」がある）、また上ノ庄の北の（奥）平野村は、一村で「小平野庄」と呼ばれる場合があったようである。

慶長九（一六〇四）年、西六甲山地北側の山田庄と、兵庫・神戸周辺（福原庄・上ノ庄）村々との間に山論が起きた。翌慶長十年に片桐且元による裁許があり、庄境の山地を麓から口一里・中一里・奥一里に三分して、口一里は兵庫・神戸周辺村々の山、中・奥一里は山田庄の山であることを確認したが、中一里山については、兵庫・神戸周辺村々から山手（入会料）を出す条件で入り会う慣行を認めた。山手は延宝検地で幕府に収納されることになった。[10]この一件では、兵庫・神戸周辺村々が一体として山田庄と争っているが、その後の状況をみると、紛争を伴いつつ、平野谷と再度谷との間の稜線―現在の中央区神戸港地方と兵庫区平野との境界―を境として、口一里山（及び中一里山）において、福原庄の入会山と、小平野庄や上ノ庄の入会山とが分けられていたと考えられる。[11]

寛文十三（一六七三）年には、口一里・中一里の山内での福原庄・小平野庄の境をめぐり、小平野庄の平野村、福原庄の宇治野村、上ノ庄の坂本村、荒田村、走水村、同庄兵庫のうち湊町・江川町・西大路町が、福原庄六ヶ村（ここでは先の六ヶ村から宇治野村を除き、生田宮神主を含める）と争い、口一里山にあっては平野谷と再度谷との間の稜線を福原庄と小

表1　福原庄のうち尼崎藩(須磨組)に属する村の人口・在村率・奉公人・船乗(元禄14〈1701〉年)

村　名	家　数	人　数	在村者	在村率	領内町在奉公	他領町在奉公	他国上り	行方不明	石　高
北野村	51	293	291	99.3	町1				241.486
生田宮	3	5	5	100					43.66
宇治野村	29	161	160	99.4			船乗1		173.366
中宮村	6	45	43	95.6	半季1	1			35
二茶屋村	309	1873	1349	72	町4		船乗519	1	93.284
神戸村	291	1621	1311	80.9	町3	町1	船乗306		543.604

『新修神戸市史』歴史編Ⅲ近世，表30，表31より作成。原史料は「秋宗家文書」。石高については『旧高旧領取調帳』により付加。
なお，花熊村は当時大和小泉藩領。天和3(1683)年の家数78，人数321(『角川日本地名大辞典』28兵庫県)『旧高旧領取調帳』の石高294.358。

平野庄との境とするよう、裁許を受けている[12]。

また享保年間には、福原庄六ヶ村（神戸村・二茶屋村・花熊村・北野村・中宮村・宇治野村）と、生田川を隔てた東側の、菟原郡葺屋庄六ヶ村中の三カ村（生田村・熊内村・中村）との間に、生田川の上流部をめぐり郡境争論が起きた。この郡境争論の際に作られた絵図[13]によれば、大龍寺のすぐ裏手（北側）に「此塚〆前山福原庄草山、此塚より中一里丹生山田庄福原年貢山」という、口一里山と中一里山との境を示す付箋がある。大龍寺前の若干の田には、「此田地再度山観音寺御供物」との付箋が付けられている。なおこの絵図では、口一里山のうち村に近い部分と、山中の大龍寺のみに樹木が描かれていて、この時点で既に大半は草山と化していたものとみられる。周知のごとく、その後、神戸港開港が六甲山の荒廃を加速させたといわれ、大部分が禿山と化していく。そのなかにあって大龍寺境内は、希少な森林（なお現況は原生林）であったことに留意したい。

このように、（寛文の山論では宇治野村が相手方に立っていたが）入会山の利用をめぐって福原庄六ヶ村は（周辺の庄と同様に）概ね共通の利害を持っていた。福原庄六ヶ村と生田宮村のうち、元禄十四（一七〇一）年に尼崎藩領であった部分の戸口について、［表1］を参照されたい。村の規模には顕著な差があり、中宮村の規模は小さく、一方で兵庫津の東に連なり西国街道に沿い、海運業が盛んだった二茶屋・神戸の両村は多数の人口を抱え、乗船して他国に出る者が多かった。

表２　名所記所載由緒抜粋

書　名	時　期	西　暦	作　者	項目名	記事内容抜粋
兵庫名所記	宝永７年８月	1710	植田下省	再度山大龍寺	茂みの高山。本堂如意輪観音，そのほか諸堂あり。大比丘善妙中興の開祖となり，毎年三月十八日仏会あり諸人群参。
播磨めくりの紀	明和９年３月	1772	田原相常	再度山大龍寺	本堂如意輪観音。毎年三月十八日仏会，諸人群衆。俗伝に，摩耶山に登ったときは再度山に登らずという。
摂津名所図会 矢田部郡　上	寛政８年９月	1796	秋里籬島	再度山大龍寺	古義真言宗。本堂如意輪観世音，中前立・前立同尊，脇士不動尊・毘沙門天，不動堂，行者堂，稲荷祠，閼伽井，梵字石，蚍谷，弘法滝，糸桜滝，小屋場，中地蔵あり。多々部山ともいう。永和乙卯(1375)の春後円融帝不例あり，善妙に命あって法を試みたところ七日にして平癒，宸翰・宝器数種を与えられる。その後戦国となり荒廃。寛文年中南都招提寺沙門実祐が来居して，興復の志願あり，不幸にして死去。その徒，賢正上人が今の如く堂舎を創す。毎年三月十八日観音会，四方の道俗郡参。
播州名所巡覧図絵　一	文化元年４月	1804	秦　石田	大龍寺	多々部山中にあり。三月十八日観音会あり。本堂如意輪観音，前立二尊，不動，毘沙門，行者堂，不動堂，稲荷，奥院大師堂，閼伽井，梵字岩，蛇谷，弘法滝，糸桜の滝など，みな弘法大師奇異の小説あり。寛文年中南都招提寺の僧徒賢正上人再建して今に及ぶ。

大龍寺の由緒と再興

この口一里山にあって、大龍寺は神護景雲二（七六八）年、和気清麻呂開創の伝承を持ち、伝来は不詳だが奈良時代末期とされる菩薩形立像を伝えている。[14] ただし近世の大龍寺については、寛文年間に荒廃状況から再興されたと伝える。名所記の記事の抜粋を［表２］にしたが、寛政八年の『摂津名所図会』に以下のような記述が登場する。すなわち、永和元（一三七五）年に後円融天皇の病気の際に祈禱を命ぜられ平癒をもたらしたものの、戦国時代に荒廃したが、寛文年間に唐招提寺の実祐が復興を志願したが果たさず死去し、その弟子賢正が堂舎を草創したという。また文化元（一八〇四）年の『播州名所巡覧図絵』では、寛文年中に唐招提寺の賢正が再建したと記されている。なお、後でみる天明年間の一件では既に、前々勅願所だったところを再興する、との（看坊の）主張がみられる。

また、宝永七（一七一〇）年の『兵庫名所記』以来、名所記には一貫して、毎年三月十八日に仏会（観音会）があり、諸人が群参する、との記述がある。

2　延享・寛延期の争論

争論の勃発と六ヶ村の主張

本節では、延享三（一七四六）年から寛延三（一七五〇）年にかけて起きた、大龍寺をめぐる争論について検討する。この一件についてはは『福原庄六箇村与再山看坊与諍論一冊』[15]を参照した。この記録の奥書には、再度山大龍寺看坊玄浄と福原庄六ヶ村との争論につき、後覧のために、最初より裁許までの始終応答の書付を写したとあり、最後に「二茶屋村今井太左衛門、執筆本城勇治稿」とある。太左衛門は二茶屋村の庄屋である。以下、この史料によって一件の経過をみていきたい。

延享三年六月、六ヶ村の村役人が看坊住持の玄浄を相手取り、大坂町奉行に訴え出たのが事の発端である。訴えの内容は以下のようなものであった。玄浄は身持ちが我が儘であり、寺役が滞っていた。そこへ去年（延享二年）から、境内の樹木を伐り出し、売り出したのだという。そういった不行跡に対して、六ヶ村としては致しようがないので、玄浄が入院した際に取り交わした証文の通りにするよう、大坂町奉行から玄浄に命ずることを願い出たのであった。

なお、そのとき別紙で添付された入院証文（先代玄海のものが添付され、玄浄のものは同文、と説明された）を参考までに掲げておく。ここでは、看坊の宗旨が真言宗であることが明記されている。

大龍寺入院証文之写

摂州八辺郡福原庄無本寺再度山大龍寺入院証文之事

一宗旨真言宗寺請証文別紙ニ進申候

一仏前寺内奇麗ニ勤行可致事

一仏閣僧坊修覆建立仕、庄内檀那之役害〔厄〕ニ成不申候様可致候、什物等失不申様ニ可仕候事
一御供田畑情々入作等可申付事
一山林竹木猥ニ伐荒申間敷候、若寺用ニ入申候ハ、各へ相達御指図受可申候、心儘ニいたし間敷候、其内庄内之御気ニ入不申候ハヽ、何時ニても別帳請取申什物相渡し、出寺可申候、其時一言之子細申間敷候、為後日証文仍如件

摂州八辺郡福原庄
再度山大龍寺看坊住持
玄海

正徳四年甲午十二月十八日

花熊村庄屋　半兵衛殿
神戸村庄屋　源兵衛殿
二茶屋村庄屋　七郎右衛門殿
北野村庄屋　伊左衛門殿
同村　庄屋　九兵衛殿
宇治野村庄屋　庄右衛門殿
中宮村庄屋　伝左衛門殿

右之文言ニ而享保十六亥年玄浄ゟ取置有之候、尤宛名当所

六ヶ村からの訴状に対する玄浄からの返答を受けて七月十一日に提出された、六ヶ村から再度の口上書では、やや詳しく事情が主張されている。その内容から摘記すると以下の通りである。

①再度山大龍寺は六ヶ村立会山内なので、五カ所の領主（神戸村・二茶屋村＝尼崎藩領、花熊村＝大和小泉藩領、北野村＝旗本

片桐氏知行所と幕領の相給、中宮村＝幕領、宇治野村＝下総古河藩領）の「入組御下」と心得ている。尤も大坂町奉行所の触下に相違ない。

②大龍寺が、尼崎藩へ例年（大龍寺寺内の）[16]宗門改印形を差し上げる時節に毎度我が儘を言い立てている。六ヶ村に、合力してくれたならば印形するなどといい、印形を延引させている。

なお、六ヶ村のうち、明和六（一七六九）年に尼崎藩・大和小泉藩領が幕領となるが、その村々が幕領に引き渡されるまで、尼崎藩の役人が宗門改と同時期に、摩耶山・再度山、及び兵庫津寺庵の寺院改を行っていた[17]。

③印形が滞っているのにも関わらず、玄浄は、近年堂舎が零落したので、尼崎藩に修覆を願い出た。その件は領内二カ村（神戸村・二茶屋村）の庄屋・年寄へ伝えられた。しかし福原庄は「六ヶ村一同之儀」なので、仮に尼崎領内で得心したとしても、庄内一村でも反対であれば相談は決まらないし、そもそも玄浄の不行跡の故に末々百姓までも得心しなかった。

④山林の樹木を伐り荒らしたことの詳細は以下の通りである。有馬郡上津上村の源右衛門・嘉兵衛から先入銀五〇〇目を玄浄に渡し、立木目通り三尺まわりから五・六尺まわりまで九五・六本を売り払った。そのほか、杣人・木挽一二・三人が、諸方から入り込み、働いた。

⑤玄浄は入院以来修覆もせず、堂舎が大破したので、庄中六ヶ村が相談したところ、時節柄百姓困窮のため延引した。立木を売り払って修覆することはいつでもできるが、霊山を伐り荒らすことは歎かわしく、延び延びになっていた。本来、隣郷近在を勧め、他力をもって修覆助成することが出家の本意であるはずであり、私どもが差し留めているなどというのは偽りである。

⑥玄浄が「御供田畑」を平生うち捨て粗末にしていたので、段々荒れてしまったのを、私たちの仕業と申し上げたのも、邪欲の所存からいっていることである。

⑦什物・宝物を持ち出し売り払っているとのことを聞いたので、当月朔日に再度山に行ったが、我が儘をいい一向にみせなかった。帰りがけに本堂と客殿とを見分したところ、仏前道具も減り、客殿の戸障子・襖も一切なくなっていた。そのほかどれほど不足していたか、図り難かった。とりわけ、什物のうち、長さ六尺の正（聖）観音を大坂表に持ち出し、我が儘に開帳したとのことで、寺内にはなかった。

⑧このように、繁盛してきた霊地を、僅か一六年前に玄浄が入院して以来、衰微して、寺が壊れてしまったのは、庄内から申し入れてきた諸事を聞き入れないからである。代々庄内へ取ってきた証文を守るように命じていただきたい。

このように、日頃の玄浄に対する不満に、伐木という事態が引き金となって出訴に至ったものと考えられる。しかしながらその後、裁判はなかなか進展をみなかった。その後の福原庄六ヶ村側の主張から、大龍寺の内実や、大龍寺と六ヶ村との関係を示しそうな点につき、さらに摘記を続ける。

《延享三年十一月晦日の口上書から》

諸堂修覆は、少々なら住持がしてきた。過分は庄内に割り付けてきた。殊に二二年以前享保十（一七二五）年に本尊開帳をお願いした。御免開帳した参物は庄内へ取り置き、諸入用勘定したところ、一貫五四七匁一分三厘の損銀があり、庄内割付にした。

大龍寺には、御供田畑が一町ほどある。庄内檀家はおよそ一〇〇〇軒あまりあり、これは諸事祈禱檀那である。よって看坊ではあるが代々、内実は裕福な寺である。玄浄が、木を伐り出して朝夕の賄い料にしている、などというのは嘘で、山林を伐り荒らす企みである。

《延享四年八月二十三日の口上書から》

玄浄の望みは、看坊証文を打ち消して、押して住職になり、寺を横領する企みである。続けて六ヶ村側は「玄浄御地頭様方へ差上申候宗門御改帳印形之儀、沙門之身分ニてハ中々違背難仕品ニ奉存候、然処、松平遠江守様へ差上申候宗門印形之儀、年々及異儀ニ既ニ去ル寅年ゟ相滞申候儀、御製〔制〕法を掠申候御儀ニ奉存候御事」と述べている。看坊を住職と書き上げようとして採めており、それ故に印形が滞った、ということか。

玄浄は祠堂銀を使い捨て、紛失した。また諸堂は大破し、とくに方丈は朽ち倒れている。先代までは、庄外の村々まで帰伏崇敬しており、とりわけ三月会式五三日（先にみた観音会のことであろう）の間は昼夜群衆していた。しかし玄浄代になってからは、会式のうちでさえ参詣人が一切ない。

《延享四年八月二十八日の口上書から》

大龍寺の寺判は、「寺元」の花熊村が支配してきた。その根源はわからない。およそ七〇年ほど以前に、花熊村源左衛門が、庄屋役を勤めていた時分には寺判を預かり支配していたと、その倅の長左衛門がいっていた。その後、四〇年ほど以前に源左衛門が退役し、先の新左衛門に庄屋役が渡り、二〇年ほど寺判を預かり支配していたとその倅の新左衛門がいっていた。さらに、享保十三年五月、新左衛門が退役し、長左衛門に庄屋役が渡り、元文元（一七三六）年十月まで九カ年勤めたときも支配した。翌十一月より今の五右衛門に庄屋役が渡り、今年まで一二年勤め、寺判も支配してきた。

《延享四年九月の口上書から》

福原の庄六ヶ村の宗門改は、村々にある宗旨寺で滞りなく行っている（つまり、大龍寺は宗旨寺＝宗判を行う寺ではない）。ただし、大龍寺は庄内立会の山内にあるので、銘々の宗旨寺同然に心得、修覆もしてきた。山内・諸堂・什物まで古来より看坊の心ままにはしてこなかった。

（しかしながらこの際）「庄中祈願之儀」は、（大龍寺看坊以外の）禰宜・山伏・大夫・有縁の出家を願っても済むことである。再度山のものは、落ち葉下草一本にても六ヶ村へ取り用いることは往古よりしていない。

伐木と、「今上皇帝宝祚延長」札をめぐる事件

さて、その間も玄浄による大龍寺の伐木は進んでいたようである。六ヶ村の主張によると、以下のような事態が進行していた。

遡って延享三年十二月、玄浄が山林の杉をおびただしく伐り出したので、六ヶ村から売り先烏原村百姓や、庄屋甚左衛門に届け置いた。その後、延享四年春、数日雇が入り込み、松木を大分伐り出したので、売り先兵庫津天神前ならびに戎島の町役人に届けた。また同年春、奥平野村から杣人が三人入り込み伐り荒らしたので庄屋八郎兵衛へ届けた。同年九月竹を大分伐り出したので、売り先兵庫津西宮内町役人へ届け置いた。

延享四年十一月二十四日、六ヶ村の庄屋たちが、再度山竹木の伐り荒らしの状況を見届けるよう指示したため、花熊村忠兵衛など六ヶ村内の八人の者が再度山に向かった。すると山の口で、生田村新兵衛という者が木を伐りこなしていた。そのため八人の者は、よきを二挺預かり花熊村庄屋に預けた。このよきは寺の什物であった。この件につき六ヶ村側は、早速生田村役人へ届けた。

また、大龍寺で伐木とは別の騒動が起きた。延享四年十二月に六ヶ村側から提出された覚などによれば、それまでに、玄浄が「六ヶ村の者たちが山内に入り込み、『今上皇帝宝祚延長』の札を割った」と申し立てた。そこで、大坂町奉行所より見分の同心が遣わされた。玄浄によれば、大龍寺は近年ことのほか困窮して無人であり、下男は用事があり他所へ差し遣わし、ようやく師弟両人のみがいるところに、数十人が寺内へ騒ぎ入ってきたという。彼らは台所にあった横挽き鋸を押し取ろうとした。そのうち本堂が騒がしくなったので行くと、仏具などを取り散らしていた。玄浄が「壇に建ててある表は、今上皇帝の表であるから触るな」といったが、堂の外に持ち出して割った。これは本尊を奪い取る企みだと玄浄は主張する。

一方、六ヶ村側は、玄浄は「庄内から六七十人騒ぎ入り、本堂を押し破り、仏具を損じ、寺内の者共が打擲にあった」

といっているが、検使が見分した通り、本堂は損じていない。百姓達は番をしていたのだ、札を折り割ったのは玄浄であろう、などと主張した。

京都への関わり

翌寛延元年九月には、玄浄が大坂町奉行に、朽ち倒れた方丈を片付けたい旨願い出、大坂町奉行所より、六ヶ村庄屋立ち会いで片付けるよう命ぜられた。庄屋たちが様子見のため登山した際、玄浄は「唯今御修法相掛懸り居申候、此出入之儀、前方ゟ京都去御方御雑掌様迄ハ申上置候得共、最早御裁許前ニ候間、廿四五日上京仕候而、御上へ直ニ可奉願上」といった。庄屋たちはそれにつき「虚実ハ不奉存候へ共、此儀何程歟無心元恐敷奉存候、別而来朔日〔十月〕頃大坂迄下着仕候与申候得共、留守之内片付候儀物事不埒と奉存候」と、大坂町奉行宛の口上書のなかで述べている。

方丈は結局、十二月三日に双方で片付けた。なおその間、寛延元年十月二十二日の、北野村・宇治野村庄屋、花熊村年寄からの口上では「玄浄・知静と私たちが、昨二十一日、西宮茶屋で出入り対談した。どこへ行ったかと尋ねたら、武庫村あたりへ行ったといったので、跡をつけたら、留松村の『いおう院じきしやう』という宮寺に、私用とのことで師弟とも居た」と述べている。

翌寛延二年三月から、菟原郡熊内村の庄屋権八が取り扱いに入り、五月頃まで活動したが埒が明けなかった。このころ、玄浄は京都に立ち入り、嵯峨御所（古義真言宗・大覚寺）に出入りしているといっていた。そこで嵯峨御所からの口出しが計らい難いため、六ヶ村からも嵯峨御所へ立ち入って様子を伺いたかったのだが、さしあたり手筋がなかった。そうしたところ、片桐帯刀（旗本・北野村相給領主）の代官の津田久米右衛門が、嵯峨御所の馴染みだということなので願い、六月四日より久米右衛門、宇治野村庄屋茂左衛門、北野村庄屋新七が同道で上京した。そして六月十八日まで逗留し、ところどころ手筋をもって尋ねたところ、以下のようなことがわかった。すなわち、玄浄は段々はかりごとをし、京都では六角愛染院から坊主を願い、「大僧正法務様」（＝大覚寺門跡か）まで申し掠め、嵯峨御所はいうに及ばず方々申し掠め、大坂町奉行へもたびたび御状などをつけているとのことだった。そこで嵯峨御所など各所に「正直正流之方躰」を伝えたところどちらも驚いた。

そうしたなかで、津田久米右衛門や熊内村権八の動向については、やや文意がとりにくいが「久米右衛門殿ハ御奉公人之事故、大坂之首尾度々嵯峨へ申遣し候儀廻遣〔カ〕て、熊内村権八就中挨拶人之事故此〔嵯峨御所〕ハ右御所へ引合通達ス、表向ハ権八事、前方ゟ京都上柳甚三郎引合ヲ以、兼而御出入、依之此度争論玄浄至極之大悪人故　御所之御異見為御加御出入之面々故、此段申上ル」と述べられている。同年八月より権八が、九月に至り茂左衛門が上京し、九月二十九日に「金剛院乗様」（大覚寺院家・金剛乗院の誤りか）へお目見えして、そのうえ何か御上意の趣を書面にしたためた。そして旅宿京三条大橋茶屋久右衛門方に滞留した。それから大坂に下り、番所に召し出された。

福原庄六ヶ村の利害

寛延二年四月の、村々百姓より地頭宛（各村庄屋の奥書あり）の口上書で述べられていることについて以下摘記する。村々百姓は以下のように述べている。

往古より本尊の鍵と寺判を、寺元花熊村庄屋方に所持してきた。「高位の御方々様」が登山の節は、寺元庄屋より鍵持参のうえ開帳した。触書の順達は、寺元庄屋方で寺判をもって受け、看坊を呼び寄せ、御用の趣を申し聞かせることにしている。鍵・印は、庄屋交代の節は付け渡りにして、看坊の自儘にはさせない。玄浄が「触が知らされていない」といっているのは偽りである。ただ、玄浄に申し聞かせるだけで、承知印を取らなかったのは不念として、村役人まで罪科に仰せ付けられるというので驚き入っている。

そのため、菟原郡熊内村庄屋権八に仲介を依頼したところ、玄浄は「金銀にかかわりなく『自庵』にしたならば内済する」といった。それに対して権八が、「堂舎・庫裏は『自庵』に建て、一山の境界を決め、年貢として米五升ずつ六ヶ村に払う」という条件で仲介を試みたが、玄浄は承知しなかった。当村役人の愁歎を顧みれば自庵にするよりほかなく、とはいっても福原庄六ヶ村の百姓相続を考えれば自庵にはし難いということで、困っている。

そもそもこれは、先年、菟原・八辺郡境の山論に際して、論外の場所なので「再度山境内八丁四方」と上申したことを玄浄が心底に差し挟み、このたび自庵に横領するときは「八丁四方は再度山境内」と難題を申しかける企みである。そうなっては、元来僅かな、福原庄の立会山内での、牛飼いや柴刈りもできなくなり、至極迷惑してしまう。大龍寺は、再度山という幕領・私領五ヵ所支配の、六ヶ村入会山のなかに生え茂った高山で、境内林を伐ることには際限が定まっている。そのほか六ヶ村から田畑を開発し、時の住僧に支配させてきた。だが、このたびはその田畑を証拠として、周辺の野山までも横領しようという企みであるので、自庵に遣わすということは子孫の遺恨になってしまう。

以上のように村々百姓は述べている。そして、「このように内済せず裁許を受けては、村役人までも咎を仰せ付けられてしまい、内済したならば六ヶ村が山無し同然になってしまい百姓相続がなり難い。途方に暮れている」として、憐憫の程を願っている。

裁許に至る

寛延二年八月には、玄浄が、九月に「禁裏様御祈禱」を勤めるので、六ヶ村に入用銀三〇〇目を支出することを命ずるよう、大坂町奉行所に願い出た。そして「兎角御祈禱ハ六ヶ村と対談可申、且〔カ〕寺之寺役ハ六ヶ村も可仕筈与之御事、併論中故山林之落葉落枝売代成て〔カ〕、当九月御祈禱無差支様可仕旨」命ぜられた。結局九月に六ヶ村側と玄浄とが対談し、銀三〇〇目を遣わすこととなった。

なお同じく九月、大龍寺宗門七年目差出の帳面を六ヶ村側が、宗旨役所で見届けたところ、次のようであった。

享保十一年九月　人数五人　（看坊）玄海
享保十七年九月　人数五人　（看坊）玄海
元文三年九月　人数七人　十歳以上　（看坊）玄浄
延享元年九月　人数五人　十三歳以上　（看坊）玄浄

十一月十三日、熊内村権八が、宗旨役所にて「そのほう、京都嵯峨御所ならびに公家に対し、玄浄の身の上について悪言を述べた由を玄浄がいっているが、いかがか」と尋ねられた。それに対して権八は「そういうことはない。双方から内済を頼まれたのだ。玄浄が、裁許を受けたならば双方とも大罪になるというので、気の毒に思い、おりふし玄浄が嵯峨へ出入のことをいうので、私もかねて御出入なので、院家に、玄浄に内済するよう異見してほしいと頼んだだけだ」と答えた。

さらに玄浄は、寛延三年正月の「禁裏様御祈禱入用」として銀三五〇目を庄内で負担するよう願い出た。庄内では、大龍寺の山林の樹木枝葉を引き当てにして、銀子を調えて遣わすこととした。また五月には、同月の「禁裏様御祈禱」につき、寺修復・玄浄飯料とともに、「見継物」を庄内から出すよう、玄浄の願いにより上意で命ぜられ、六ヶ村が承知している。このようにたびたび、玄浄は六ヶ村からの出金を願い出ている。

寛延三年三月、大坂西町奉行が延享元年より勤めた久松定郷から、中山時庸に交代した。中山は六月十七日大坂に着いた。新任の中山が本格的に取り調べを始めたものか、事態は急に動き出す。

七月一日、玄浄に、大龍寺の棟札と諸書物とを取り寄せるよう命じられたが、玄浄は言を左右にして差し出さなかった。そのため揚り屋へ収監され、三衣脱衣させられた。七月四日には、奉行所役人二名が再度山に赴き、六ヶ村の年寄らと、本堂天井、庫裏床の下まで捜索した。結果、護摩堂の床の下に羅紗の紙入れや印判などがあった。また鎮守三社のうち、中之社内の錠を開けたところ、種々の書物が箱に入っており、取り出された。そのほか庫裏の入れ物に反故類があった。

また、玄浄の大坂旅宿河内屋五郎兵衛方にいた坊主であろうか、諸書物を柳行李に入れ、川口市岡新田七兵衛へ送り七兵衛方に隠した。吟味のうえこのことが露顕し、五郎兵衛は町預け、七兵衛も所の預けになった。なお、玄浄の弟子智静は、この間天満旅宿町に借宅し、五郎兵衛を請人として、河内屋智静と称していた。

十月二十七日に裁許が下された。その内容は次のようなものであった。

《玄浄》

遠島

《六ヶ村庄屋・年寄・頭百姓共》

五ヵ年来諍論、玄浄は看坊に紛れないが、そのほか証拠のないことを申し立てたので、以来慎むこと。

《花熊村庄屋五右衛門》

触書をその度ごとに大龍寺へ申し通したといっているが、証拠がなく、寺印を使っていたことが不埒なので、庄屋役を召し上げる。

《百姓七人》

再度山へ乱入し騒動したと玄浄は申し立てているが、証拠がないので沙汰に及ばない。よって、先に命ぜられていた他国留を御免。

《玄浄弟子智静》

大坂天満旅宿町に町宅したこと、そのうえ玄浄と組んで何かと不届きがあったので、摂津河内両国払、京都十里四方・江戸十里四方・東海道・日光海道構。

《再度山大龍寺に住山の四人》（弟子教弁・玄浄母徳女・下僧秀山・下男平八）

追払いを命ぜられた。とくに老母については六ヶ村より親類方を尋ねて送り届けるべきことが命ぜられ、河州石川郡千早村百姓源太夫方（玄浄の兄）へ渡し、受取書を取った。

また、大龍寺にあった諸色・寺附の物や取り上げになった物の仕分け、そのほか見届けとして、大坂町奉行所から与力・同心が遣わされた。さらに、筒井村八幡宮慈照方に、玄浄から預かった歓喜天一体があり、大龍寺へ納めるように命ぜられたので、六ヶ村が受け取り納めた。

大龍寺については、前々の通り六ヶ村の者共が支配し、同宗の確かな寺院に加印させ、請負証文をも取り置き、たびごとに領主地頭役人へ断り、吟味を受け、以来出入りのないように取りはからうように、命ぜられた。

3　安永・天明期の一件

一件の概要

先述のように、神戸村などが尼崎藩領であった段階では、大龍寺は尼崎藩の宗門改・寺院改を受けていたが、本節で述べる状況からみて、その後大龍寺は大坂代官の管轄下となっていたと考えられる。安永二（一七七三）年より大龍寺の看坊を務めた一真が、代官に差し出した人別帳に肩書を「大龍寺住持」と書いたため問題となった。この件は、寺格などに関わる案件であったため、大坂町奉行の手限にはできず、寺社奉行に掛合が行われた。これは山科家・櫛笥家の家司に尋ねなくてはわからない案件だったため、寺社奉行牧野惟成から、老中田沼意次の許可のもと、京都所司代に承合（問い合わせ）し、さらに所司代から伝奏を通じて両家の家司から事情を聞き、吟味された。この一件については、『百箇条調書』[18]所載の吟味伺書・御仕置附書附を参照した。なお『百箇条調書』は、「『御定書百箇条』の条文の順序に従って、寺社奉行所における実務家のために書き留められたもの」であって、寺社奉行牧野惟成（安永八〜天明三年在職）が編纂に着手したものではないか、と考えられている[19]。

一真の主張

さて、吟味の際の、一真の言い分は次のようなものであった。彼は一件の判決が下された天明二（一七八二）年に五六歳であった。伊予国周布郡三津屋村（現、愛媛県西条市）の百姓勘左衛門の倅で、六歳のとき出家した。そして同郡千丈岩屋（三津屋村より石鎚山を隔てて南西側、浮穴郡にある「古岩屋」ないし新義真言宗岩屋寺〈現、愛媛県久万高原町〉のあたりのことを、周布郡内と誤解・誤記したものか）に引き籠もっていた「観法僧」普光義観の弟子となり随身した。義観死去ののち、「遍参僧」となったが、安永二年「法類の世話」により大龍寺看坊となった。

一真は看坊になる際、仕来り通り福原庄六ヶ村に看坊証文を差し出した。翌安永三年、大坂代官へ差し出した宗門人別帳には「大龍寺看坊一真」と書き出した。しかし、同年は七ヵ年ごとの「宗門帳」（「人別帳」とも史料中に記述）を大坂町奉行に差し出す年でもあったのだが、そこで「大龍寺住持与以来認候様申付有之」、その後は住職と心得た。そして安永四年からは代官役所へ差し出す宗門帳にも「住持」と記したところ、咎められたので、町奉行からいわれたのだと断り、安永九年の「七年目之宗門帳」を大坂町奉行に差し出した時は、住持とは記さずに、「大龍寺一真」とのみ記した。

その間、安永六年、一真は京都で、住所不詳の双二という出家に出会い、山科敬言が病気とのことで祈禱を頼まれ、それをきっかけに山科家に心易く出入りするようになった。山科家の猶子にするといわれた。そして、内々御所の祈禱も頼まれるべきところ、（公家の）猶子でなくては御所の祈禱はできないとのことで、山科家の猶子にするといわれた。尤もその旨を伝奏衆へ達し、「奉行所」への届けを済ませなくては、表立っては猶子とはいい難く、当主も病気なので追って申し立てがあるとのことだった。そして「住持か看坊か」との尋ねもあったので「住持」である旨答えていたうちに、安永七年二月に山科敬言が病死した。

安永八年春、櫛笥家から内意があったので、前々から勅願所であったところ中絶していたので、再興の願書を差し出したところ聞き入れられた。よって現在は再興の勅願所である。以上のように、一真は主張した。

吟味と仕置

《福原庄六ヶ村》

一真の主張を受けて、寺社奉行牧野惟成により吟味が進められた。寺社奉行が「福原庄之内花熊・宇治野・神戸・二ツ茶屋・北野・中宮六ヶ村惣代」を糺したところ、大龍寺は「六ヶ村入会之草山」（なお、ここからも口一里山が概ね草山と化していたことがわかる）のなかに境内があり、前々から無本寺で、看坊を六ヶ村から差し置き、正徳以来代々の看坊から証文を取っている、とのことであった。

《大坂町奉行》

また、寺社奉行が行った大坂町奉行関係の吟味については、以下のようであった。先述のように一真の主張によれば、安永三年に大坂町奉行に七カ年目の宗門帳を差し出すときに、以来「住持」と記すよう指示されたとのことである。しかし、それは大坂町奉行所の記録には見当たらず、与力に尋ねても、そういったことはないとのことであった。これは大龍寺に限ったことではなく、摂津・河内・播磨の寺社から書き出すことであるので、「看坊を住持と認めよ」などと指示する謂われもない。これは全く一真の企みであって、偽りを申し立てて、既に勅願所再興を願い、さらに山科家の猶子になろうとしているのだ、と大坂町奉行から寺社奉行へ伝えてきた。また、前節で取り上げた寛延三（一七五〇）年裁許の結果、前々通り、同宗（古義真言宗）のうちで相応な看坊を見立て、証文を取るように申し渡したことについて、大坂町奉行から書付を寺社奉行に差し出した。

《山科家・櫛笥家》

また寺社奉行は、伝奏衆へ山科・櫛笥両家の家司が差し出した書面を取り寄せ一読した。山科家の家司の申し立てによれば、以下のようであった。

（山科家が聞いた一真の主張に拠れば）大龍寺は無本寺なので、支配ということはない。安永二年に看坊に入り込んだが、安永三年の宗門帳を差し出す際に、大坂町奉行から「住持」と記載するようにとの指図があったので「住持」なのだ。以上の一真の主張を、先だって山科家で聞き届け、猶子に申し付けた。

そして、櫛笥家の家司の書付には以下のようにあった。

大龍寺は前々より勅願所であって、禁裏の長日祈禱（日常的な祈禱）を命ぜられ、正・五・九月には宝札を献上し、櫛笥家が執奏していた。しかし住持がおらず、暫く中絶していた。住持か看坊かという経緯については、年久しいことであるので知らない。もっとも大龍寺は無本寺で、どこにも拘わらず祈禱を命ぜられているのである。安永八年に、「前々のとおり祈禱を命じていただいて御札を献上したい」と大龍寺が願い出てきたので、願書を提出させ（その願書をもって執奏したところ）、前々祈禱をし御札を献上してきたことなので、糺すことなく認められた。

《仕置》

以上の吟味に基づく、寺社奉行の判断は以下のようなものであった。

大坂町奉行が、「住持」と認めるよう指図した、ということについては証拠がない。これは一真が、「住持」であると偽り、堂上方の猶子になり、あるいは勅願所を再興しようという企みである。大龍寺は無本寺代々看坊持ちで、六ヶ村へ看坊証文を差出し、一真が看坊であることは間違いないのに、寺格をよくしようと企んだことであり不届きである。よって、脱衣重追放を命ずる。

4　看住の出自と、その後の大龍寺

看住の出自

先述のように、近世の大龍寺の濫觴は、実質的には寛文期の再興にあると考えられる。その後、延享・寛延期の争論の過程において六ヶ村側が述べたことによれば[20]、正徳四（一七一四）年十一月、尼崎大覚寺から、大龍寺住職はこちらから入院させてきた、と申し出があり、出入に及んだという。その際、大坂町奉行所で前々の通り六ヶ村から入院させることとされたという。以下、これまでの記述との重複を含みつつ、大龍寺の看住の出自などについて、分かる範囲でまとめておく。

《玄海[21]》

正徳四年十二月八日、無住状態へ入院。宗旨真言宗（寛延二年〈一七四九〉の一九年以前に死亡）。

《玄浄[22]》

享保十六（一七三一）年入院。玄海の弟子。河内国石川郡千早村（現、大阪府南河内郡千早赤阪村）百姓源太夫の弟。

《無染（円明房）[23]》

寛延三年十月入院契約。播州神東郡大貫村（現、兵庫県神崎郡福崎町）大善寺の仲介による。大善寺は北野村天神宮別当と縁故があって、六ヶ村と相談した。出身は生国紀伊国那賀郡下佐々村（現、和歌山県海草郡紀美野町・旧野上町）山本治部の倅。前歴は大和国城上郡三輪山平等寺宝生院（古義真言宗・南都大乗院末）弟子、宗旨は古義真言宗でたしかなる僧。宝暦四（一七五四）年七月、大坂で養生のところ死去。

《一真[24]》

天明二（一七八二）年に五六歳。伊予国周布郡三津屋村（現、愛媛県西条市）百姓勘左衛門の倅。六歳の節に出家。同郡千丈岩屋（第三節参照）に引き籠もっていた「観法僧」普光義観の弟子となり随身。義観死去の後、「遍参僧」となったが、安永二（一七七三）年「法類の世話」により大龍寺看坊となる。

《雲崖和尚[25]》

文政十二（一八二九）年二月八日病死。その他、詳細は不明。

《真空[26]》

播磨国加西郡酒見北条市場村杢兵衛の子息。播磨国明石郡神出庄田井村西光寺（播磨国明石郡高和山性海寺〈古義真言宗・高野山宝城院末〉の寺中西蔵坊の末寺）の弟子。宗旨古義真言宗。たしかなる寺院の請負（証文）など取り置く。文政十三年七月二十五日、大津役所への届書に調印。しかし天保二（一八三一）年四月、病身にて勤め難いため、師匠元西光寺へ引き取った旨届ける。

《端堂[27]》

明石城下材木町碇屋五郎兵衛の子息。播磨国明石郡船上庄密蔵院（古義真言宗・大覚寺末）の弟子。宗旨は古義真言宗。たしかなる寺院の請負証文も取る。嘉永二（一八四九）年十一月看坊になる。

なお、端堂の入院証文が『社寺取調類纂[28]』に引用されている。概ね玄海の入院証文と同じ文言であるが、「寺格一代切之相続ニ御座候間、拙僧ハ勿論弟子ニ至迄六ケ村衆中気ニ入不申候ハヽ、何時ニ而モ別帳ニ請取申候境内帳幷ニ什物帳之通無相違相渡可致出寺候」とあり、「一代切」（玄海→玄浄のような、弟子相続はしないということか）の相続であることが明記されている。

その後、嘉永六年四月二十九日から安政二（一八五五）年四月二十七日までの間、無住中で寺番を差し置いた。兵庫津七宮別当神宮寺が法用・寺役を兼帯した。

《徳順[29]》

播磨国明石大蔵谷正直屋徳兵衛の子息。宗旨は古義真言宗。兵庫津七宮神宮寺（古義真言宗・高野山普門院末）の弟子。安政二年四月二十七日付で、師匠元より「請負証文」「看坊住職証文」「慥成寺院之請負証文」などを取ったうえで、看坊届けを行った。

天明期以後の大龍寺

安永・天明期の一件以後、管見の限りにおいて、大龍寺の山林について若干の記事を確認できる。まず文化四（一八〇七）年の神戸村文書の日記(30)では、大龍寺が無住である状況下で後住選定や庫裏の畳替えなどを村々で取りはからっている記事などのほか、八月・九月に「再度山売木見分」「望人入札集」「村々役方立会開札」「売木極印入」が行われたとの簡略な記事をみることができる。また、文化六年の神戸村文書の日記(31)の、正月八日条に「再度山立木売代銀之内へ、去辰十二月廿八日銀弐百五十匁米屋安兵衛出八十市兵衛宛手形受取置候処、渡り先難相写候趣ニ而、花熊村へ返済いたし追而銀子引替受取書久四郎様へ相渡置事」との記事を確認できる。ほかに関連記事を見出せず事の詳細や文化四年の売木との関係は不明だが、村側が関与した立木の売却が行われ得たことを確認できる。

この立木売却との関連は不明だが、ちょうど同時期、文化五年冬から、恐らく花熊村が中心となって（人足の件に関する廻状の触出しになっている）、福原庄六ヶ村で、再度山へ、麓から「大師石仏」を持ち上げることが企画されている。文化六年二月にかけて実行されている。なお、延享・寛延期の争論から、（その由来・根拠は不詳ながら）花熊村が「寺元」として村役人が大龍寺の寺印の管理などに携わっていたさまを見て取れたが、宝暦九年三月には花熊村から次の件に関する廻状が出されている(32)。すなわち再度山の「御住持」（正確には「看坊」と認識されていたと考えられるが、このように「住持」と表記される場合もある）が旦方・村役人への「住持廻り」のために駕籠人足を出してほしい旨を申し入れてきたことを通知している。このように、花熊村（の村役人）が、大龍寺に関する件の廻状の触出しになる慣行が続いたものと思われる。また、争論時でもなければ、大龍寺の看坊は、福原庄六ヶ村において一定の礼遇を受ける存在であったと思われる。玄浄の後住無染の入院の際には、六ヶ村の庄屋が羽織袴で登山し、一飯を出している。

大龍寺が六ヶ村の支配のもとにあり、正式の住職ではなく看坊（看坊住職）を置かれる、という状況は、幕末維新期まで続いた。ところが、明治五（一八七二）年九月十八日付の府県宛太政官布告で「法相宗・華厳宗・律宗・兼学宗・融通念仏宗ノ五宗各派、並ニ其他諸宗ノ内別派独立本山、及ヒ無本寺等、夫々相当望ノ宗内総本山へ所轄被　仰付候条、各府県ニ於テ此旨相心得、管内寺院へ相達シ、願書取纏メ、所轄ノ処分教部省へ可伺出事」が命ぜられる。[33] これを受けて翌明治六年一月、大龍寺の看坊住職井上徳順（先述の徳順）は、法類の明石密蔵院と連名で、区長・戸長・副戸長らの奥書を得、大龍寺について「法脈を慕い」大覚寺役者吉祥院の添簡を添えて、総本山大覚寺の所轄となることを兵庫県令神田孝平に願い出た。県令神田らは同年二月、教部卿大木喬任に、大龍寺について、無檀家ではあるが「摂播間一二ノ旧跡ニテ近郷人民ノ帰依モ他ノ寺院ニ卓越之儀ニ付、右寺ノ存滅ハ一時人情ノ向背ニモ相関シ可申」、堂宇修繕の費用も帰依者の寄附によって賄われており窮民の財資をむさぼるようなものでもないので、京都大覚寺へ加末のうえ、据え置いて宜しいかと、伺を立てた。この伺は、総本山所轄の件のみならず、（無檀無住などの）神社寺院の合併に関する布告をも受けたものと思われる。[34] それに対して、大龍寺を（廃寺にせず）据え置くことについては「伺之通」とされたが、看坊の名義を改めて住職を置くように、また大覚寺末ではなく、教王護国寺または金剛峯寺の「両本寺」いずれかの所轄とするよう、回答された。いずれにせよかくして「無本寺」状態も「看坊」名義も否定されることとなった。[35]

おわりに

筆者はかつて、近世の仏教教団の多様な支配系統について、次のような見通しを示した。すなわち、近世の仏教教団は、①寺院本末帳などへの記載によって公認された、狭義の寺院本末関係、②（江戸）触頭などを頂点とする、教団行政の支配系統、③檀林（談林）や教学上の本寺などを頂点とする、教学の支配系統、④寺格や僧侶の格に関する支配系統（僧位僧官、色衣、朱印地、江戸城での儀礼などをめぐる支配系統・格式）、などといった、複数の、寺院や僧侶の上下関係・支配関係を内包している。ただし、必ずしもそれぞれの系統が別個にあるわけではなく、教団や地域によっては重複もみられる。[36]

ここで、寺院本末帳に記載された「無本寺」寺院について考えてみたい。それは、由緒に基づく特権的な寺格として、本寺を持たない「無本寺」として格付けられているが[37]（④）、触頭などによってその存在は把捉され（②）、そのことにより、本寺の下に位置付けられてはいないが、寺院本末帳に記載されている（①）。そしてそこで住職を務める僧侶は、（寺元〈家〉[38]や大檀那などの存在も考慮する必要があるが）一定の修学に基づいた、寺相応の資格を得る必要がある（③）。仮説的な把握ではあるが、概ねそういったものではないかと思われる。

それに対して大龍寺の場合は、入会山のなかにあって寛文期に再興されたという条件のもと、触頭によって把捉されていないために（②を欠く）、寺院本末帳に記載されていない（①を欠く）。六ヶ村の支配であるために住職は置かれず、「看坊（住職）」が置かれる。看坊は、少なくとも得度しており、古義真言宗の確かな寺院・僧侶による請負証文を得ることが必要であった。しかし、その学歴や詳細な履歴については問われることがない（③を欠く）。④については、僧位僧官や色衣などについて問われることがない。しかし、勅願所であるという由緒が形成され、周辺地域においても古刹として認識されていて、看坊は一定の礼遇を受けていた。

このように大龍寺は、宗教施設については六ヶ村の支配のもとにあり、古義真言宗教団に組み込まれてはいない。しかし僧侶については、最小限のレヴェルではあるが（しかも、②や③の系統における承認を必要とせず、緩いものであるが）、古義真言宗のそれに組み込まれていることが求められている。

そして、大龍寺をめぐる争論は、大坂町奉行のみならず、安永・天明期の一件に至っては寺社奉行・老中の関与を得るまでに至っている。ここで、幕府側では大龍寺及びその看坊が、寺院であり僧侶であることについて、疑いを差し挟んでいる様子はない。大龍寺については、仏堂や庵室の類としてではなく、古義真言宗の寺院として把握されている。また、玄浄が揚屋入りを命ぜられる際も、一真の仕置きについても、僧侶として「脱衣」を命ぜられている。

寛政元（一七八九）年十二月、幕府により、諸国の寺院出家山伏の人別の徴収が命ぜられている。基本的には本寺・触頭に取り集めが命ぜられているが、「本寺触頭無之壱ヶ寺之分」については、幕領は代官、私領は領主・地頭から取り集めること、「本寺触頭無之壱ヶ寺之分」がない場合も届け出ることが命ぜられている。また翌寛政二年二月にも、全国の寺院・出家・山伏の人別取り集めに関する、「其国其所之檀林・録所・掛所・本寺・触頭等、其宗々にて」指令が出されている。ここでも「諸宗共に本寺触頭無之無本寺之分計」案文のように書き出し、「御料・私領共に右体之無本寺無之候はゞ、其段も書出可被申」ことが（代官や領主に）命ぜられている。[39] このように幕府としては、（中）本寺にも（国）触頭にも把握されていない―しかしながら「諸宗」には分類できる―寺院の存在を前提とし、それを（近隣の）領主や代官に把握させている。

　繰り返しになるが、かかる寺院の実例である大龍寺の看坊は、最小限の承認レヴェルではあるが、古義真言宗の僧侶集団に組み込まれていることが求められていた。しかし実際には一真のように、岩屋に引き籠もった僧の弟子として出発し、さらに居所を一定しない「遍参僧」としての経歴を持ったような者もいた。つまり、教団からの把握のレヴェルに相応して、出自のはっきりしない者が看坊になり得た。玄浄や一真は、広義の朝廷に関係を求め（例えば猶子になるには金銭が必要であったであろうし、そういった意味で逆に吸着されているともいえるのだろうが）、そのことにより福原庄六ヶ村の人びとに「何程歟無心元恐敷」印象を与えつつ、利益の確保、立場の上昇を志向した。

　寛政六年九月、三奉行宛で、以下のような幕法を触れるべき旨の達が出されている。[40]

> 遠国寺院のうち、（ア）無檀無本寺などで、宗旨の定めなく望みの僧に住職させ、住職が死去して後住を望む僧がいない場合は長く村持ちとしておき、そのうえで相応の僧を村方から見立てて住職させるか、あるいは住職を望む僧から村に相談して住職となる場合、および、（イ）本寺の本末帳に記載されていないのに現地では一ヵ寺の寺院としての体裁をなし、宗旨も定まり、住職の働きで（寺付財産の）寄進等も行って、その宗旨の本寺・触頭をたより、『載帳』と称して本末帳に記載する場合があると聞くが、以後（ア）（イ）のような寺院が無住になった際は、現地で差

し障りのない分については廃寺に申し付けよ。ただし、これはあらかじめ寺院に達しておくべきことではなく、その時どきに調査の上、寺社奉行に問い合わせて取りはからえ。

なお、この（ア）については、寺社奉行による起案に際して、京都町奉行からの問い合わせが念頭に置かれている。[41]この幕法は、内容からいうと、主には大龍寺よりも規模の小さい、村堂に近い規模の寺院の整理を想定しているもののように思える。ただ、この幕法を受けて大坂西町奉行松平貴強・大坂東町奉行坂部広高から、具体的な施行に関する確認の問い合わせが行われている。[42]そこでは、現状維持を基本的なトーンとしつつ、「村支配」「村持」「無本寺」の寺院に関し多様な問いがなされている。この幕法をめぐっては別稿に譲りたいが、[43]ともあれ畿内を中心に、規模の大小はありつつ、村や地域の支配にかかる無本寺寺院が多くみられたということであろう。[44]

（1）朴澤直秀『幕藩権力と寺檀制度』（吉川弘文館、二〇〇四年）。「狭義の什物」としたのは、「什物帳」などの記載から考えて、寺院における広義の「什物」は道具・器物といった意味に留まらないと考えられるからである。
（2）吉田伸之『巨大城下町江戸の分節構造』（山川出版社、二〇〇〇年）、同「寺社をささえる人びと—浅草寺地域と寺中子院—」（同編『身分的周縁と近世社会　六　寺社をささえる人びと』吉川弘文館、二〇〇七年所収）、同「江戸・内・寺領構造」（吉田伸之・伊藤毅編『伝統都市4　分節構造』東京大学出版会、二〇一〇年所収）。
（3）朴澤直秀「在地社会の僧侶集団」（吉田伸之編『身分的周縁と近世社会　六　寺社をささえる人びと』吉川弘文館、二〇〇七年所収）。
（4）塚田孝『近世日本身分制の研究』（兵庫部落問題研究所、一九八七年）。
（5）寺院本末帳研究会編『江戸幕府寺院本末帳集成』中巻（雄山閣出版、一九八一年所収）。
（6）坂本正仁「本末帳に見える近世の古義真言宗」『密教学研究』一一（一九七九年）。
（7）兵庫県史編集専門委員会編『兵庫県史』第四巻（兵庫県、一九七九年）五五六・五五七・八四二頁。享保年間の『五畿内志』でも概ね同様の地域が「福原庄」とされている。

（8）蘆田伊人編『大日本地誌大系　五畿内志・泉州志』（雄山閣、一九二九年）。
（9）「角川日本地名大辞典」編纂委員会編『角川日本地名大辞典二八　兵庫県』（角川書店、一九八八年）。
（10）新修神戸市史編集委員会編『新修神戸市史　歴史編Ⅲ　近世』（神戸市、一九九二年）一四四～一四六頁。神戸市立博物館寄託村田家文書。神戸村では、山手として毎年米四升八合を出している（神戸市立中央図書館所蔵神戸村文書三一九〈一八―S―六三〉『宝暦十辰年九月　高附幷諸事覚帳』）。
（11）ただし後述の、享保年間の山論に際して作成された絵図に描かれた福原庄入会山の描写では、西側は（紛争の境界とは反対側ではあるが）現在の中央区神戸港地方と兵庫区平野との境界より東側の、再度谷までしか描かれていない。神戸市立中央図書館所蔵神戸村文書四四五（三二―C―二〇八）「摂津国菟原郡葺屋庄矢田部郡福原庄図」及び、財団法人神戸積徳会によって作成された写しである、神戸市立博物館所蔵「福原庄六ヶ村・生田村山論絵図（仮）」を実見した。
（12）神戸市立博物館寄託村田家文書一四九・一五〇。
（13）神戸市立中央図書館所蔵神戸村文書「摂津国菟原郡葺屋庄矢田部郡福原庄図」、神戸市立博物館所蔵「福原庄六ヶ村・生田村山論絵図（仮）」。
（14）兵庫県史編集専門委員会『兵庫県史』第一巻（兵庫県、一九七四年）七三二頁。
（15）神戸市文書館所蔵辰巳太郎家文書。
（16）大龍寺には宗判檀家はない。
（17）神戸市立中央図書館所蔵神戸村文書の日記類。ただし、当該一件よりあとの、宝暦期以降の日記しか残存していない。
（18）布施弥平治編『百箇条調書』第四巻（新生社、一九六六年）一三四四～一三四八頁。
（19）布施弥平治編『百箇条調書』第一巻（新生社、一九六六年）解説。
（20）先述『福原庄六箇村与再山看坊与諍論一冊』所収、六ヶ村庄屋からの延享三年十一月晦日付の口上より。
（21）前注（20）『福原庄六箇村与再山看坊与諍論一冊』。
（22）前注（20）『福原庄六箇村与再山看坊与諍論一冊』。
（23）前注（20）『福原庄六箇村与再山看坊与諍論一冊』、神戸市立中央図書館所蔵神戸村文書三三九（一〇―S―三四）「宝暦四戌年留日記　神戸村」。

(24)前注(18)。
(25)神戸市立中央図書館所蔵神戸村文書三五六(一五—S—四七)『文政十二年正月吉日　諸書上之控　弐番』。
(26)前注(25)。
(27)国立国会図書館所蔵『社寺取調類纂』一九五(「兵庫県明治五年」)。雄松堂書店マイクロフィルム版を参照した。
(28)前注(27)。
(29)前注(27)。
(30)神戸市立中央図書館所蔵神戸村文書三四七(一四—S—四二)「丁卯文化四年正月吉日日記」。
(31)神戸市立中央図書館所蔵神戸村文書三四九(一四—S—四四)「己巳文化六正月吉日日記」。
(32)神戸市立中央図書館所蔵神戸村文書三四二(一一—S—三七)『宝暦九卯三月ゟ留　神戸村』。
(33)宮地正人「宗教関係法令一覧」(安丸良夫・宮地正人校注『日本近代思想大系五　宗教と国家』岩波書店、一九八八年)。
(34)明治五年三月二十八日、太政官第一〇四号布告、及びそれを受けた同年六月十日、教部省第六号達(前注(33)宮地正人「宗教関係法令一覧」)。
(35)前注(27)。
(36)前注(3)。
(37)この点については、仮説的にこのように捉えたが、大龍寺のような寺院に類似する事由など、より多様に捉える必要があろうか。
(38)朴澤直秀「寺元慣行をめぐって」『国立歴史民俗博物館研究紀要』一一二(二〇〇四年)。
(39)大蔵省編纂『日本財政経済史料』巻四(財政経済学会、一九二二年)一一八〇〜一一八三頁。
(40)高柳眞三・石井良助編『御触書天保集成』下巻(岩波書店、一九四一年)四二七六号。三奉行宛。
(41)東京大学総合図書館G二七—四九四『寺社奉行政礎』巻三(内題『寺社奉行吟味物取扱』三)。
(42)前注(41)『寺社奉行政礎』巻三(内題『寺社奉行吟味物取扱』五)、国立公文書館内閣文庫一八一—〇〇三九『雑留』一五にも所載。
(43)朴澤直秀「無檀・無本寺寺院の廃寺に関する法令について」(『東京大学日本史学研究室紀要別冊　近世社会史論業』二〇一三

年四月所収予定)。

(44) なお、「無本寺」寺院について、最近、町田哲氏が阿波国美馬郡郡里村(現、徳島県美馬市)の古義真言宗願勝寺を事例に、その仁和寺直末化や中本寺としての地域的教団の様相について考察している(町田哲「近世願勝寺の本末関係について」『阿波学会紀要』第五五号、二〇〇九年七月)。願勝寺の場合は、末寺とも多数の宗判檀家を持っており、阿波に多くみられる、教団に掌握された無本寺寺院だったものかと思われる。なお、寛政の本末帳では仁和寺末となっている。

【付記】 本章の作成にあたっては、史料の利用に際し、神戸市文書館、神戸市立中央図書館、神戸市立博物館、村田好弘氏、高久智広氏にお世話になった。とりわけ高久氏には種々のご教示も戴いた。ここに記して謝意を表したい。

Ⅱ部　東日本──下伊那・越後・江戸

5章　信州下伊那の寺社と芸能者

吉田　ゆり子

はじめに

本章は、万歳楽の担い手である「簓」が、近世社会において、領主の牢番役や村の「下役」を勤めるに至った歴史的経緯を明らかにする作業の一環として、中世末から近世に至る「簓」の実体を、寺社・「簓」・地域社会という三者の関係から考察することを目的とする。

これまで、百姓の形成する共同体内部の検討に加え、共同体から疎外された身分的周縁の人々に注目することで、総体的に地域社会をとらえることの必要性を認識し、下伊那地域の「簓」・「猿牽」・「笠之者」・「谷川之者」・「非人」の実体を明らかにし、これらの人々と百姓・町人・武士との関係を検討してきた(1)。その結果、これらの人々が居住していた集落が、太閤検地をへて近世に移行する際に、「村」として行政的に扱われず、百姓身分からなる「村」に包摂されたことで矛盾が生じたと仮説的に述べた(2)。すなわち、百姓と異なる生業に従事し、集団としての規律を持つ社会集団として中世以来存在しながら、「村」で百姓とともに生きるためには、「村役」(下役)を果たすことを受け入れざるをえなかったのであった。

他方、万歳楽や猿牽などの芸能を担う人々(声聞師)の集住した「散所」について、山城国・近江国を中心に豊富な事

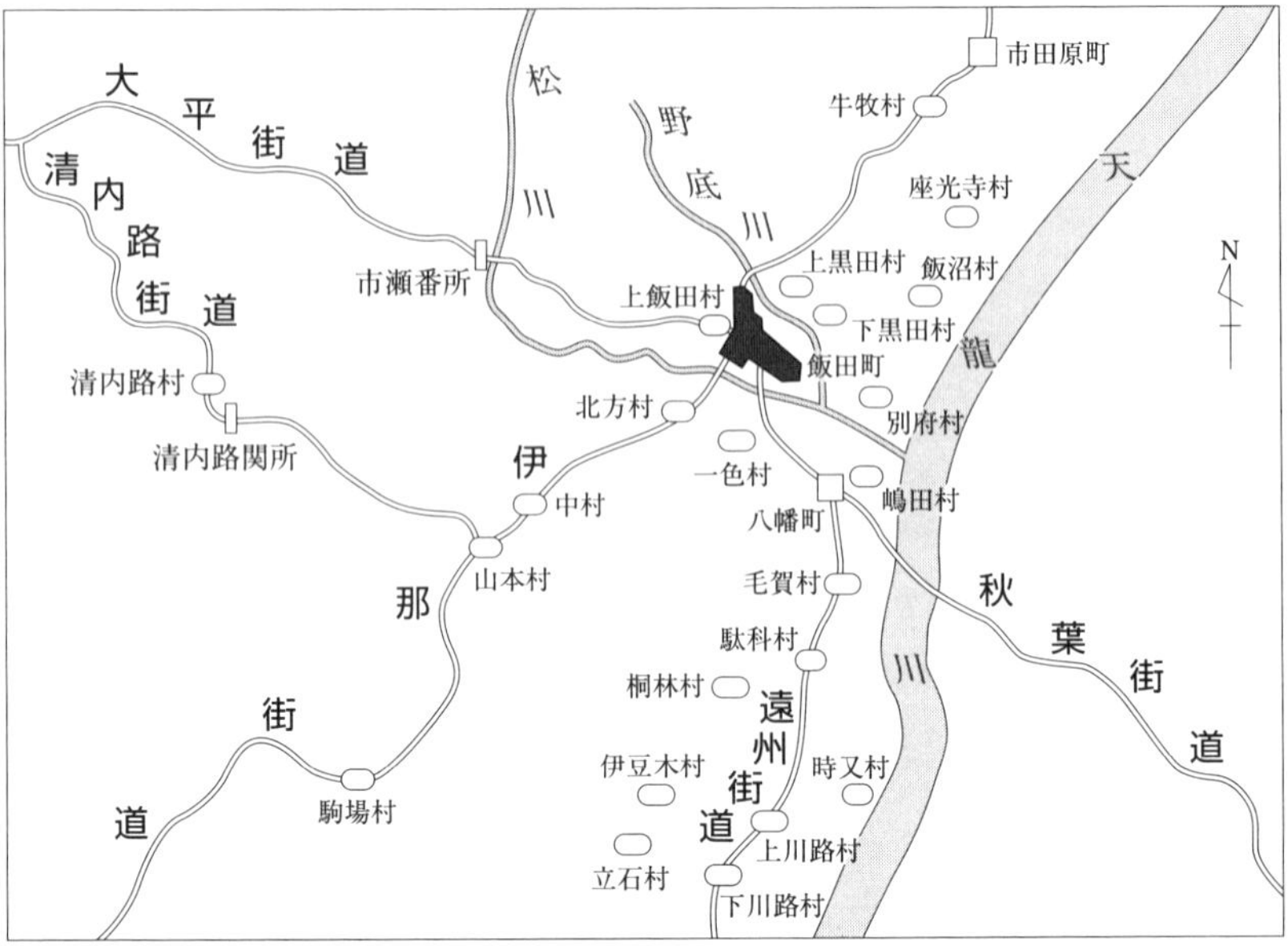

図１　飯田周辺図　『飯田町役用古記録』飯田市歴史研究所，2009年，544頁より転載。

例が発掘されるようになった。(3) こうした事例を参照すると、下伊那の「簓」（以下、特に断らない限り簓と表記する）や猿牽なども、散所の声聞師と同様の存在として包括的にとらえることが可能と考える。逆に、そうした包括的な理解により、畿内近国や西国を中心とする声聞師を含めた身分的周縁の発生を、中世から近世への移行過程における地域社会の問題から、捉え直すことができよう。

そこで本章では、下伊那の簓を散所の声聞師と同様の視点から、寺・簓・「村」の関係の中で考察することにする。具体的には、中世に繁栄した地方寺院を内包する信濃国下伊那郡上川路村と立石村を取り上げる。上川路村には開善寺、立石村には立石寺が所在し、上川路村には十六世紀末から簓の存在が確認される。立石村には、立石寺「米山の者」と呼ばれる簓の集団がおり、近世には旗本近藤氏の牢守役を勤め、立石村の下役も勤める存在であった。

1　開善寺と簓

上川路村の簓

はじめに、飯田藩領内の簓の存在状況を確認しておきたい。元禄十一（一六九八）年「飯田御領分高改幷家数」は、飯田藩領内の上郷一四カ村・下郷一七カ村の年貢上納高と家数を書き上げたものである。これを表1に示した。家数には「民家」「寺」「山伏家」以外に、「穢多家」「穢多ささらすり家」「猿牵家」「夷廻し家」「ささら家」が別記されている。このうち、「猿牽」は下市田村新井原の猿牽集団、「夷廻し家」は嶋田村内の笠村に居住し春田打ちと歌夷の担い手である「笠之者」(4)、そして「ささら家」は下郷の上川路村に居住する「簓」と別府村の「簓摺」である。飯田藩領では、この時期に上川路村と別府村以外に、簓を見出すことはできない。

寛政十（一七九八）年の調査では、村ごとの明細は不明ながら、飯田藩上郷・下郷に居住する「竹羅摺」は二軒、人数二二人（男一二人・女一〇人）となっている。ただし、一軒あたりの人数が一〇人強と多いことから、ここでいう一軒とは建物ではなく、世帯を表わしていると考えられる。さらに天保年間には、飯田藩領内の簓は後述するように飯田組と呼ばれており、その内訳は表2のようになっている。飯田城下上谷川の九人のほか、上郷三カ村に四人、下郷五カ村に五人を確認することができる。上郷・下郷の在方では合計八カ村に居住分布が拡大し、加えてそれぞれが家族を構成していることを勘案すると、簓の人口も大幅に増加しているといえるのである。

近世後期における簓の拡大については、後に考察することとし、ここでは十七世紀段階に簓六軒が集住していた上川路村を素材として、中世から近世への移行期における簓と地域の関係を考察していく。

上川路村は、図1のように、飯田城下から南に伸びる遠州街道が村中を通り、下川路村に向かう地点に位置する。開善

表１　飯田藩領高・家数改め

			上納高 俵	上納高 石	民家	寺	その他
上郷	1	出原村	200	0.269	10	1	穢多家　2
	2	吉田村	973	0.042	113	1	
	3	大嶋山村	328	0.161	36	1	
	4	牛牧村	747	0.116	74	0	
	5	市田村	1741	0.152	156	2	猿牽家　9
	6	原町	195	0.133	30	0	
	7	座光寺村	1958	0.146	195	3	
	8	上黒田村	352	0.184	32	0	
	9	下黒田村	1010	0.239	73	1	
	10	飯沼村	1262	0.002	118	1	
	11	南條村	423	0.050	36	1	
	12	別府村	1164	0.481	70	1	穢多ささらすり家　1
	13	上飯田村	2846	0.370	121	2	
	14	市瀬村	—	—	1	0	
下郷	15	山村	2392	0.413	158	1	山伏家　1，穢多家　1
	16	柿木嶋村	57	0.394	1	0	
	17	名子熊村	57	0.394	62	1	
	18	一色村	261	0.290	20	0	
	19	北方村	957	0.040	117	1	
	20	大瀬木村	1064	0.461	118	1	
	21	上殿岡村	109	0.023	16	0	
	22	下殿岡村	381	0.301	16	0	
	23	嶋田村	3264	0.154	203	2	夷廻し家*1　11
	24	毛賀村	843	0.044	61	0	
	25	駄科村	1053	0.347	94	1	
	26	長野原村*2	204	0.090	20	0	
	27	桐林村	958	0.051	79	0	
	28	時俣村	341	0.030	45	1	
	29	上川路村	383	0.082	31	1*3	ささら家　6
	30	三日市場村	494	0.384	50	0	
	31	中村ノ内	410	0.249	34	0	

・「上納高」＝庄屋給・小使給諸引万引落り，上納高如此」
*1「むかしはかさ〓り」
*2「当村は御国絵図差上候節ハ別村ニ御書上被成」
*3「開善寺　此門前家十四軒，外ニささら家六軒」
［出典］　元禄11寅年改之　「飯田御領分高改幷家数」（清水家文書）

寺は、図2のように遠州街道と天竜川に流れ込む久米川にはさまれた位置に所在する。遠州街道は寺の北側後背の台地上を通っているが、寺の入口である山門は南に向いている。山門前を東西に走る道は、東の時又村から開善寺の南を通って北西に伸びる。この道が開善寺の参道とみられ、道沿い一帯は「町並」と呼ばれており、ここに門前町が形成されていたと推定されるのである。

いま、中世末の上川路村の様子を考察するために、「天正十九年太閤検地帳」を検討しておきたい。伊那地域では、天正十九（一五九一）年に京極高知により検地が行なわれ、その結果打ち出された村高と村柄の等級の書上は、「青表紙縄帳」「青表紙御検地帳」など（以後、「青表紙縄帳」と呼ぶ）として書き写され村々に伝えられている。[5] 上川路村は、二六八石二斗四升で「上」の村とされている。今、上川路村で近世前期に肝煎を勤めた清水家に残された天正十九年の検地帳[6]（「天正十九年検地帳」と呼ぶ）は、表紙と奥付を欠くが、紙質や文字などは同家所蔵文書の元和・寛永・承応年間のものと同質とみられる。冒頭の数筆に割印と、二枚目には継目印が捺されているが、印文も十七世紀のものとみられ、この時期の写しであると推定される。

表2　飯田組の簓

	村　名	人　名
飯田城下	上谷川	喜代松
	上谷川	虎之介
	上谷川	金蔵
	上谷川	重之介
	上谷川	七太郎
	上谷川	初五郎
	上谷川	松之介
	上谷川	庄之介
	上谷川	弥左衛門
上　郷	上飯田村	杢兵衛
	下黒田村	宇源次
	下市田村	林太夫
	下市田村	善八
	下市田村	作左衛門
下　郷	山村	源次郎
	名子熊村	源三郎
	嶋田村	弥市
	上川路村	民蔵
	北方村	半右衛門

［出典］天保6年4月25日「申合之事」（河野通俊氏所蔵文書）

記述内容は、「上河路田方本長うつし」（A）・「上河路畠方拾六枚」（B）・「かいせんし《（開善寺）》寺やしき《（屋敷）》」（C）・「かいせんしふん《（開善寺分）》ノ内ノじぶん《（寺分）》」（D）・「上河路屋敷長《（帳）》」（E）という五つの部分から成っており、田・畠・屋敷地、それぞれの反別と分米合計が記されている。田畠屋敷地の分米を合計すると二六八石二斗三升九合八夕五才となり、「青表紙縄帳」の上川路村高二六八石二斗四升にほぼ一致する。

表3　天正19年石盛

地種 地位	石盛
上田	1石4斗
中田	1石3斗
下田	1石1斗
下々田	9斗
上畠	1石
中畠	9斗
下畠	8斗
下々畠	6斗

［出典］「（天正19年上河路村検地帳）」清水美彦氏所蔵文書

さて、検地帳の記述形式を知るために、まず（A）（B）の冒頭部分を掲げておく。

（A）
上　こしまい　八畝　壱石壱斗四升　三七分　又一
上　同所　壱畝十分　壱斗八升六合六夕六才　同分　同人

（B）
下　かな山　壱畝十二分　八升四合　かち分　助一
下　同所　弐畝四分　壱斗七升六夕六才　同分　清左衛門

（A）は田方、（B）は畠方の一筆ごとの書上げである。一筆ごとに地字・地位・反別・分米・名請人が記され、名請人には分付記載のみられるものもある。また、肩書に「はんてう（番匠）」「かち（鍛冶）」という職分や「寺」などが付された者もある。田方は二二七筆・一四町九反二畝一九歩半・一九七石七斗九升三合六夕、畠方は一五四筆・五町八反二畝一九歩半・四九石四斗五升五夕九才で、地種・地位と石盛は表3のとおりである。

次に、屋敷地であるが、これには開善寺関係の（C）（D）と、上川路村の屋敷地を書上げた（E）から成る。

（C）
二畝廿四歩　三斗三升六合　とう蔵主
四畝十歩　五斗仁升　しゆい蔵主

（D）
上　壱反仁畝　壱石仁斗　てらの
上　四畝廿歩　四斗六升六合六夕　六才　とう蔵主

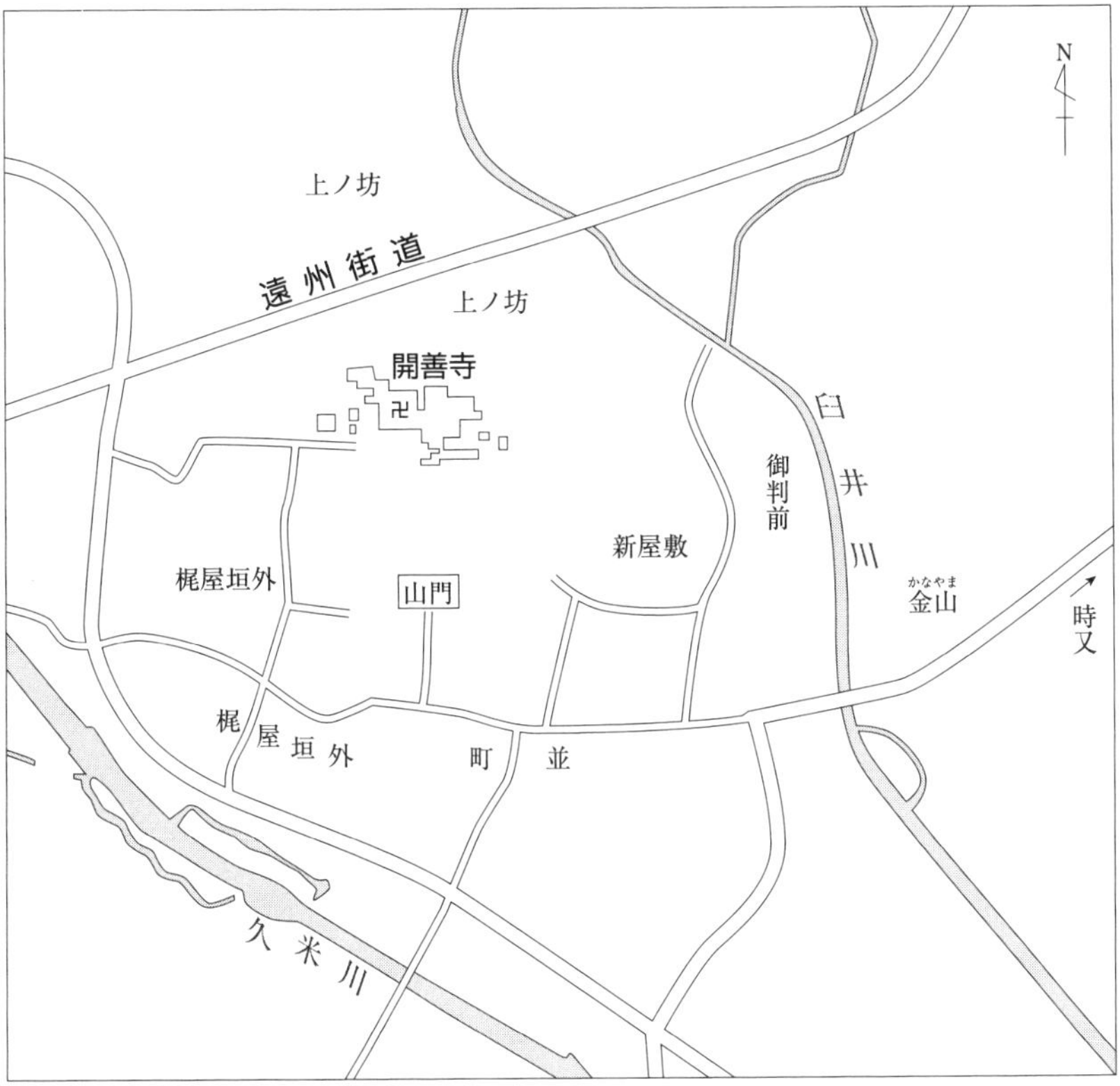

図2

（E）　あみやしき

廿四歩　九升六合　与一左衛門

弐畝　弐斗四升　寺　惣九郎

（C）（D）は、それぞれ七筆と八筆、（E）は五〇筆で、あわせて「屋敷」反別一町八反七畝二七歩、分米二〇石九斗九升五合六夕六才とされている。開善寺関係の（C）（D）は、開善寺領と村方との関係を考えるために重要な部分となるため、後に改めて検討を加える。

以上を確認した上で、検地帳の名請人ごとに分米を集計して示したものが、表4である。まず、1～7番の第Ⅰグループは、（C）（D）の開善寺関係の屋敷地を名請けする者で、開善寺の僧侶である。これらは、（E）の上川路村の屋敷地を所持していない。次に、8番から48番までの第Ⅱグループは、持高順に示したが、（E）村方の屋敷地を所持する名請人である。さらに、49番から67番までの第Ⅲグループは、田畑は所持するものの屋敷地を持た

	36		三次郎	6	3.549	0	1	
	37		清次郎	10	3.592	0	1	
	38		中右衛門	8	4.028	0	1	
	39		右衛門左	3	4.465	0	1	かねつきめん
	40		三七	9	4.594	0	1	
	41	寺	伊助	10	5.042	0	1	
Ⅱ	42	寺	小四郎	9	5.223	0	1	
	43	寺	助左衛門	12	5.307	0	1	
	44		左衛門左	10	5.687	0	1	
	45		孫三郎	19	11.669	0	1	
	46	はんてう（番匠）	弥次郎	16	12.861	0	1	
	47		藤七郎	18	18.903	0	1	
	48		源三	29	21.318	0	1	屋敷は分付のみ
	49		なべ	1	0.030	0	0	
	50		牛房	1	0.044	0	0	
	51		弥三郎	1	0.076	0	0	
	52		千熊	2	0.147	0	0	
	53		新二郎	2	0.236	0	0	
	54		藤十郎	1	0.267	0	0	
	55		さるほう	3	0.277	0	0	すべて下・下々田
	56		久左せんもん	1	0.360	0	0	
	57		すけ七	1	0.420	0	0	
Ⅲ	58		源左衛門	2	0.442	0	0	分付のみ
	59		助一	3	0.446	0	0	
	60		せんとく	1	0.457	0	0	
	61	寺	新二郎	1	1.176	0	0	
	62		与左衛門	3	1.633	0	0	さんまい所
	63	はんてうめん（番匠免）		9	2.122	0	0	すべて下・下々畠，「はら畠」ほとんど
	64	かち分（鍛冶分）		13	2.222	0	0	すべて下・下々畠，「かな山」ほとんど
	65	寺	弥三郎	2	2.773	0	0	
	66		三郎右衛門	7	4.863	0	0	「うすい」のみ
	67		小右衛門	6	6.340	0	0	
Ⅳ	68		六郎右衛門	21	7.342	0	0	
	69		彦兵衛	13	14.236	0	0	
合　計				446	251.367	15	49	

［出典］「上川路村天正十九年検地帳」清水美彦氏所蔵文書
［注］ ＊「開善寺屋敷」とは，「天正十九年検地帳」の「屋敷地」のうち(C)(D)，「上河路屋敷」とは(E)を意味する。

表４　天正19年上川路村検地帳名請人

区分	No.	肩書 (　)内は筆者注	名請人	筆数	持高(石)	内屋敷地筆数＊		備考
						開善寺屋敷	上河路屋敷	
Ⅰ	1	寺	大蔵主	7	4.536	3	0	
	2		てらの	3	1.664	3	0	
	3		堂蔵主	3	1.163	3	0	
	4		けんこう	2	0.732	2	0	
	5		中蔵主	2	0.620	2	0	
	6		しゆい蔵主	1	0.520	1	0	
	7		しょく蔵主	1	0.480	1	0	
Ⅱ	8	はんてう (番匠)	甚十郎	21	10.562	0	4	
	9	かち(鍛冶) みや嶋	十郎左衛門	34	22.379	0	3	
	10	寺	四郎右衛門	2	0.636	0	2	屋敷のみ
	11	かち(鍛冶)	助蔵	10	5.530	0	2	
	12	はんてう (番匠)	善次郎	28	23.199	0	2	
	13		宗助	1	0.160	0	1	屋敷のみ
	14		びくに	1	0.160	0	1	
	15		善七郎	1	0.176	0	1	屋敷のみ
	16		あんねい	1	0.200	0	1	屋敷のみ
	17		又一	1	0.200	0	1	屋敷のみ
	18		善四郎	2	0.235	0	1	
	19		新三郎	1	0.256	0	1	分付の屋敷のみ
	20		せん用	2	0.338	0	1	
	21		源右衛門	2	0.383	0	1	
	22	寺	三郎右衛門	2	0.456	0	1	
	23		又三郎	1	0.561	0	1	屋敷のみ
	24	寺	惣九郎	6	1.065	0	1	
	25		ねき左衛門	4	1.186	0	1	
	26		清左衛門	2	1.366	0	1	
	27	ささら(簓)	孫七郎	7	1.457	0	1	
	28	はんてう (番匠)	宮内左衛門	6	1.459	0	1	
	29	かうや(紺屋)	甚太郎	2	1.522	0	1	「にし」に「上田」
	30	かうや(紺屋)	助七郎	2	2.022	0	1	「にし」に「上々田」
	31		与三左衛門	4	2.481	0	1	
	32	寺	弥七郎	5	2.551	0	1	さんまい所
	33	ぬつし(塗師)	清右衛門	4	2.825	0	1	
	34		与七郎	5	2.851	0	1	
	35		与一左衛門	17	3.292	0	1	

ない者で、屋敷地を所持する名請人の家族か被官などと考えられる。最後に第Ⅳグループの68・69番は、「鍛冶分」と「番匠免」で、職人集団が得分として所持していた給免田である。

この表から注目すべき点は、次の四点である。第一に、開善寺寺僧の屋敷地にまで竿入れされ、高に結ばれていることである。後述するように、慶長六（一六〇一）年に朱印地三五石が寄進された後、寺僧の屋敷地には竿が入れられていない。しかし、天正十九年検地段階では、中世以来の開善寺領は、寺僧の堂舎のある境内地とともにすべて竿入れされ、高に結ばれた上、年貢を賦課されたのである。第二に、名請人の肩書に、「はんてう（番匠）」四人・「かち（鍛冶）」二人・「かうや（紺屋）」二人・「ぬつし（塗師）」一人・「ささら（簓）」一人・「寺」一〇人がみられることである。このうち、持高が一〇石から二〇石の上位を占める者は番匠や鍛冶であり、上川路村では人数的にも土地所持の上でも、職人が大きな比重を占めていたことがわかる。なお、「寺」という肩書は、名請地に付けられており、大蔵主の名請地も七筆中二筆にのみ「寺」と付されている。また、「ささら　孫七郎」の持高は一石四斗五升六合八夕二才で、四一人中二六番目の持高である。屋敷地には地字名が記されていないが一筆で、反別一反一八歩・石高一斗九升二合である。田畑は六筆で、すべて「はは（羽場）」という地字に所在し、中田・下他・下畠から成っていた。第三に、「番匠免」（69番）と「鍛冶分」（68番）が存在することである。これらは、番匠と鍛冶という職人集団に対する給田で、開善寺から与えられていたと考えられる。これに対して、紺屋・塗師・簓に対する給田は確認できない。第四に、第Ⅱグループで持高一石に満たない名請人には、屋敷地のみを名請けしている者が多くみられる点である。その中には「比丘尼」も含まれるが、田畑の耕作により生計を立てる農業民とはいえない人々が、門前町に存在していたとみられるのである。

さて、上川路村では、慶長十四年と寛永十（一六三三）年にも総検地が実施されるが、寛永十年の検地帳[7]をみると、職分を表す肩書はみられない。しかし、「簓」には「ささら甚蔵」という肩書が付されている。

寛永十年度の「ささら　甚蔵」の持高は、合計一石四斗二升三合と「天正十九年検地帳」の簓孫七郎とほぼ同規模であることから、孫七郎の後裔とみられる。ただ、注目すべきは、寛永十年には「屋敷壱畝拾弐歩　上畑合テ右　分米壱斗八升弐合　ささら組甚蔵」と、「ささら組」の甚蔵と記されている点である。つまり、甚蔵という名請人に代表されているものの、「簓」は甚蔵一人ではなく「簓組」という「組」を構成する集団であったことが判明する。このことから、天正十九年段階にも同様の実体があったと推測されるのである。

さらに、寛文十三（一六七三）年に降ると、「ささら」の肩書を有する佐平次・小太夫・文左衛門の三人が、それぞれ一斗三合・一俵・一俵二斗七合を定納する年貢負担者として、書き上げられている(8)。この書上には、一人前の百姓役を負担する「本役」と、半人前の負担者である「半役」も記されているが、「簓」は、「本役」「半役」ともに免除されている。つまり、土地所持に伴う年貢負担義務を負うものの、百姓役を負担しない点で、「簓」は百姓身分ではないとされていたのである。

以上、「天正十九年検地帳」を分析した結果、開善寺は寺領をすべて没収された上、境内地にまで竿入れされたことが判明した。また、上川路村には開善寺との関係が強い職人集団が居住していた点に特徴があり、そうした中にあって竹細工職人であり、芸能者でもある簓が、田畑屋敷地を所持し、小さいながら集団として居住していたことが確認されたのである。さらに、土地所持に基盤を置かない屋敷地のみを所持する者が複数確認され、町場化した門前町を内部に包摂した村であったことも注目される。このように、上川路村はいわゆる純農村とは異なった社会構成を示しており、開善寺との関係抜きには考えられない地域であったということができるのである。こうした「村」において、簓は百姓とは異なる身分集団を形成していたのであった。

開善寺領と検地

次に、中世から近世にかけての開善寺領の変遷過程について検討していこう。

開善寺の開闢は、文政三（一八二〇）年六月、時の住持丹海が、豊前小倉藩主小笠原大膳太夫に山門修復費用の寄付を求めた書状によると[9]、延元元（一三三四）年に小笠原貞宗が氏寺として量秀山開善寺を建立したことにあるという。翌延元二年、小笠原貞宗は南宋から渡日した臨済宗僧侶清拙正澄を招請し開山始祖とした。そして、伊賀良庄中村郷と川路郷が、寺領として開善寺に寄進された。その後、戦国期には兵火で寺は荒れたが、松尾城主小笠原信貴が天文十八（一五四九）年に速伝宗販和尚を招き中興をはかった。しかし、文禄二（一五九三）年、飯田に入城した京極高知は、堂舎をすべて飯田に移動し、返すことはなかったという。

実際、京極高知は家臣の両春名で、文禄五年十二月九日付で次のような禁制[10]を出している。

開善寺

被　仰出條々

一諸役御免幷殺生禁断之事

一山林竹木可伐採事

一寺内・山里、牛馬不可放事

右條々於相背者、則時御注進可被成候、仍如件

文禄五年

極月九日　　両春（花押）

すなわち、諸役免許は保証し、山林竹木の伐採禁止や「寺内」「山里」での放し牛馬の禁止は謳っているが、その領域は明確ではない。

慶長六年、京極高知の丹後国宮津移封後、四月二十五日、信濃国郡代朝日受永が「寺家門前ニ而参拾五石相違有間敷候、重而朱印取候而可進之候」と、朱印地三五石を寄進する一札を発給している[11]。この時期、下伊那地域の寺社には、朝日受

永により同様の寄進状が発給されているが、続いて、家康の朱印状が発給されたことは確認できない。むしろこの受永の寄進状が実質的には寺領安堵の効力を持っており、開善寺の場合、延享二（一七四五）年に出された家重の朱印状まで降る。なお、先の寺伝では、慶長六年、小笠原秀政は飯田に入部すると、開善寺に六五石を寄進したという。しかし、元和三（一六一七）年に入部した脇坂安元により六五石は没収され[12]、寺領三五石として明治に至った。

ここで、「天正十九年検地帳」と寺領との関係を確認しておきたい。上川路村の村高は、正保郷帳である正保四（一六四七）年三月「信濃国郷村帳」[13]によると一三三石二斗四升で、「青表紙縄帳」の村高一六八石二斗四升から開善寺領三五石を除いたものとなっている。この開善寺領三五石の内訳は、「天正十九年辛卯ノ霜月吉日　御寺　三拾五石分　あざい九兵衛殿　やすい小右衛門殿」[14]（「開善寺検地帳」と呼ぶ）と題する検地帳から知ることができる。

「開善寺検地帳」は、（a）〜（e）の五つの部分から成っている。記載様式を知るために、次に一部を引用する。

（a）

こんけん
中七畝十分　九斗五升三合三夕二才　寺 弥三郎

わくり
下拾弐分　三升七合　寺 伊助

（三四筆略）

同
壱畝十四分　壱斗七升六合　寺 三郎右衛門

せんけんな
弐畝十六分　三斗四合　（寺脱） 伊助

〆弐拾弐石弐斗五升八合七夕四才

屋敷合壱町八反七畝弐拾七分
分米合弐十九石九斗九升五合六夕六才

(b)

寿永之時付申分五石

にし
中弐拾四分　八升八合四夕弐才　寺　助左衛門

同所
上壱反壱畝　壱石五斗四升　寺　助左衛門

（八筆略）

同所
下三畝廿弐分　三斗三升七合　寺　同　人

屋敷
壱畝廿分　弐斗　寺　同　人

〆五石弐斗九升壱合

(c)

かけこミ申候内

かミノ田
中弐畝十八分　三斗四升弐合　ねき左衛門

（六筆略）

同
壱畝十九分　壱斗九升六合　孫三郎

(d)

ミやのわき
○壱石八升壱合八夕九才　　大蔵主
　〆弐石八斗六升壱合弐夕弐才
〆之ほかニ
　琳蔵主ちや之木畑有
四口合五拾弐石六合四夕弐才　（e）

すなわち、（a）田畑屋敷地三八筆、分米合計二二石二斗五升八合七夕四才、名請人にはすべて「寺」という肩書が付されている、（b）「屋敷合壱町八反七畝弐拾七分　分米合弐十石九斗九升五合六夕六才」という二行の数値、（c）「寿永之時付申分五石」とする一〇筆、分米合計五石二斗九升一合、（d）「かけこみ申候内」とする九筆、分米合計二石八斗六升一合二夕二才、（a）＋（b）＋（c）＋（d）＝五一石四斗六合六夕二才となる。これと（e）「〆之ほかニ　琳蔵主ちゃ（茶）之木畑有　四口合五拾弐石六合四夕弐才」の「四口合」五二石六合四夕二才との差六斗は、「琳蔵主ちゃ之木畑」に相当することになる。

そこで、（a）（c）（d）に登録された土地五九筆を、表5に表した。これらは、「天正十九年検地帳」と対照すると、五九筆目「みやのわき」一筆を除いて、すべて照合することができる。「みやのわき」一筆については後述することとし、ここでは開善寺領として書き出された土地が、基本的に天正十九年度に竿入れされた上川路村の田畑屋敷地から抜き出されたものであることを確認しておきたい。つまり、開善寺領三五石が寄進される際に、「天正十九年検地帳」が基本台帳として用いられたのである。なお、表5の32〜38番、50番、57・58番は、「天正十九年検地帳」の（E）「上河路屋敷長（帳）」に含まれている屋敷地である。

次に、（b）「屋敷合壱町八反七畝弐拾七分　分米合弐十石九斗九升五合六夕六才」の意味するところを考える。この屋

	39	にし	中					24		0.088	寺	助左衛門
	40	にし	上		0	1	1	0		1.54	寺	助左衛門
	41	こしまい	上		0	0	3	27		0.546	寺	助左衛門
	42	こしまい	上		0	0	4	25		0.677	寺	助左衛門
	43	こしまい	上		0	0	1	26		0.261	寺	助左衛門
	44	こしまい	中		0	0	5	18		0.504	寺	助左衛門
c	45	うすい	下		0	0	1	18		0.096	寺	助左衛門
	46	うすい	下		0	0	3	20		0.293	寺	助左衛門
	47	こしまい	中		0	0	3	22		0.299	寺	助左衛門
	48	こしまい	中		0	0	5	0		0.45	寺	助左衛門
	49	こしまい	下		0	0	3	22		0.337	寺	助左衛門
	50	屋敷			0	0	1	20		0.2	寺	助左衛門
	51	かみノ田	中		0	0	2	18		0.342		ねき左衛門
	52	かみのはら	中		0	0	1	10		0.173		久左衛門
	53	かちやかいと	中		0	0	2	4		0.192		新二郎
	54	かみのほら'	下		0	0	3	10		0.2		大蔵主
d	55	かみのほら	下		0	0	2	28		0.176		大蔵主
	56	大畑	下々		0	0	1	20		0.1		助左衛門
	57	屋敷			0	0	3	10		0.4		中右衛門
	58	屋敷			0	0	1	19		0.196		孫三郎
	59	みやのわき								1.082		大蔵主
	60			屋敷			2	24		0.336		とう蔵主
	61			屋敷			4	10		0.52		しゆい蔵主
	62			屋敷			4			0.48		しょくそうす
C	63			屋敷			4			0.48		けんこう
	64			屋敷			3	14		0.116		中そうす
	65			屋敷			1	2		0.192		たそうす
	66			屋敷		1	2	20		1.52		たいそうす
	67		上	畠		1	2			0.2		てらの
	68		上	畠			4	20		0.467		とう蔵主
	69		中	畠			4	8		0.384		てらの
	70		中	畠		1	2			1.08		てらの
D	71		中	畠			4			0.36		堂そうす
	72		中	畠			2	24		0.252		けんこう
	73		中	畠			5	18		0.504		中蔵主
	74		中	畠			5	18		0.144		たそうす

［注］
① a：22.257　1～38筆の合計（史料では22.25874）
② c：5.291　39～50筆の合計（史料では5.291）＝「寿永之時付申分五石」
③ d：2.861　51～59筆の合計（史料では2.86122）＝「かけこみ申候内」
④ C：3.644　60～66筆「かいせんし寺やしき」の合計
⑤ D：3.391　67～74筆「かいせんしふんノ内ノじぶん」の合計
［出典］『長野県史　近世史料編』第四巻(2)1168号

表５　天正19年開善寺検地帳(開善寺所蔵分)

区分	筆No.	地字	地位	地種	反別					分米	肩書	名請人
					町	反	畝	歩				
	1	こんけん	中		0	0	7	10		0.953	寺	弥三郎
	2	わくり	下		0	0	0	12		0.037	寺	伊助
	3	ぬま	上々		0	0	3	5		0.475	寺	小四郎
	4	ぬま	上々		0	0	7	14		1.12	寺	小四郎
	5	ぬま	上々		0	1	2	4		1.82	寺	弥三郎
	6	かわら田	上々		0	0	5	28		0.89	寺	伊助
	7	かわら田	中		0	0	4	23		0.620	寺	伊助
	8	かわら田	上		0	0	0	34		0.159	寺	伊助
	9	せきめ	上		0	0	1	2		0.149	寺	伊助
	10	かと田	上		0	1	3	10		1.867	寺	伊助
	11	かと田	上		0	1	3	18		1.899	寺	弥七郎
	12	つるまき	上々		0	0	1	22		0.26	寺	惣九郎
	13	つるまき	下		0	0	0	10		0.037	寺	惣九郎
	14	つるまき	下		0	0	0	5		0.018	寺	惣九郎
	15	はは	上		0	0	1	25		0.257	寺	小四郎
	16	はは	上		0	1	4	9		2.002	寺	小四郎
	17	越ノ田	上		0	1	0	10		1.448	寺	弥七郎
	18	越ノ田	上		0	0	8	12		1.106	寺	新二郎
	19	かみのほう	下		0	0	3	3		0.279	寺	小四郎
	20	畑方さかり	下々		0	0	0	15		0.03	寺	伊助
a	21	畑方さかり	下		0	0	3	9		0.264	寺	伊助
	22	かと田	中		0	0	2	12		0.217	寺	弥七郎
	23	かしやかいと	上		0	0	1	10		0.133	寺	惣九郎
	24	三まいわら	上		0	0	2	20		0.264	寺	小四郎
	25	はは	中		0	0	1	10	半	0.095	寺	弥七郎
	26	はは	上		0	0	4	0		0.4	寺	宗九郎
	27	らうやしき	下		0	0	5	10		0.427	寺	小四郎
	28	かみのほら	下		0	0	0	10		0.027	寺	小四郎
	29	かみのほら	上		0	0	7	10		0.733	寺	伊助
	30	かみのほら	中		0	0	9	18		0.864	寺	大蔵主
	31	かみのほら	中		0	1	6	0		1.44	寺	大蔵主
	32	屋敷			0	0	2	0		0.24	寺	惣九郎
	33	屋敷			0	0	4	0		0.48	寺	四郎右衛門
	34	屋敷			0	0	2	4		0.256	寺	四郎右衛門
	35	屋敷			0	0	2	28		0.352	寺	小四郎
	36	屋敷			0	0	1	10		0.16	寺	弥七郎
	37	屋敷			0	0	1	14		0.176	寺	三郎右衛門
	38	せんけんな			0	0	2	16		0.304	寺	伊助

敷地合計値は、（a）中の屋敷地合計とは一致しない。また、一筆ごとの内訳も記されていないため、「開善寺検地帳」だけからは、いずれの屋敷地合計か明らかではない。そこで、前述した「天正十九年検地帳」と対照すると、（C）「かいせんし寺やしき」・（D）「かいせんしふんノ内ノじぶん」・（E）「上河路屋敷長《（帳）》」という三つの屋敷地合計「屋敷合壱町八反七畝廿七歩　分米合弐拾石九斗九升五合六夕六才」と合致することがわかる。しかし、「開善寺検地帳」では、（E）「上河路屋敷長《（帳）》」のうち表5の32〜38番・50番・57番・58番に当る一〇筆は、（a）（c）（d）部分でも書き上げていることから、（a）（b）（c）（d）の四口の合計（e）には、この一〇筆が二度加えられていることになる。逆にいえば、開善寺領は（E）中の一〇筆だけであり、それ以外は村の屋敷地であるにも関わらず、（E）全体を開善寺領三五石に組み込んで高を算出しているのである。

この誤りが、意図的なものか単純な誤りであるかは断定できない。しかし、「天正十九年辛卯ノ霜月吉日　御寺　三拾五石分　あざい九兵衛殿　やすい小右衛門殿」という表題からも推定できるように、この「開善寺検地帳」は後年に作成されたもので、何らかの意図が加わっている可能性は否定できない。

以上の点に留意した上で、（b）に含まれる開善寺関係屋敷地である（C）「かいせんし寺やしき」・（D）「かいせんしふんノ内ノじぶん」を、表5の60〜74番に書き加えて示した。すると、（a）（c）（d）（C）（D）の分米高合計は三六石七斗九升九合九夕七才となり、寺領高三五石に近似した値になることがわかる。

それでは、なぜ開善寺側は、（E）「上河路屋敷長《（帳）》」を寺領高に加え、逆に（C）「かいせんし寺やしき」・（D）「かいせんしふんノ内ノじぶん」の一筆ごとの土地を書き上げなかったのだろうか。そもそも「開善寺検地帳」に書き上げられている（c）「寿永之時付申分五石」・（d）「かけこみ申候内」とは、どのような性格の土地であろうか。

そこで、まず（c）（d）について検討しよう。（c）は、「寿永之時付申分五石」とあるように、「慶長六年、朝日受永（寿永）が三五石の朱印地を寄進すると伝えた際に付けた五石」と解釈される。（c）一二筆の土地はすべて「寺　助左衛門」

の名請地で、「天正十九年検地帳」において「寺　助左衛門」が名請けしている土地すべてに相当する。このことから、（c）一二筆が寿永により付け加えられた経緯を推測すると、次のようになる。

慶長六年に、開善寺が朝日受永に寺領として書き上げた土地の石高合計は三〇石程であったため、寺領として寄進する三五石には五石不足していた。そこで、不足分の五石にあたる助左衛門の名請地を取り出し、これを受永が追加して寺領として認め、合計三五石とした。

このように解釈すると、最初に開善寺が書き上げた土地は、（a）三八筆、合計二二石二斗五升八合七夕四才の他に、七石七斗弱の土地ということになる。この七石七斗弱の土地とは、（b）で誤って書き上げた屋敷地から、（E）「上河路屋敷長」を除いたもの、つまり「天正十九年検地帳」（C）（D）の開善寺関係の屋敷地の合計七石三升余（表5の60〜74筆）に近似している。つまり、開善寺は、当初（a）（C）（D）を寺領として書き上げたものの、五石不足していたため、追加で助左衛門の名請地（c）を加え、合計三五石の寺領としたと推測されるのである。

それでは、（d）「かけこみ申候内」とはどういう意味であろうか。その性格を考えるために、「開善寺検地帳」とほぼ同じ記載内容を持つ、元和九年十一月十一日付「上河路村開善寺三拾五石分出入ノ帳」[15]（「三拾五石出入帳」と呼ぶ）を検討する。

これは、当時名主を勤めていた清水伝右衛門家に残されもので、継目ごとに黒印が捺されており、紙質・文字ともに元和九年当時のものとみられる。「出入張」という表題からも推測されるように、「三拾五石出入帳」は、「開善寺検地帳」に村側が修正を加えた帳面と理解される。中身は、「開善寺検地帳」と同じ（a）〜（e）の五つの区分から成っているが、次の七点で異なっている。

①（a）に田畑屋敷という地種が明記される。

②（a）（c）（d）の分米高に異なるものがある。「天正十九年検地帳」と対照すると、「三拾五石出入帳」の値が正しいこ

とがわかる。したがって、（a）（c）（d）いずれも分米合計値が異なっている。

③（d）五九筆目「みやのわき」は、「天正十九年検地帳」に対応する筆がみつからず、「三拾五石出入帳」でもこの筆は削除されている。

④（b）は、「三拾五石出入帳」では、次のようになっている。

「〆弐拾石九斗九升五合六夕六才　寺内
　二口合四拾三石三斗三升三合弐夕か　」

この二〇石九斗九升五合六夕六才は、（b）では「屋敷」と記され、「天正十九年検地帳」の（C）（D）（E）の合計値であったと指摘したが、「三拾五石出入帳」ではそれを「寺内」と認識し、（a）三八筆の〆高二二石二斗五升八合七夕四才と合算し、四三石三斗余としているのである。実際には、（E）「上河路屋敷長《（帳）》」を除いた（C）（D）が「寺内」であり、「三拾五石出入帳」においても「か」を付けているように、確定できない曖昧さが示されている。

⑤（c）は、「後ニ参候五石分」と説明されている。

⑥（d）は、「かけこみ」ではなく「取こみ」と表現している。

⑦（e）の四口合計は算出されていない。

この七点のうちで、両者の認識が大きく相違しているのは、④と⑥である。すなわち、④「三拾五石出入帳」では、「開善寺検地帳」で誤った算定をしていた「屋敷合計」を、「寺内」と理解しようとしていること、⑥「かけこみ」を「取こみ」と表現している点である。もし、⑥のように「取こみ」が真実であるとすると、寺側が村の土地を横領していたことになる。つまり、開善寺側は（d）を朱印地三五石の内として「開善寺検地帳」に書き込んでいたが、それを村側は横領と認識していたのである。

元和九年、この（d）をめぐって、寺と村の間で争論となった。次に、この争論を取り上げ、寺領をめぐる問題点を明らかにしていこう。

開善寺領と村

元和九年七月六日付で、飯田藩下津屋金左衛門に提出された「上川路村定物成帳[16]」の末尾には、「右これハ百性（ママ）仲間ニ御年貢御納所ニむら御座候ニ付而御そしやう申上、慶酉（慶長十四年）ノ御帳をもつて惣百性出合あらため、如此御帳仕上候、此上ハ以来少も出入申上間敷候」と記され、百姓の間で年貢納入高の不均衡をめぐる訴訟が起きたため、慶長十四年度の検地帳[17]をもとに惣百姓で定物帳を作成し直したという事情が判明する。

この「定物成帳」は、土地所持者一人別に年貢定納高を書き上げたもので、三四筆の年貢請負人の署判が列記されている。この中には、「簓」甚蔵や寺百姓で村方の土地を所持している者も含まれている。

さて、ここで注目したいのは、「定物成帳」の34番目にある「御寺ゟかへり申ふん」と記された九俵二斗三升である。これは、開善寺領から村側に飯田藩領として返還されたことを意味しており、寺百姓七人の署判がある。

さらに、寛永十六年七月二十七日付で、上川路村百姓惣左衛門から藩の郡奉行宛に、「乍恐御返答之事[18]」が提出された。それによると、争点は次の三点に整理される。

（1）開善寺領三五石の他に、小笠原秀政から寄進された六五石が、元和三年に入部した脇坂安元により取り上げられた事情について、元和三年当時肝煎であった作右衛門（五兵衛）に尋ねてほしい[19]。

（2）「上ノ坊」畠一反九畝二八歩は、下津屋金左衛門による詮議により解決した。

（3）「開善寺之百姓二代三代つゝ作り申候」、つまり寺百姓が事実上占有している土地について。これは、「殿様之田畑御寺へかくし（隠）いま（今）に作り申候」と、「殿様」（飯田藩）の土地であるにも関わらず、開善寺に隠して耕作している土地であるという。

（4）起返地二カ所について。寺百姓が村方に土地を渡さない。

このうち(2)は、前述した元和九年七月六日付「定物成帳」の34番で村に返還された定納高九俵二斗三升のことで、解決済みである。むしろ、村として問題としているのは(3)の土地で、「御けんし可被下候、右之分改出し進上可申候」と、郡奉行の検視を受けた上、藩の土地として進上すると述べている。この(3)の土地を、表6に示した。表6に掲げた八筆の内、「天正検地帳№」を付した六筆は「天正十九年検地帳」で確認することができる。また、このうち○を付した五筆は、「開善寺検地帳」でいう「かけこみ」(d)、すなわち「三拾五石出入帳」の「取こみ」として書き上げられている土地に当ることが判明する。すなわち、「開善寺検地帳」でいう「かけこみ」(「三拾五石出入帳」の「取こみ」)は、前掲表5(d)に示したように、59番を除くと全部で八筆であるが、そのうち五筆を、寺百姓が不法に耕作していると、村が訴えているのである。

つまり、「開善寺検地帳」をもとに「三拾五石出入帳」を作成する際、村側は寺領に「取り込まれている」と認識した土地を「取こみ」と表現したのであった。なお、「三拾五石出入帳」は、元和九年、下津谷金左衛門による詮議の結果、寺から村に土地が返却される際に作成されたものと推定される。それにも関わらず、寛永十六年段階でもなお「取こみ」が続けられている土地が五筆あった。これが、(3)として告発されたものと考えられるのである。

それでは、開善寺側は寺領域とその支配権をどのように認識していたのであろうか。後年になるが、延享元（一七四四）年から二年にかけて開善寺山林の落葉・下草掻きの入会権をめぐって寺と村で争われた争論の過程に、開善寺の寺領認識が顕れている。(20)

この争論は、延享元年十月十八日に開善寺山林に茅掻きに入った上川路村百姓善右衛門が、寺山番人五兵衛に怪我を負わせた事件を契機とする。開善寺側が寺山で落葉・下草掻きを禁止したことから、村が飯田藩の代官所に訴状を提出した。結論的には、開善寺側の主張が認められ、延享二年十二月十八日に飯田城下の龍翔寺・大雄寺・善勝寺による内済で決着

表6　寛永16年段階の寺百姓による横領地

取込み	天正検地帳No.	天正十九年検地帳登録状況					寛永16年時点の作人
○	219	上の坊	中畑	1畝10歩	久作分		ふしか畠孫左衛門・寺百姓
—	—	しお平(神ノ田)	中田	4畝1歩	藤六分		孫左衛門・寺百姓
○	295	かちかいと	中畠	2畝4歩	新二郎分		六助(長五郎)・寺百姓
○	350	上の坊	下畠	3畝10歩	大蔵主分		長五郎(六助)
—	—	ばんぜうめん	下畑	4畝6歩	大蔵主分		弥右衛門か与十郎(孫左衛門)
○	351	上の坊	下畑	2畝28歩	大蔵主分		弥右衛門か与十郎
○	399	忠右衛門屋敷	屋敷	3畝10歩	忠右衛門分	藤六(寺百姓)	弥右衛門・左助
—	442	善用屋敷	屋敷	1畝3歩	孫三郎分	新右衛門(寺百姓)	藤左衛門・与右衛門

［出典］寛永16年7月27日「乍恐御返答之事」(『長野県史』近世史料編，第4巻(2)1173号)

がついた。

この争論で注目すべきは、寺山をめぐる両者の主張の相違である。村側は、「開善寺山林」も「村地付山御年貢地」や個人の「持林」も、寺や門前百姓（寺百姓）と村の百姓は相互に入会い、刈り掻くことが「古例」であるという。その例として、貞享三（一六八六）年に検地を受け御年貢地となった「村地付山御年貢地」である高野大畑という村の地付山に、寺百姓と村の百姓が入会ってきたことを挙げている。

これに対して寺側は、寺山に村の百姓が入会った先例はないとする。その理由として、寺山は寺領ではなく、「境内地」であるという。すなわち、「境内山林之義者、開善寺開基以来寺号ニ相添来候、且寺領之儀者増減之儀茂御座候得共、境内山林者毛頭異変無之附来候（中略）寺山林之儀者天松林と申、古来ゟ田地育場之筋無之、高野大畑ニ而育来儀御座候」(21)と、「境内山林」（寺山）は、開基以来、量秀山という寺号についたものであり、「寺領」が増減するのに対し、寺山は不変であるという。とくに、寺山林は天松山と呼び、田地養育のための苅敷山ではないため、寺百姓も村の高野大畑を苅敷山にしていると述べているのである。このように、寺山は「境内山林」であり、「寺領」とは別ものであるとする。そして、幕府からも「慶安元年上川路村古高弐百六拾八石弐斗四升之内ニ而三拾五石被　仰付候、依之境内山林之儀茂、御朱印江被載加被下置候様奉願、頂戴仕儀ニ御座候」と、慶安元（一六四八）年に、「境内山林」も寺領に含めた朱印状を受けとったという。

さらに、延享二年三月二十五日、飯田藩の役人による尋問への回答に、開善寺側は寺領三五石の算定方法について、「三十五石寺領之処、検地帳ニ而ハ三十壱石余御座候、検地帳之外八石程打出し有之、其段帳面ニハ無御座候由」と述べている。すなわち、寺領（朱印地）三五石のはずのところ、①検地帳上の計算では三一石余しかなく不足している、②検地帳以外に八石程の打ち出し分があるといわれるが、その土地は検地帳に記されていないため明らかではない、というのである。(22)

ここで、①寺領三五石は検地帳上で三一石余である、②検地帳以外に八石の打出分がある、という二点の事実関係を確認しておきたい。まず、「天正十九年検地帳」をもとに検討した結果を整理すると、寺領三五石は次のように理解される。

寺領三五石≒（a）＋（c）＋（C）＋（D）

（a）「開善寺検地帳」、（c）「寿永之時付申分五石」、（C）「天正十九年検地帳」の「かいせんし《開善寺》寺やしき《屋敷》」・（D）「かいせんしふん《開善寺分》ノ内ノじぶん《寺分》」

これに対し、開善寺による寺領高の解釈は、開善寺に残る慶長十四年十月二十八日付で検地役人山本市右衛門他二人の署判のある「上河路御検地帳　御寺卅五石分」に拠っている。(23)ここには、田方一九筆・畠方二六筆・屋敷地一一筆、合計五六筆・石高三三石六斗六升九合の寺領が書き上げられている。反別や石高はすべて天正十九年「開善寺検地帳」とは異なっており、慶長検地で開善寺領に竿入れされた結果とみられる。そのため、両者を一筆ごとに対照することは困難であるが、天正十九年度の筆数合計五九筆に照らすと、慶長十四年に竿入れされた土地は、「開善寺検地帳」の（a）（c）（d）であったと推定されるのである。しかし、慶長十四年の検地帳末尾には、「一、八石ハ　御寺地分之内ニ御座候間、さほ《竿》

は入不申候」と記されており、「御寺地分之内」である八石には竿が入れられなかったという。この八石とは、先に検討した「天正十九年検地帳」登録地のうち、「かいせんし《開善寺》寺やしき《屋敷》」(C)＋「かいせんしふん《開善寺分》ノ内ノじぶん《寺分》」(D)、すなわち天正十九年検地にて竿入れされた寺僧の屋敷地がこれにあたる。実際、(C)と(D)の石高合計は七石三升四合六夕六才であり、ほぼ八石に近い値となっていることからも裏付けられるのである。

以上のことから、開善寺領三五石は、①慶長検地により打ち出された五六筆の土地と、②天正十九年に竿入れされたものの慶長検地では竿入れされなかった寺僧の屋敷地、③天正検地・慶長検地ともに竿入れされなかった伽藍・堂舎などの境内と周囲の山林から成っていたといえるのである。

この後、開善寺は慶長十四年検地帳に基づいて寺領を把握しており、明治四（一八七一）年、寺領上地にあたっても、①慶長十四年検地帳登録地五六筆とその取米と、図3のように「開善寺境内」として、②③部分を書き上げている。このうち、「開善寺境内」の年貢地とは、図3に㊀〜㊈として表された境内の開発地と下畑地九筆のことで、寺僧屋敷地などの八石は、やはり年貢賦課対象外とされていた。

以上、これまで述べてきた開善寺領の空間的な構造を概念的に整理しておきたい。すなわち、寺の伽藍・堂舎などの境内が中心にあり、そこに住持の屋敷地や田畑が存在する。これと、境内を取り囲む山林をあわせて、「境内地」と呼んでいた。境内地の外側に、基本的に寺百姓の所持地と寺の手作地から成る朱印地（寺領）が存在したのである。

最後に、中世から近世への以降にともなう、「百姓引分」について言及しておきたい。延享二年争論において開善寺は「承伝候者、古来寺領百石も又ハ三百石も附候時節御座候、其時分村百姓大方寺分ニ而罷在、寺持山之内へ田地発し、其後寺領減申候節、右之百姓引分、御地頭付ニ罷成、田地ハ地主之縁ニて御地頭検地請申候由」(24)と述べており、古来寺領が一〇〇石も三〇〇石もあった時分には、村の百姓は大方寺の百姓で、寺持山に田地を開発していたが、寺領が三五石に減らされ、村の百姓の一部が地頭付にされたため、その百姓が耕作していた田地は寺持山にありながら地頭領（飯田藩領）

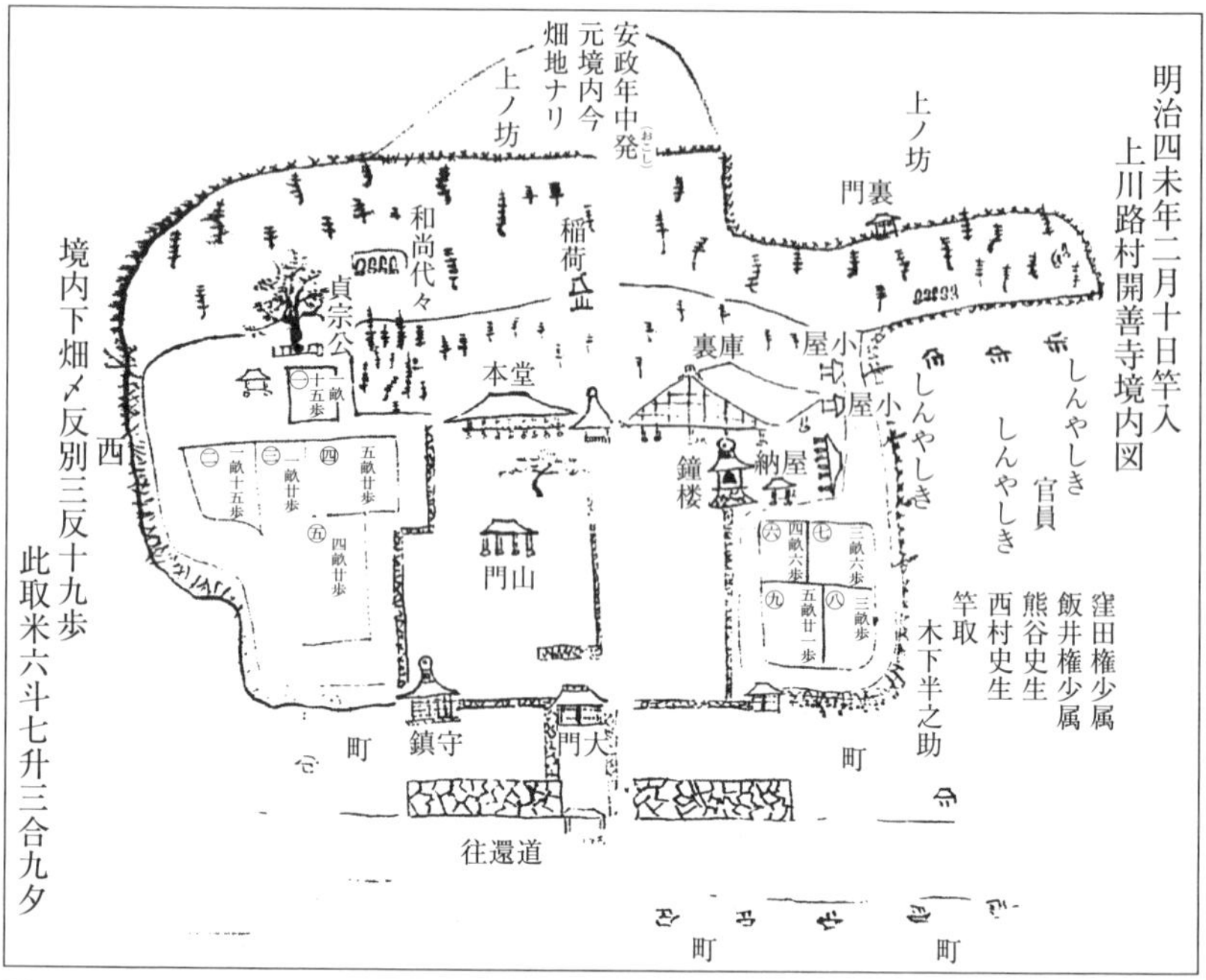

図３

となった、というのである。この画期となったのが、天正十九年の太閤検地ということになろう。

先述したように、天正十九年の「開善寺検地帳」に登録された(a)(c)は、すべて「寺」という肩書を付された名請人の土地であるが、これ以外に上川路村の「天正十九年検地帳」に「寺」という肩書を付された名請地はない。したがって、この「寺」を付された百姓が、寺領の百姓として引分けられた者といえよう。(25)

さらに、寺領支配に関する開善寺の認識を示す史料として、明治七（一八七四）年に降るものの、開善寺が筑摩県の調査に応えて提出した開善寺由来書上を次に引用する。(26)

開善寺元朱印地之系由奉申上候

慶長十四年酉十月、上川路村内高三拾五石ハ、旧幕府徳川家ヨリ御朱印頂戴仕候、尤足利家ヨリ朱印取之候得共、証書焼失（天正十九年当村名寄帳ニ開善寺三拾五分百姓十弐軒相見申候）、依之徳川家ヨリノ御文言中ニ、任先規寄附之訖ト御記シ有之申候、同寺竿受之分除之外、地所共百姓十壱戸御付与相成候、但シ百姓持地之分ハ徳米収入ト申ニテハ無之、全ク三拾五石丈之領主ニ而、最初ハ貢米収納迄ニテ有之処、百姓十壱戸之内六戸ハ、慶長之頃より嘉永年中まてニ没家仕候、百姓共祖家竿受之地所ハ、同寺へ年貢未進之方ニ譲り、又財借之方ニ質入ニテ流レ、或ハ他之借財ニテモ朱印地之義ニ付売買不相成ヨリと而、同寺へ売込候、依之寺之所持地ト相成候故、小作ニ預ケ徳米共収入仕、明治四未年ゟ御上納相勤申候、現今之百姓五戸縁続候テ、所持地人員共寺百姓相離レ村方へ罷出候テ、所持地分ハ百姓ヨリ御上納相勤申候、右五戸之者検地帳何名前之子孫ト云フハ相分り不申候

ここでは、朱印を受けた年月を、慶長十四年十月検地帳の日付と説明するなど、事実と齟齬するところもみられるが、次の三点において興味深い。すなわち、①寺領に、天正十九年に竿入れされた境内地は含まれない（「同寺竿受之分除」）、②一一戸の寺百姓とその所持地が寺領となった、③「百姓持地之分ハ徳米収入ト申ニテハ無之、全ク三拾五石丈之領主」、つまり寺百姓の所持地から「徳米」を取る地主ではなく、「領主」として年貢を取る関係であるとする点である。③は、領主支配を確認しており、当然のことのように思われる。しかし、実態は違っていた。すなわち、寺領百姓の退転により、寺領を耕作する者がなくなり、それを寺が買い取ることで、事実上の地主として「徳米」を取る存在となっていったというのである。そのため、上地後は寺が年貢を上納していた。

なお、寺領には庄屋が一人置かれており、独立した行政単位であった。ただし、寛永十九年七月付で、開善寺領内の治安と年貢負担のために、連帯責任制として三人組の結成を命じたことに対する請書「開善寺小者共三人連判之事」(27)をみると、寺領百姓は「十八人之小者共」と自称しており、寺の領民というより、寺への隷属度が高いことも窺うことができる。寺領百姓の居住地は、門前町であると推測されるが、具体的な検証は今後の課題である。

以上、上川路村の中世から近世への移行期に焦点をあて、村の社会構造と開善寺との関わりを考察した結果、上川路村は、開善寺との関係抜きには社会構造を語ることのできない村であったことが判明した。とくに、番匠や鍛冶などの職人集団同様、開善寺との関係で竹細工職人としての簓が集団として上川路村に居住していたことが注目される。

それでは、近世を通じて上川路村の簓は、村の住人とどのような関係を持って生活していたのであろうか。次に、上川路村の簓の活動について、述べておきたい。

上川路村の簓

先述したように、寛文十三年には、三軒の簓が土地を所持する年貢負担者として、「定物成帳」に書き上げられていた。しかし、百姓の役は負担せず、百姓身分とは異なる扱いを受けていた。その後、元禄十一年には六軒、宝永三（一七〇六）年には五軒の簓が上川路村に在住していたことが知られている。その後、享保十三（一七二八）年「上川路村宗門御改帳[28]」では、「竹羅組」という別帳が作成され、図4のように甚助の一軒一〇人が書き上げられている。旦那寺は村人と同じ開善寺であった。

この甚助家の男性をみると、親は甚蔵、子は甚内と甚作で、いずれも「甚」の一字を付けた血縁家族と推定される。先述したように、寛永十年の検地帳には簓組「甚蔵」が名請けしており、また元和九年「定物成帳」にも「甚蔵」と書き上げられていたことから、代々「甚蔵」を襲名する家が継承されていたことがわかる。家族構成は、甚蔵―甚助―甚内・甚作三世代の直系家族に、おじ三之助夫婦を加えた、四組の夫婦からなっている。居住家屋は明らかではないが、それぞれの夫婦単位に居所を分けていた可能性が高い。このように、上川路村の「簓組」とは、甚蔵以来の系譜を引く甚助家族の男性四人が、簓組の構成員であったと考えられるのである。

降って、文化十三（一八一六）年「上川路村さゝら之者宗門御改帳[29]」には、甚蔵の系譜は途絶えたのか、次のように只四郎と政治郎という二軒の簓の家族がみられる。

代々
一禅宗〆五人開善寺

内男三人　只四郎
女二人　女房
民蔵
勇内
女房
代々
一禅宗〆二人開善寺
内男二人　政治郎
政吉
〆家数弐軒
人数〆七人　内男五人
女二人

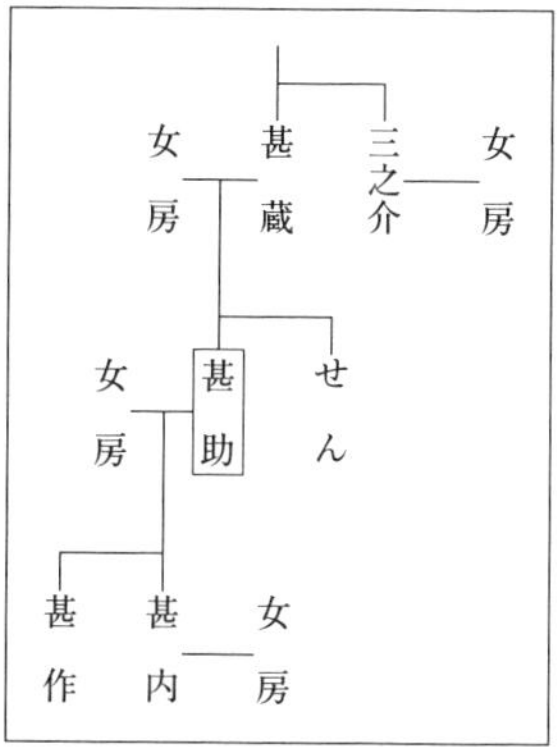

図4　竹羅組甚助の家族構成
［出典］ 享保13年「上川路村宗門御改帳」（森浩亮家文書）

いずれの家も「甚」を名乗っていないことから、甚蔵の家系とは別の家と推定される。只四郎と政治郎の関係は明らかでないが、只四郎家には単身の民蔵と勇内夫婦という三世帯が含まれており、また政治郎家も二人の単身男性から成ってた。これら男性五人の簓が、簓身分として職分である芸能を担っていたものと考えられる。

ところで、只四郎家に内包されている民蔵は、表2に掲げた天保六（一八三五）年飯田組の下郷・上川路村の簓民蔵とみられる。天保五年度には、

「代替ニ付、去ル巳年勧化願候処、村中ニ而金壱両遣し候筈ニ申聞候」と、民蔵が天保四年に代替りの勧化を村に願っており、[30]只四郎の跡を継ぎ当主になったものと考えられる。民蔵は、「下役民蔵」とも呼ばれており、村の下役を勤めていた。さらに、天保十三年になると、下役は伜の千代蔵に代替りしている。この年、千代蔵と弟勇二郎は、欠落してしまった。[31]

一今度七月廿日　御役所ゟ下役千代蔵　御呼出しニ付、此段御代官所江御届申候、猶又十月廿一日三役人御呼出し、三拾日之尋被仰付、弥八・源三郎右両人、甲州辺ゟ武州辺迄尋候処一向不相知、十月廿三日ニ帰村仕候、又尾州辺江政右衛門・少三郎三十日之間相尋候処、行衛相知不申候ニ付、極月廿五日帰村申候、此趣ヲ御上（カ）へ申候處、弥々欠落ニ相成闕所仕候、千代蔵弟勇二郎義ハ、七月十七日夜時又村長石寺境内ニ而同心方ニ召捕、是ゟ入籠被仰付候、尤勇二郎義ハ段々不仕末ニ付、長（帳）外者御座候間、村方者一向構無之候、是ゟ嶋田村弥市江跡役申付候、高三斗弐合免ニ、柿相米四合、〆三斗六合免也、御未進金壱両余村方ニ而弁相済申候

すなわち、下役千代蔵と弟の勇二郎は行方不明となり、村方で甲州から武州辺および尾州辺を捜索したものの見つからなかったため、欠落ちと判断され闕所となった。そこで、跡役は飯田藩領下郷嶋田村の弥市とし、定納高三斗二合・柿相米四合の土地を預け、千代蔵が滞納していた未進年貢金一両は村で弁済したという。ただし、弟の勇二郎は隣村時又村長石寺境内で見つかり、召し捕えられ入牢を命じられた。しかし、日頃から不行跡で帳外れ（無宿）であったため、村方では構わないとも記されている。なお、千代蔵の跡役を勤めることになった嶋田村弥市とは、前掲表2にもあるように、弥市を襲名する飯田組の簓仲間である。もとは飯田城下の谷川上小屋の簓であったが、文化六年、嶋田村で下役を勤めていた「笠之者」が、下役勤めを拒絶したため、飯田藩の簓を支配していた牢守谷川七左衛門を通して、嶋田村と下役勤めの契約を結び、その後代々嶋田村の下役を勤めていた。[32]

さて、千代蔵の闕所後、上川路村では跡役となる下役の「小家普請」と年貢未進金の弁済が、村入用を使って行なわれ

たことが確認できる。これによると、小家普請入用銭二九貫五九二文を、上川路村・時又村・桐林村の三カ村合計二〇九軒で割り、一軒あたり一三六文を負担する算用が十二月に三カ村立会いで行なわれた。上川路村では、二カ村分を除いた六貫八八文に、千代蔵の年貢未進分金一両一分・銭四四一文と利息四五一文のみ銭八貫八九六文を加えた銭一四貫九八四文が、下役交替にともなう経費として計上された。そして、ここから二貫二四八文を寺領分（「御寺三十五石掛り」）として差引き、残りの一二貫七三六文を、村の家割と高割で拠出した。

ここで注目すべきは、次の二点である。第一に、上川路村と隣村の時又村・桐林村の三カ村で、新たな下役の小屋普請をしている点である。実際には、嶋田村弥市手下の簓がこの小屋に住むとみられるが、それまでの千代蔵が上川路村単独の下役であったのに対し[33]、新たな下役は近隣村の共同で雇用されるのである。前稿までで明らかにしたように、下役は巡回や無宿・行き倒れ者への対処など、よそ者から村の治安を維持する役割や、ケガレをともなう遺体処理などを勤める者であるが、下役を新規に置く際、一村単位ではなく複数の近隣村で雇用する場合のあったことが明らかになる。第二に、下役の経費を開善寺領も負担していることである。その分担金は、上川路村の村高に対し一五％の比率で算定されている。つまり、開善寺領を含め、上川路村、そして近隣三カ村で、地域の治安維持のために、共同で下役を雇用していたのである。

なお、天保十五年には、近村の伊豆木村において、下役弥作が立石村米山の簓弥吉倅兼十郎と欠落ちしたため、「留守居として上川路村民蔵倅千代蔵《改名仕》庄六と申者、当事るすいニ差置申候」と、千代蔵が留守居に雇われたことが知られる[34]。闕所となった千代蔵が庄六と改名して、上川路村に戻っていたものとみられる。

いずれにしても、上川路村の簓は、中世末から土地を所持して在住しており、「簓組」と呼ばれる集団をなしていた。十八世紀前期までの「簓組」は、代々簓を継承する「甚蔵」一族で構成されていたが、おそくとも十九世紀前期にはその系譜は途絶え、別系統の家となっていた。また、その頃には、欠落ちや不行跡など、簓の生活自身も安定せず、「不仕末」で村にとって厄介な存在とみられる場合もあったことがわかる。

ここで留意しなければならない点は、簓の所在村が、地域的に広がりをみせてゆくことである。飯田藩領上下筋をみても、冒頭で触れたように、寛政十年には二軒であったのに対し、天保六年には計一〇軒の簓が八カ村に所在しており、この間に簓の増加と質的な変化があったと推定されるのである。その契機となったのが、享和元（一八〇一）年に立石村米山の簓仲間が、近江国関蟬丸神社の別当寺の三井寺から、「万歳」の免許状を受け、「説教者」となったことである。これを嚆矢として、下伊那地域の簓が次々と「説教者」となる動きが広がっていった。たとえば、文化十三年四月、南伊豆木村友七は、三井寺への登山のために、立石村米山の簓仲間に加わることを願い出た[35]。

一札

一此度被　仰渡ニ付、三井寺登山之事、我等義者壱軒限ニ御座候間、其御村米山組連中ニ相成申度段、村内御役衆中様へ御窺申候處、可然様可致段被仰候間、本山勤方之儀、自今一同ニ被成可被下候、為其一札仍而如件

文化十三年　　　南伊豆木村
子四月　　　　友七㊞

立石村米山
杢太夫殿
御中間衆中

右之趣、友七願出候處相違無之候ニ付、奥印如斯ニ候、以上
竹佐御支配所南伊豆木村
庄屋　留兵衛㊞
組頭　兵左衛門㊞

すなわち、高須藩の飛地である南伊豆木村の簓は、友七家だけであったため、毎年関蟬丸神社の祭礼日に上京する負担が大きかった。そこで、支配は異なるものの旗本近藤氏の知行所である立石村米山の簓仲間に入り、仲間の一員として三井寺への勤めを果たしたいという願いであった。ここから、いずれかの仲間に加わってまでも、三井寺傘下に入ろうとしていたことがわかる。また、天保七年三月、近藤知行所の山本村でも三軒の簓が、「近来三井寺政所様、万歳楽之御改御座候ニ付、仲間之者共内ニ而、年々三井寺江万歳楽御免之冥加永上納仕候、依之往古之名説教と御改被下候」[36]と、三井寺政所の改めを受けたことを契機に万歳楽の免許を受け、「説教者」という名乗りを与えられている。

このように、十九世紀前期には、万歳の担い手を傘下に組み込もうとする三井寺政所の働きかけが、下伊那地域に対しても積極的に行なわれ、それに呼応して地域の簓が支配領主の違いを越えて、相互に結びつき連携してゆく動きが確認できるのである。そこで次に、下伊那でもっとも早く三井寺の支配に入った、下伊那最大の簓集団である立石村米山の簓について検討していこう。

2　立石寺と立石村米山の簓

牢守としての簓

立石村は、天正十九（一五九一）年太閤検地により村高五二七石八斗五升二合四夕の村として打ち出され、京極高知の支配を経て、慶長六（一六〇一）年から元和五（一六一九）年までは幕府領、元和五年から交代寄合近藤氏の知行所となり明治に至った。

立石村には、近藤氏の屋敷が置かれたが、小身という理由で近藤氏が江戸定勤を許されたため、屋敷は地方支配の陣屋となり、代官二名が置かれた。ところが天和元（一六八一）年、近藤重堯が二男重平八郎に分地をし、粒原脇村に新たな

図5

陣屋を立てたため、立石陣屋の代官は一人となった。元禄年間に代官を勤めた山本村百姓出身の唐沢源太夫が、山本村の自宅を役宅として用いたため、実質的に山本村に陣屋の機能が移ってしまった。その後、元文三（一七三八）年に唐沢源太夫が不行跡で役儀を取り上げられた際、陣屋は立石村に戻されたが、天明年間に火災に遭ったことから、山本村出身の久保田信右衛門が山本村町谷の百姓家を仮陣屋とした。その後、文化年間の終りに正式に山本陣屋が設けられ、そのまま明治維新まで立石村に陣屋が戻ることはなかったのである[37]。

　陣屋が置かれたのは、伝説上の人物である甲賀三郎兼家の城地と伝えられる所で、図5のように、「城」という地字を中心に、「城際・城垣外・堀・堀端」という地名が取り囲む地域に当る。「城」から北北西にまっすぐ伸びた道は、仁王門を通って立石寺に至る。立石村で幕末に記された近藤家に関する記録では、「大手御門ゟ平地之内御城下御座候、只今御田地ニ相成候得共、町名中居候[38]」と、「城」を中心に城下町が展開していたと地元では認識されていた。そして、天明年間に陣屋が焼失した後も、「立石村ニ御城稲荷様・牢屋、幷ニ牢守御長屋等も有之[39]」と、立石村に城の守神の稲荷と牢屋、そして牢屋の番人（「牢守」）の居所である「御長屋」が残されていた。文政十二（一八二九）年度の立石村年貢勘定目録[40]では、年貢高六七三俵三斗四升七合四才（一俵＝四斗）から、高免による永引分と、越米と隣村からの山手米という上納分を除き、そこから諸々の引分（控除分）を差し引いた六〇一俵二斗九合二才を現米で上納することになるが、逆に知行主が村に支払うべき諸経費の中に、稲荷社の祭礼代・米蔵と牢屋の地代・上水の井堰代や村役人の給米・普請人足の扶持代などがあった。なお、「万歳六組へ被下置候」として、牢守を勤めた立石村の簓六組に、正月の万歳楽の祝儀として、一組あたり米二升ずつ、合計米一斗二升が下行米として与えられていたことがわかる。

立石村の簓は、冒頭で触れたように下伊那地域ではもっとも大きな集団をなしており、立石寺近くの「米山」に集住し、村人からも「米山村」として扱われていた。立石村簓家は「牢守」として宗門帳が別帳となっており、弘化二（一八四五）年宗門改帳[41]には一二戸記されていた。請判をしているのは、儀右衛門・弥吉・藤兵衛の三人で、印文は、寛政七（一七九五）年の証文[42]および文久二（一八六二）年「立石村籠守江申渡す加条事」[43]の牢屋頭三人のものと同じである。すなわち、この三家が、「牢守」の頭を勤め、「米山」の簓を統括していたのである（後掲表7参照）。

弘化二年の宗門改帳によると、頭三人の家族は、牢守屋敷「御長屋之内」に居住していたことがわかる。しかし、「御長屋」居住は在職中に限られており、隠居後は「御長屋」を出て、別に居所を定める必要があった。時代は遡るが、正徳三（一七一三）年五月に、当時頭の一人であった九左衛門が、立石村此右衛門から隠居家のための土地を買得したことが知られる[44]。九左衛門は、赤羽《（赤羽根）》弥の下田三畝七歩五合・年貢一斗八升二合七夕二才、はわき《（羽脇）》垣外中畑四畝歩・下畑一畝一八歩五合・年貢合二斗七升一夕七才、合計年貢高四斗五升二合九才余の田畑を、名主西村治太夫から代金一両二歩で買得した。九左衛門は次のような一札を入れている[45]。

一札之事

一拙者数年願上候隠居屋敷處、願之通今度被仰付難有奉存候、然上ハ貴様御子孫此田畑返し候様ニ被仰付候ハヽ、何

時成共御意次第ニ可仕候、少も相背申間敷候、若相違申候ハヽ、拙者ハ不及申上ニ、籠守共ニ何様ニ御ついほう被成候共、其時一言之御うらみ申上間敷候、為御日如件

正徳三年巳五月　　立石村籠守

九左衛門[印]

立石村名主

西村治太夫様

すなわち、九左衛門が隠居屋敷を持ちたいと数年来願い出ていたが、ようやく願いが叶い、手に入れた土地は、赤羽根と羽脇垣内という「米山」に隣接する地域であった。売券には「右之通り込山《（米山）》九左衛門田地譲り始メ証文下書也」という後年の添書があり、その後も田畑が相伝されたことがわかる。但し、この一札にも関わらず、九左衛門は田畑を質入れしたため、安永五（一七七六）年、子孫の惣右衛門が請け返し、その後は、九左衛門跡役の牢守頭弥吉が、「隠居屋敷」として差配することになる。

甲賀三郎伝説と米山の簓

弘化二年宗門改帳では、頭三人以外に居所である屋敷地を所持するのは九戸中四戸で、三間×四間が二戸、二間×三間が二戸という狭小な屋敷地であった。屋敷地を所持しない五戸の屋敷は、百姓からの借地であった。その借地は、簓が個々に借りているのではなく、「米山の者」として、集団で地主と契約していた。宝暦十二（一七六二）年四月、「米山六人之者」と呼ばれる頭の九左衛門・義右衛門・忠左衛門と権兵衛・六右衛門・惣五郎が、地主である立石村団次郎と新兵衛に、小作料増額をめぐる口書証文を提出している。[46] 長文でやや難解な箇所もあるが、米山の人々の土地とのつながりを解く手がかりとなるため、次に全文を掲げる。

米山六人之者共口書之事

一我等控来ル米山屋敷其外不残、此御年貢御さほなり（竿成）三表程ト相みゑ（見）申候所、此御年貢米山村より只今小作米上納致ス所、六斗九升宛々請取申候ハヽ、諸役諸貫代一向無之候、是付米山六人者江、段々戌ノ年より只今迄相勤候ハヽ、此故（上）勤難御座候、従それ六人者共申付、是からわ小作米上ケて申付候所ニ、六人者とも何共めいわく（迷惑）な義ニ御願イ、何卒々今年一年只今之通りで御差置可被下候と申候、当暮から基付て品々之色品ヲ付て申候、私申候事、それは戌ノ年より今迄役貫ヲこみ（込）立て幸りよく罷有候ハヽ、暮春迄ハのばす（延）事成り不申候、それゆへ六人之者共罷返り相談致シ、此ゆへ（上）ハ役米ニ御済可被下候と、私申所尤な義ニ成共、先差懸り返し成（事）難御座候、しやん（思案）致可申付候、亦よびよせ申付候ハヽ、右之趣拙者むね（胸）ニをち（落）不申候、左様ニ御座候ハヽ、我等共何之御田地、戌ノ年ししん（地震）の節山本御役人様江御願、被仰付米山院地所ヲ御年貢御引被下、我等屋敷江家作申被仰付、それニ違無御座、それゆへ殿様方被下候ト存候、其節庄屋様御世話ニ被成被下置、庄屋様より御もらいと存候、御しよさい（如才）不仕候、此故（上）は何度参り申候ても是迄之義ニ御座候、それならば此ゆへ（上）ハ米山畑せんぜん（先前）之義ハ小作米四俵弐斗之所ニ而あるけれとも、なん《ら》こみたちの義ニ成ハりうけん（了簡）の致、三表弐斗ニ是からハ小作米申付候、是故（上）ハ何度願候ても、是迄候と申候ハヽ、左様ニ御座候ハヽ、罷返り相談致、御返し可申候、亦翌日参り、右之御願申通り、御歳貢・役貫迄ハ仕候、其外一りう（粒）も成不申候と申候、又六人申事ハ、只今迄之御年貢より外はしぬ（死）とも成不申候、皆々六人之者共口ヲそろ江是ニ相違無御座候、此故（上）ハ乍憚もうこれぎりニ申事無御座候、又々翌日六人者ヲよびよせ、弥々違ないと申候

一米山六人者共立ぎわニ、此千ぞ（先祖）からわ（ママ）ハ預り不申候、御役人様弥五左衛門様・治太夫様被仰付候存候、此故ハ御年貢上ケ申候共立のき（退）申候共、治太夫様之御指図次第ニ致可申候、為後日仍而口書証文如件

宝暦十二年

午四月二日

米山

九左衛門

義右衛門
忠左衛門
権兵衛
六右衛門
惣五郎

立石村
団次郎様
新兵衛様

この口書は、六斗九升宛（地主二人で一石三斗八升＝三俵一斗八升）の小作米では、諸役諸貫代を賄えないとする二人の地主の意図を請けて、名主治太夫（「私」）が「米山六人之者」を呼び出し、数回のやり取りをへて作成されたものである。交渉内容の詳細は省くが、「米山六人之者」は小作米値上げを強く拒否し、三俵二斗に抑えさせた。ここで注目したいのは、この土地は、「戌ノ年ししん《地震》の節」つまり享保三（一七一八）年の大地震[47]以後に、「米山六人之者」が知行主近藤氏に願った結果、年貢を減免して「我等屋敷」にして家作を命ぜられた地所で、「殿様方被下候ト存候、其節庄屋様御世話ニ被成被下置、庄屋様より御もらいと存候」と、借地ではなく殿様、そして庄屋様の世話で下された土地と認識している点である。二条目にも、「千ぞ《先祖》からわハ預り不申候、御役人様弥五左衛門様・治太夫様被仰付候存候」と、先祖から相伝した土地ではない、近藤氏の役人弥五左衛門と名主治太夫が家作を命じた所とも言い、小作米値上げも立退きも勝手にしろと啖呵を切っていることにも示されている。このことは逆に地震以前に居住していた土地が、先祖伝来の土地であったことを示唆している。

結局、年貢・諸役・諸貫代込みで小作料を三俵二斗（一石四斗）とすることで決着した。その後、文化十一（一八一四）

年三月に至り、小作料は地主一人あたり米五斗七升宛、二人で一石一斗四升増徴することが合意されている。[48]そして、明治維新を迎え、明治四（一八七一）年、米山の借地人五人に地券が発行されたのを契機に、改めて地主に借地一札を入れ、同額の借地料で再契約された。[49]さらに、明治八年五月、地主の一人である地主前沢徳吉との間に結ばれた契約書をみると、小作地は次の二筆の土地であったことが知られる。[50]

字米山

実地畑反別壱反八畝廿八歩

同所

屋敷反別六畝廿三歩

実際には、もう一人の地主との間にも、同じ広さの小作地に関する取決めがあったことから、合せると米山の畠地三反七畝余、屋敷地一反三畝余を、「米山六人之者」人々が小作地として使用していたのである。なお、明治八年の再契約に際しても個人としてではなく、「米山」という集団で行なっていた。

以上のことから、簓の人々が集住する「米山」の屋敷地や畑地は、買得地と借地の二種類が存在したことが判明した。ただし、借地については、個々の簓が勝手に借地契約したのではなく、享保十三年大地震のあと、居所を奪われた簓の人々が、庄屋を通して近藤氏に出願して、安い小作料で借りることが認められたもので、簓の人々にとっては、借地ではなく拝領地として意識されていたのである。なお、前述したように正徳三年に米山に隣接する土地を「隠居屋敷」として九左衛門が取得していたことに鑑みると、享保三年の地震以前から、簓の集団は「米山」の地内に集住していたといえよう。但し、立石村に残された最古の検地帳である元禄二（一六八九）年の検地帳には、「米山」に所在する畑地の名請人に、簓と推定される者の名はみられない。[51]

米山の簓家の由緒と系譜

そもそも、簓の人々が近藤氏の牢守役をいつから勤め始めたのか、現在のところ明確にすることはできない。元和五年に近藤氏が立石村に入部し館を構えて以来、知行地支配のための役所と刑罰のための牢屋を館（陣屋）近くに設けたことは想像に難くない。この点は、天竜川東岸に知行地を与えられた交代寄合知久氏の館が所在する阿島村に、陣屋と牢屋が設けられ、簓の人々に牢守を勤めさせていたことからも推定されるところである(52)。

むしろ、米山の人々について注目すべきことは、集団の来歴に関する由緒を保持していることである。

図6は、子孫の一人が米山に伝わる伝承を図に表したものである(53)。米山には、甲賀三郎兼家に随従してきた森家の城と言い伝えられる米山城があった。米山城本丸に通じる米山通に沿って、森家と一族の斎藤家が立地している。その集落を挟み込むような形で、表馬場と裏馬場が所在し、米山一帯が米山城を中心とした空間として認識されているのである。米山城の西には立石寺が位置し、その裏手に森本家の墓があった。弘化二年の宗門改帳(54)でも、森本家だけが立石寺の旦那寺で、その他は隣村小松原村に所在する松源寺の檀家となっている。

このように、他の簓とは異なると意識されている森家は、前稿までで明らかにした簓仲間（米山組）の頭斎藤杢太夫家である。言い伝えでは、山本村の森家との姻戚関係から、森に改姓したという。図7に、幕末から昭和に至る森一族の系譜関係を示した。儀右衛門（三六歳）は、竹之助（六三歳）の長男で、女房（二九歳）と八歳の伜、そして六三歳の伯父と六四歳の母という五人家族で、牢守の「御長屋」に居住している。他方、父竹之助は、二男の竹次郎二五歳とその女房（一三歳）と三つの孫と四人家族で、三間×四間の狭小な家屋に暮らしていた。

この竹之助は、旦那寺立石寺の住持大坪宥芳師の遺文(55)によると、別名「木職坊如柳」といい、天明二（一七八二）年に父斎藤杢太夫（儀右衛門）の長男として生まれた。享和元（一八〇一）年に、「杢太夫の友《ママ》をし三井寺に参内す、如柳京都本居宣長の門をたづねる、その後伴萬吠《ママ》と友に田中大秀の門下生となる、如柳拾八歳である」という。ここで、如柳が一

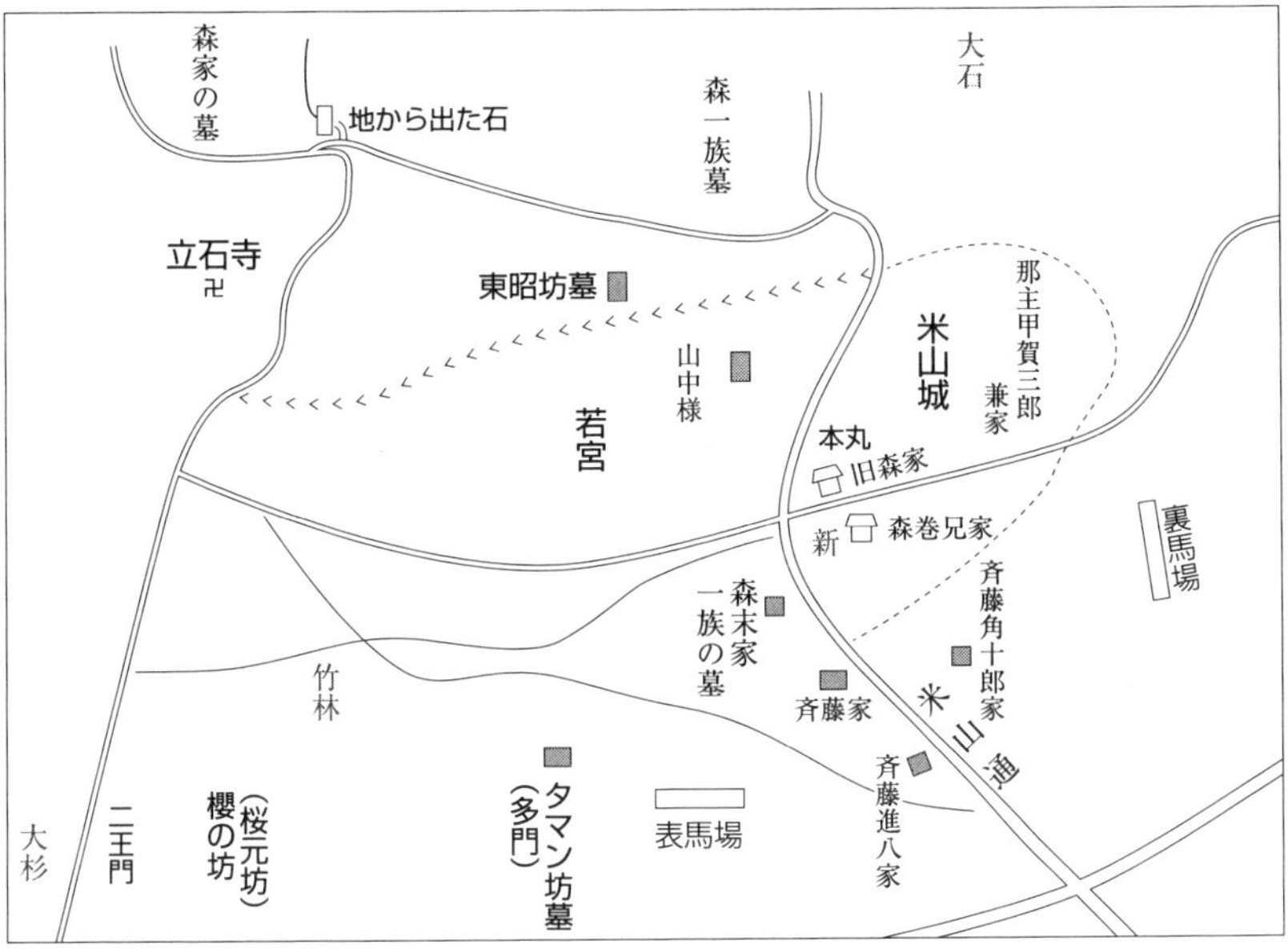

図6　米山城と米山通

八歳の享和元年に杢太夫の伴をして三井寺に「参内」したといわれる出来事は、前稿で明らかにした、米山組が三井寺近松寺から巻物と万歳楽の免許状、頭の斎藤儀右衛門が「杢太夫」という太夫号を受け、三井寺の支配下に入ったことを指している。また、後に門下に入ったという田中大秀とは、飛驒国高山の薬種商家の次男として生まれた人物である。文人伴蒿蹊に師事した後、享和元年本居宣長に学び、高山・古川において門人を育てたという。遺文の中では、田中大秀と如柳の行動を混同しているものの、如柳が飛驒国田中大秀と関わりを持っていた可能性を示唆している。また、「文政三年（信《しん》友—如柳のこと・筆者注）清内路村櫻井秀道・伊那勤王志士原信好の交《さそ》いにより、平田篤胤の門下生となる」ともあり、下伊那の国学者として知られる清内路村桜井秀道や原信好とともに、平田篤胤門人となったともいわれている。しかし、「授業門人姓名録」(56)では、名を確認することができない。

また、竹之助の長男儀右衛門についても、住持大坪宥芳師の遺文では、名を宗忠・巻（麦）兄といい、父に師事し国学・和歌を学び、また自ら彫刻と医学に通じたといわれている。妻は、市田村原徳太郎妹こんといった。儀右衛門は、「最後の杢太

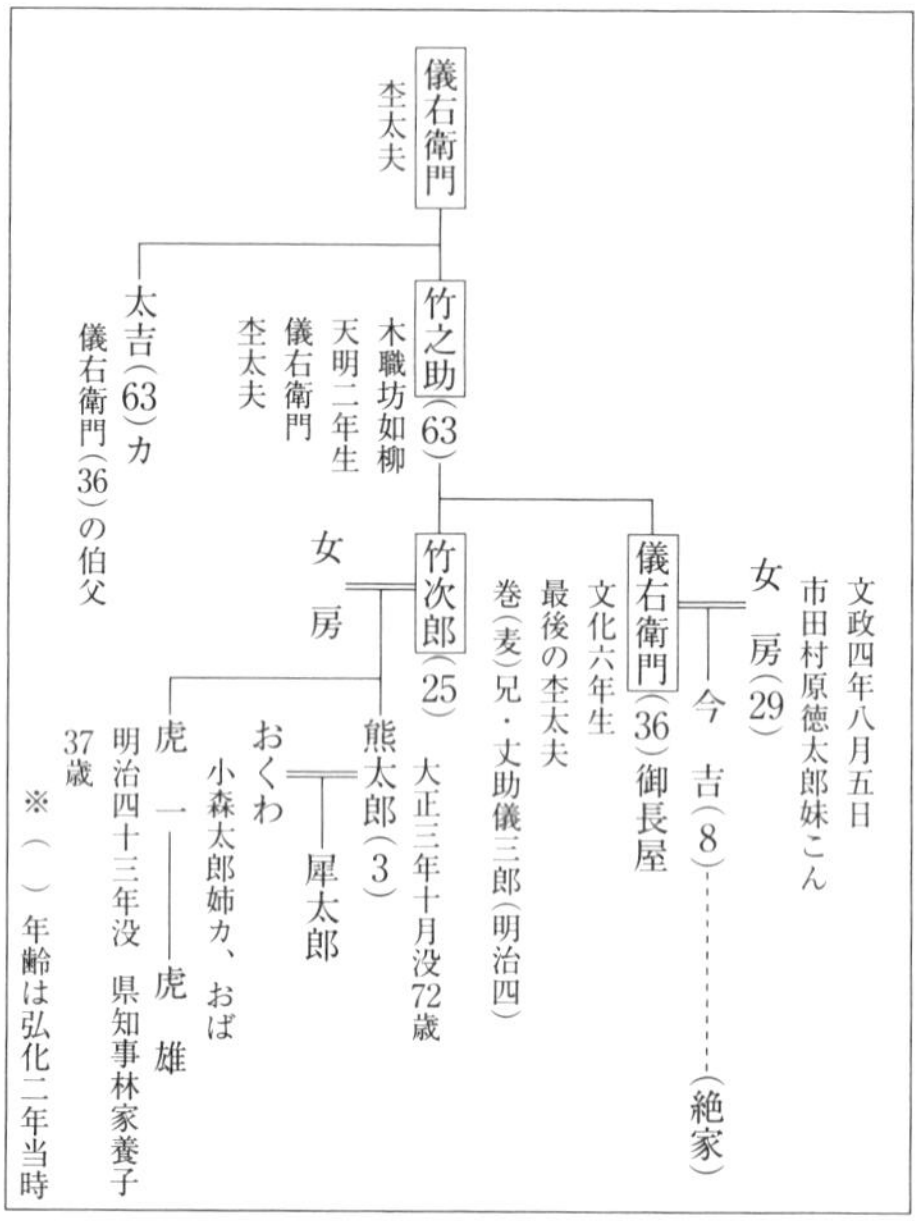

図７　米山儀右衛門家系図

夫」といわれ、明治十五年九月二十二日に六八歳で没した。図7のように、その後本家にあたる儀右衛門の系譜は途絶え、儀右衛門弟竹次郎の家筋が続き、現在に至っている。

ここで、米山の簓家の系譜を追うために作成した表7をみておきたい。この表から、次の三点を指摘することができる。第一に、儀右衛門の家系は、代々「頭」の家として確認できること。第二に、森家と緊密な関係にある一族の斎藤家は、牢守頭九左衛門—弥吉の家系であること、第三に、もう一人の「頭」である忠左衛門—藤兵衛—兼弥の系譜は長井姓であることである。この中で森家は、甲賀三郎伝説を受け継ぎ、とくに立石寺を旦那寺とするなど、とくに立石寺と歴史的に密接な関係を有していたといえよう。

そもそも立石寺は、天安元（八五七）年に京の僧侶宥範和尚が創建したという[57]。大地から大石が突き出していたことから、「立石寺」という名称が付けられたといわれる。この地の領主であった甲賀三郎兼家が、大旦那として立石寺に観音菩薩像と庄園を寄進し伽藍を再建し、山号を千頭山と改称した。後に、小笠原貞基が再建し信貴に至るまで小笠原氏の祈願所となり、最大で寺領七〇〇石・一二坊の子院を有していたという[58]。太閤検地で寺領は没収され、慶長七年三月に朝日受永により寺領一〇石が寄進された[59]。近世における境内地や寺領の範囲、および村との関係など、詳細は明らかにすることはできない。しかし、先に検討した開善寺と職人や簓との関係から類推すると、森家が立石寺との関わりで中世以来活

動した簓＝声聞師の家系であったとみなすことができよう。(60)

おわりに

以上、本章では、地域社会における簓の位置づけを深めるために、中世から近世への移行期に注目し、寺・「簓」・村という三者の関係を検討してきた。

天正十九年（一五九一）の上川路村には、開善寺に関わりの深い鋳物師や大工、紺屋といった職人が居住していたが、近世ではこうした人々は開善寺の寺百姓ではなく、飯田藩領の百姓として、村の構成員となった。また、「天正十九年検地帳」には明示されていた多様な職種の表示も、寛永期の検地帳以降はなくなり、職人もすべて「本役」を担う百姓身分としての扱いを受けたことが判明した。

これに対して「簓」は、土地所持においては百姓と異なる点はないものの、「ささら」「ささら組」と肩書を付され続けた。そして、「本役」負担を免除され、百姓身分としての扱いを受けなかった。上川路村の「簓」が飯田藩に対して負った役は本章で明らかにすることはできなかったが、「目明かし」の下で飯田城下の「谷川牢守」が領内の簓を統括していた事実に鑑みると、藩の行刑役や警察機構に関わる役であったと考えられる。また、居住地においても、百姓集団のもとに従属する形で行政的枠組みである「村」に内包され、簓は村役＝下役を負うことを余儀なくされるのである。

一方、立石村米山の簓集団の場合は、知行主に対して牢番役を担うことで、「牢守」と位置付けられた。米山の簓は、中世には立石寺に奉仕する声聞師であったと推測されるが、やはり近世への移行にあたり、寺と切り離され、立石村の一員として「村」に包摂された。そして、「村」の下役を勤めることで、いっそう百姓集団への従属を強めることになったと考えられるのである。

表７　米山鄜仲間系譜一覧

正徳３年①(1713)	宝暦12年②(1762)	安永５年③(1776)	寛政７年④(1795)	文政13年⑤(1830)	天保６年⑥(1835)	弘化２年⑦⑧(1845)	嘉永３年⑨(1850)	嘉永７年⑩(1854)	文久２年⑪(1862)	明治４年⑫(1871)	明治８年⑬(1875)
	義右衛門		(頭)義右衛門	儀右衛門＊(杢太夫)		(頭)儀右衛門(竹之助長男)36歳	儀右衛門	儀右衛門	儀右衛門	儀三郎(借主)	森儀三郎
					竹之助＊	竹之助63歳	丈助	丈助		丈助(借主)	森竹次郎(竹之助倅)
九左衛門	九左衛門	惣右衛門(九左衛門子孫) 弥吉(九左衛門跡役)	(頭)弥吉			(頭)弥吉77歳		弥吉	弥吉	弥吉(借主)	斎藤弥吉
							源助 三平	簑助 源助 三平			
						松弥(弥吉孫)		兼吉		兼吉(請人)	斎藤兼吉
							弥之吉	栄助 忠左衛門 弥之吉 恵助			
								金平		金平(請人)	小池金平
						兼重郎(弥吉世帯内倅)46歳	兼重郎				
	忠左衛門		(頭)忠左衛門			(頭)藤兵衛69歳(単身)	兼弥(民右衛門同居人)		忠左衛門	兼弥(請人)	長井兼弥
							芳兵衛 栄作				
						伝七36歳(伜巳之助)	伝七				
						源八53歳				松十郎(借主)	斎藤源八

権兵衛 六左衛門 惣五郎			甚作 染吉 勇八	甚作 染吉 勇吉	作右衛門61歳 千代吉62歳 （倅由兵衛39歳・音吉29歳） 与助68歳 （倅重助） 甚作70歳 （倅梅太郎・梅吉） 万四郎60歳 （倅由太郎） 民右衛門52歳 （同居人1人兼弥）				清蔵 （請人） 峯吉 （請人） 紋弥 （請人）	斎藤紋弥

①「一札之事」（村松新助家文書）。②「米山六人之者共口書之事」（前沢秀）連署，印なし。③「一札之事」（村松新助）署判，印あり，「籠守之内」１人。④「御頼申上候屋名証文事」（村松新助）署判あり，「籠や頭」３人。⑤「御年貢高面々名前帳」（村松好文家文書）、＊「儀右衛門」は長男に襲名させ，「竹之助」と名乗る。⑥「御年貢高面々名前帳」（村松好文家文書）。⑦宗門帳署判３人。⑧「宗門御改帳」立石村牢守。⑨立石寺「御免勧化寄進簿」中「米山」。⑩「登山年番帳」。⑪「立石村籠守江申渡す加条事」（村松新助）署判あり，「牢守頭」３人。⑫「借地相定申一札之事」（前沢秀）中「米山」連署者印あり。⑬「借地小作証文之事」（前沢秀）美穂村，連署，印あり。※表にあげた以外に，宝暦７～９年　文左衛門，宝暦11～明和２年　惣七（いずれも新兵衛分年貢算用帳〈村松新助家文書〉）がみえる。

しかし、米山の簓集団の場合は、自らの歴史を甲賀三郎と結びつけて語り継ぎ、さらに中央寺院である三井寺傘下にいち早く入り、「説教者」の免許を得ることで、簓という身分集団としての自覚を強く維持し続けることができた。また、上川路村では、近世初期以来の簓の家系は十八世紀で途絶えたのに対し、米山では、森家のように中世以来の系譜を継続した家が複数存在した。こうした家系が頭となり、そのもとに強固な集団が維持されたのである。

以上、二つの地域の事例ではあるが、検討結果を踏まえて簓の中世から近世への移行過程を仮説的に見通しておきたい。中世に声聞師として寺社に奉仕した簓は、寺社周辺に居所を構え土地も所持し、集落を形成していた。ところが、太閤検地により寺領が否定されたことで、寺社周辺に居住していた職人や農民とともに、行政的に創出された「村」に所属することになった。その際、百姓身分となった職人や農民とは区別され、簓は領主の牢番役を担うことで、「村」でも百姓集団に従属し、村役としての下役を勤めることになったのである。

それでは、寺社との関係を断ち切られた点では共通していたにも関わらず、なぜ職人らは百姓役を担う百姓身分とされ、簓には牢番役が課されたのであろうか。これには、中世段階で簓が寺社に対して奉仕した寺役との関わりが考えられる。この点は、寺社境内のキヨメに従事していた清水坂の犬神人などとの同質性を考慮する必要があると考えるが、詳細は今後の課題としたい。

(1) 拙稿「万歳と春田打ち」『飯田市歴史研究所年報』一号(二〇〇三年)、同「地域社会と身分的周縁」『部落問題研究』一七四号(二〇〇五年)、同「信州下伊那地域における身分的周縁」塚田孝編『身分的周縁の比較史』(清文堂、二〇一〇年)、Yoshida Yuriko 'Artiste ou marginaux :Les sasara de Shinano' Annales 66e annee-no 4, octpbre-decembre 2011、一〇二九~一〇五二頁。
(2) 拙稿「村と身分的周縁」杉森哲也編『日本の近世』(日本放送出版協会、二〇〇七年)。
(3) 世界人権問題研究センター編『散所・声聞師・舞々の研究』(思文閣出版、二〇〇四年)。

（4）下市田村の猿牽は、前注（1）拙稿「信州下伊那地域における身分的周縁」、「笠之者」は前注（1）拙稿「万歳と春田打ち」「地域社会と身分的周縁」参照のこと。

（5）天正十九年九月「信州伊那郡青表紙御検地帳写」（『長野県史　近世史料編』第四巻〈二〉一一六七号）、同「信州伊那青表紙之縄帳　ウツシ也」（佐々木忠幸氏所蔵文書［参考］『信濃史料』第一七巻、四二〇〜四二九頁）。

（6）清水美彦家文書、『信濃史料』第十七巻、四〇七〜四二〇頁所収。

（7）寛永十年九月二十日「上川路村検地田方名よせ」「上川路村畑方検地帳名よせ」清水美彦家文書。なお『信濃史料』（第廿六巻、九七―一一六頁）に所収されている写には、検地役人などの記述がみられないため、より記載が詳細で、かつ正保二年・寛文十年の新田検地帳も合冊された本史料を用いた。

（8）寛文十三年正月「上河路村百姓数之事」森浩亮家文書、『長野県史　近世史料編』第四巻（二）一二五八号。下伊那地域では、検地後に定められた持高に年貢率を乗じた定物成高が持高と同じように用いられる（拙稿「幕藩体制成立期の村落と村請制」『歴史学研究』五四八号、一九八五年、のち同『兵農分離と地域社会』校倉書房、二〇〇〇年所収）。

（9）文政三年六月「（開善寺丹海和尚豊前小倉城主小笠原氏宛寄進依頼状）」（森浩亮家文書）。

（10）『信濃史料』第十八巻、一八六頁。

（11）『信濃史料』第十九巻、五三頁。

（12）寛永十六年七月「乍恐御返答之事」（『長野県史　近世史料編』四〈二〉一一七三号）。

（13）『長野県史　近世史料編』第九巻一号。

（14）『長野県史　近世史料編』第四巻（二）一一六八号。「開善寺検地帳」は、現在原本をみることができないが、表紙に記された二人の検地役人に「殿」が付けられていることから、検地当時のものではなく、少なくとも表紙は後年付されたものであることがわかる。

（15）清水美彦家文書、なお『信濃史料』第廿四巻、六二頁では、表紙を「上河路村開善寺三拾五石分村人別帳」と読んでいるが、原本を確認した上で修正した。

（16）清水美彦家文書、『長野県史　近世史料編』第四巻（二）一二〇三号。なお、下津屋金左衛門景信は、寺社への禁制（『信濃史料』廿二巻、五一五頁）や通行手形の発給（浪合千葉一悳家文書）、代官に指示して在方の年貢納入を差配する立場（『信濃史料』廿四巻、一三五頁）などから判断して、飯田藩脇坂安元のもとで郡奉行を勤めていたと考えられる。
(17) 飯田藩領域では、慶長十三年から十四年にかけて検地が実施されたことが知られている（前掲拙稿「幕藩体制成立期の村落と村請制」）。
(18)『長野県史　近世史料編』第四巻（二）一一七三号。
(19) この作右衛門は、脇坂安元が飯田に入部するまで上川路村の肝煎を勤めた五兵衛である。五兵衛は、原因は明らかではないが、脇坂安元により入牢を命じられ、十九年後の寛永十五年に許され、作右衛門と名前を変えて村に戻った。その際、上川路村の助蔵分の田地・家屋敷と、「くもかいと」という田を百姓中から預けられ、二、三年耕作したものの、年貢未進がかさみ、左五右衛門に家屋敷を預けて江戸で武家奉公をした。再び、寛永十九年二月、帰村するにあたり、村人が作右衛門の帰村に反対の訴願を藩に提出している（森浩亮家文書、『信濃史料』第廿八巻、三一四―三一五頁）。五兵衛のあと、清水家の伝右衛門が肝煎を勤めている。
(20)「上川路村訴状　同村開善寺返答書　写」、延享元年十月二十二日「乍恐以口上書奉願上候事」、延享二年四月六日「差出申一札之事」、同二年十一月「誤り申一札之事」、同二年十二月二十二日「覚」、同二年十二月十八日「口上之覚」、同二年十二月「上河路村開善寺と村中山内出入曖証文之事」、同三年正月十九日「開善寺落葉論之願書済口書外品々共扣」（以上、森浩亮家文書、飯田市歴史研究所写真資料）。
(21) 延享二年三月十六日付「乍恐以返答書訴訟奉願候御事」（「上川路村訴状　同村開善寺返答書　写」所収、森浩亮家文書）。
(22) この八石は、天明七年に開善寺が村との地境をめぐる訴訟を起こした際、「寺惣外廻り七八尺寺分ニ而、其外ニ地下八石免除地有之」（「開善寺御朱印地境之儀ニ付上川路村ゟ之返答書　写」〈森浩亮家文書〉）と、「地下」すなわち村の土地に寺分として免除地八石があると住持が主張しているのである。
(23)『信濃史料』第廿巻、四九一～四九三頁。
(24)「上川路村訴状　同村開善寺返答書　写」（森浩亮家文書）。
(25) ただし、前述したように同じ名請人でも、「寺」が付されない名請地もある。つまり、この「寺」という記載は、慶長六年に朱印地三五石が定められる際に、上川路村「天正十九年検地帳」から該当する朱印地に付した印であったと推測される。そのため、一人で朱印地と朱印地ではない土地の両方を名請けする者もあったのである。

(26) 明治七年一月十七日「元朱印地開善寺地所取調書」（森浩亮家文書）。
(27)『長野県史　近世史料編』第四巻（二）一一五〇号。
(28) 森浩亮家文書、飯田市歴史研究所写真資料。
(29) 同右。
(30) 天保期「永歳扣留記録」上川路区有文書、飯田市歴史研究所写真資料。
(31) 同右。
(32) 前注(1)拙稿「地域社会と身分的周縁」、同「信州下伊那地域における身分的周縁」。
(33) 年貢未進分の処理は、上川路村だけで行なっていることから、千代蔵は一村の下役であったと推定される。
(34) 天保期「永歳扣留記録」上川路区有文書、飯田市歴史研究所写真資料。
(35) 斎藤芳男家文書。
(36) 瓜生節次家文書、飯田市歴史研究所写真資料。
(37) 慶応二年「山本近藤家御記録」（『長野県史　近世史料編』第四巻〈二〉一四六〇号）、なお、立石村では陣屋の帰村を願っていた（安政六年「乍恐以書面奉願上候」（『長野県史　近世史料編』第四巻〈二〉一四五九号）。
(38) 同右「山本近藤家御記録」。
(39) 前注(37)安政六年四月「乍恐以書面奉願上候」。
(40) 文政十三年二月「丑御年貢御勘定目録」（村松好文家文書、飯田市歴史研究所写真資料）。
(41) 弘化二年三月「宗門御改帳　立石村牢守」（久保田勤家文書、飯田市歴史研究所写真資料）。
(42) 寛政七年八月九日「御頼申上候屋名証文事」（村松新助家文書、飯田市歴史研究所写真資料）。
(43) 文久二年三月「立石村籠守江申渡す加条事」（村松新助家文書、飯田市歴史研究所写真資料）、『長野県史　近世史料編』第四巻（二）一四七五号。
(44) 村松新助家文書、飯田市歴史研究所写真資料。
(45) 同右。
(46) 前沢秀氏文書、飯田市歴史研究所写真資料。

(47)『長野県史』通史編、第五巻近世二、五五八頁。
(48)前沢秀家文書、飯田市歴史研究所写真資料。
(49)同右。
(50)同右。
(51)名請人藤三郎・久右衛門・左次右衛門。この検地帳名請人には、「米山」以外でも「簓」を確認することができない。
(52)前注(1)拙稿「万歳と春田打ち」、同「地域社会と身分的周縁」。
(53)斎藤ミネエ氏筆。斎藤嘉範氏からご教示を受けた。
(54)弘化二年三月「宗門御改帳　立石村牢守」(久保田勤氏文書、飯田市歴史研究所写真資料)。
(55)斎藤嘉範氏所蔵。
(56)『新編信濃史料叢書』第二十巻、信濃史料刊行会、一九七八年。
(57)立石寺の縁起については、『南信伊那史料』巻ノ下、山本吉左右「伊那の説教師」『文学』(四〇―一、一九七二年)参照。
(58)子院は、不動坊・滝井坊・池の坊・桜本坊・多門坊・西の坊・東照坊・湛心坊・地蔵坊・梅本坊・威光坊・弥うちぼう・とうじ坊があったという(前注(57)山本論文)。
(59)『信濃史料』第一九巻、六一頁。
(60)前注(58)山本論文。同氏は、米山の人々を声聞師であるとの前提で論を進めているが、やはり推定の域を出ていない。

6章　南信地域における神職の組織編成と社会変容

竹ノ内　雅人

はじめに

地域と神職・修験の組織編成の問題については、高埜利彦氏や澤博勝氏以降さまざまな研究が蓄積され、近世社会を考える上でひとつの分野として認められてきた(1)。そのなかでも遠州西部の幕末期に展開した神職集団編成と「報国隊」運動の特質について検討された小野将氏は、問題関心のひとつとして、社会集団論および身分制論の議論を踏まえた上で、重層的かつ複合的に構成した地域社会の一要素として、神職の存在形態・編成原理についてふれている(2)。小野氏の視角は地域社会の複層性・不均質性を認識しながら、地域社会構造を精緻に捉える上で不可欠なものといえる。とはいえ、本章で検討を試みる南信地域の宗教者編成に関する研究はまだ緒に就いたばかりであり、いかなる宗教者集団がこの地域に展開し、他の社会集団と関係を取り結んでいたのか、また地域社会のなかでどのように位置付けられるのか、基礎的な検討を進めなければならない段階にある。

とくに南信地域では、市村咸人氏による研究で指摘されているとおり、幕末期における中間層を中心とした平田国学の受容と積極的な活動が知られている(3)。神主層にも、南条村（現、飯田市上郷飯沼）神主館松千足や、鎮西野村（現、下伊那郡

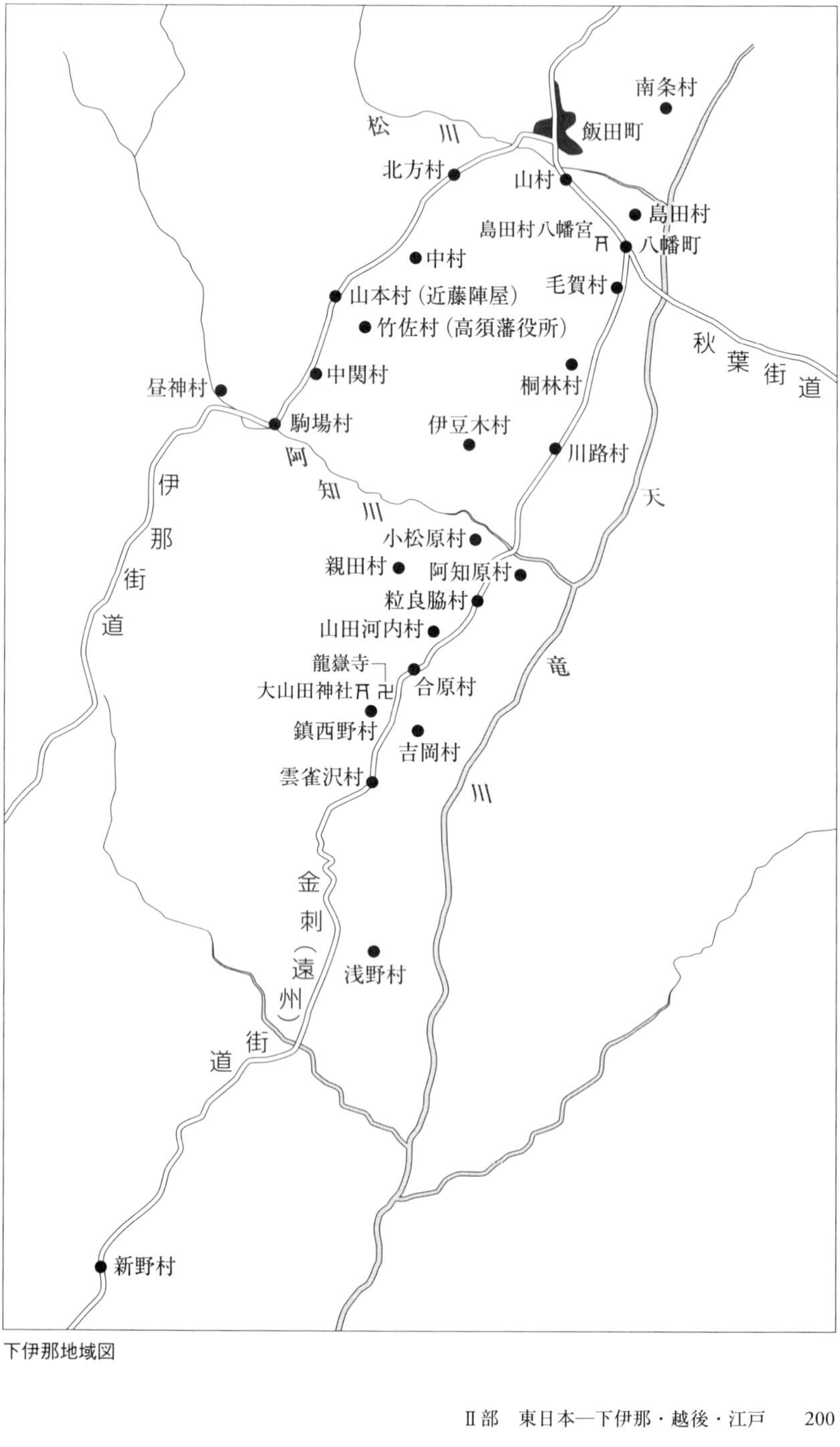
南条村
飯田町
松
川
北方村
山村
島田村
島田村八幡宮
八幡町
中村
毛賀村
山本村（近藤陣屋）
竹佐村（高須藩役所）
秋
葉
街
道
中関村
桐林村
昼神村
駒場村
伊豆木村
川路村
阿
知
川
伊
那
街
道
天
小松原村
親田村
阿知原村
粒良脇村
山田河内村
竜
龍嶽寺
大山田神社
合原村
鎮西野村
吉岡村
雲雀沢村
川
金
刺
（遠
州）
浅野村
街
道
新野村

下伊那地域図

下條村陽皐《ひさわ》）大山田神社神主鎮西大介（清宣）など、平田没後門人として彼らの活動の一翼を担っているものも存在している。ただ、こうした神主らが幕末期に平田国学を受容するまでにどのような社会関係が構築されてきたのか、学問上のネットワークを編み出してきたのかについては、未だに不明な部分が多い。

こうした問題関心の上で、本章では十八世紀前期における下伊那地域、とくに天竜川西岸部での神職組織編成の実態と変容について明らかにしたい。

1　島田村八幡宮と在方神職

島田村と八幡宮の位置

まず飯田藩領の島田村八幡宮（現、鳩ヶ嶺八幡宮）の事例を検討したい。島田村（現、飯田市松尾地区）は飯田城下町の南西天竜川沿いに位置し、中世には伊賀良庄に属する郷村であった。天正十九（一五九一）年の太閤検地では二〇三一石八斗四升八合が算出され、さらに寛永十四（一六三七）年には田地八五町余、畑地六九町余が開発されており、下伊那地方随一の大村であった。また十八世紀初頭から晒し紙や椀などの生産が始まるなど、農間余業による収益も多い土地柄であった。[4]このように巨大な村であった島田村は寛永十四年の時点ですでに名《みょう》・八幡・島田・新井という四つの地域に分けられ、地域ごとに肝煎（のち庄屋）や長百姓といった村役人が置かれていた。その後、宝永三（一七〇六）年四月には名分・八幡分・新井分という三つの地域に再編され、島田村は幕末までこの三地域による連合体として運営されている。

本節で検討する八幡宮は、八幡分の西端段丘傾斜地に鎮座する神社である。伝承では正嘉元（一二五七）年、伊賀良庄を支配していた小笠原氏により男山八幡宮から勧請され、嘉元四（一三〇四）年に社殿が造立されたといわれる、小笠原氏と縁の深い神社であった。[5]近世には朱印地一五石が宛行われている。この社領には八幡町という門前町も含まれていた。

表　関係神職一覧

職　名	所在地	人　名
神主	（八幡町）	大平伊賀守
下社家	毛賀村	主膳
寄社家	南条村	舎人
	山村	主税
	桐林村	伊織
	下川路村	監物
	中村	右衛門
	中村	刑部

注：下川路村・中村はともに高須藩領。

八幡町は遠州街道と秋葉街道の交わる要衝として地域の重要な経済的拠点となっており、南北に延びる町並みは八幡社領と飯田藩領が交錯していた(6)。別当は高野山北室院末の神宮寺で、社領のうち五石が寺領となっていた(7)。このほか神主もおり、両者ともに飯田藩主の年頭礼へ出ることになっていた(8)。ただし、近世初頭から神主を勤めていた松田氏は正徳二（一七一二）年に追放され、新たに天竜川東岸の野池村（現、飯田市千代）から大平氏が入っている。これは神宮寺との間で、「八幡山」と称された社殿裏の傾斜地に広がる境内林の樹木伐採を巡る争論が起こり、若狭が敗訴したことによる。この争論の経過については省略するが、結果として社殿および一年間に三月と八月に二回行われる神事は神宮寺の差配に置かれ、神主は神事における別当の補助および「下社家」の統括、社領（寺領を除く一〇石分）の管理を任されることになった(9)。ここで別当と神主の関係、神事の主体が明瞭になったということがわかる。

下社家の祭礼不出勤

その後、元文五（一七四〇）年、神宮寺が配下神職の祭礼不出勤を咎め、山村・中村の社家と村役人を相手取る争論が勃発した(10)。このとき神宮寺が飯田藩の寺社奉行へ提出した訴願を見ると(11)、八幡宮に関係した神主・神職は表のとおりである。神職は八幡町の神主大平伊賀守、毛賀村（現、飯田市毛賀）の下社家主膳のほか、飯田藩領と名古屋藩の支藩である美濃高須藩領にまたがる他村居住の寄社家六名によって組織されていた。毛賀村は八幡町からほど近い隣村のため、神主と下社家は神事や社領管理で協同した役割を果たしたものと考えられる。

実はこの元文五年の争論が起こる以前から、寄社家の不出勤は問題にされていたことが、八幡宮からの訴状に記されている。享保十六（一七三一）年、高須藩領の中村にいた寄社家二名が、病気などと理由をつけて祭礼へ来なかった。古例であるから出勤するようにという神宮寺からの督促により、次回の祭礼には出勤するという事で一旦は収束したものの、翌十七年三月の祭礼にも二名は出勤しなかったため、神宮寺は高須藩の伊那郡支配を担った竹佐役所（現、飯田市山本）へ、飯田藩の添状をつけてこのことを訴え出た。これに対し、竹佐村の大庄屋安兵衛は中村の寄社家および村役人に連絡をとり、今後は神事への出勤を約束するとの言質をとった。こうして安兵衛は毛賀村の清蔵・清次郎とともに神宮寺と面会して、中村村役人と寄社家の意向を伝えた上で、この件は我々三人に預けてほしいと願い出た。そのため神宮寺は訴願を取り下げ、この件は内済となっていた。

こうした内済が行われたにも関わらず、その後も中村の神事出勤は行われなかった。さらにこの間山村（現、飯田市鼎上山・下山一帯）の社家が断絶し、南条村の寄社家舎人弟子である主税が山村によって取り立てられた。この主税も、はじめは舎人に連れられて八幡宮への神事に出勤していたが、次第に出勤がみられなくなってしまったのである。これに対し神宮寺は使者を立てて不出勤を咎めたが、主税は「山村衆中から八幡宮神事へ出るべきいわれはない」ということで出勤しなかったと返答し、結局その後も出勤することはなかった。こうした祭礼不出勤はほかの寄社家も行うようになり、元文五年三月の祭礼には、毛賀村の下社家主膳と桐林村（現、飯田市桐林）伊織しか出ないという状況にまで陥っていた。このため、神宮寺は不出勤の寄社家へ詰問するだけでは埒が明かないと考え、その所属する村の役人に寄社家の神事出勤を保証するよう一札をとろうとしたが、村役人からはその提案を拒否されてしまった。こうした経緯により、元文五年の訴訟ということになったと神宮寺は主張している。

社家の口上書と村側の論理

それでは、社家らは八幡宮神事に対し、どのような認識を持っていたのだろうか。以下に挙げた史料は、享保十七年の争論で、毛賀村下社家主膳・桐林村寄社家伊織・南条村寄社家舎人が飯田藩寺社奉行へ提出した口上書の写である。

〔史料1〕[12]

指上申口上書之覚

一嶋田村八幡宮毎年三月十四日より十五日、八月十四日より十五日両度之祭礼之節、私共相詰神事仕候義、古来何ツ頃より如何様之由緒を以相勤来り候哉と御尋被成候、私共代々社家ニ而御座候、先祖より申伝候ハ、嶋田村八幡宮ハ降松庄太社ニ而御座候故、降松之庄之内社ひかへ居住仕候、社家分ハ嶋田村八幡宮神事之節相勤候筈之由、先祖より申伝候、右之外申上候義無御座候、為其印形指上申候、以上

享保十七年

子四月八日

桐林村神主
伊織判

毛賀村神主
主膳判

寺社

御奉行所

〔史料2〕[13]

指上申口上書之覚

一嶋田村八幡宮毎年三月十四日より十五日、八月十四日より十五日祭礼之節、私共相詰神事仕候義、古来何ツ頃より如何様之由緒を以相勤来り候哉と御尋被成候、私義南條村ニ居住仕候へ共、親甚太夫代より北方村社預りひかへ罷在候、右之由緒を以降松之居住之神主共同様ニ申合、嶋田村八幡宮神事節相詰来り申候、先達而主膳・伊織申候通申伝承候迄ニ而、私委細之義ハ不奉存候、為其印形仕指上申候、以上

南條村神主
舎人判

享保十七年
子四月八日
寺社
御奉行所

これらの口上書は、八幡宮祭礼への出勤がどのような由緒により行われてきたのか、寺社奉行から尋ねられたことに対する返答として作成されたことがわかる。三名ともに村の神主として肩書きを有しているが、伊織と主膳については先祖代々の「社家」であり、「降松庄」内の社を「ひかへ」居住していることから、八幡宮の神事に出勤していることを述べている。一方、舎人は親甚太夫代から「降松庄」内にあたる北方村の神社を受け持っていることから、八幡宮への出勤を行っていると述べている。

この「降松庄」は中世の史料にみられる固有名詞ではないが、かつて小笠原氏が支配していた伊賀良庄は、飯田城下町と島田村の間を流れる松川以南に展開していた庄園であり、また舎人の所属する南条村は郊戸庄の範囲内のため、ここでは伊賀良庄と同義で扱われていることが判断できる。(14)「降松庄太社」である八幡宮の祭礼出勤体制は、こうした中世以来の地域区分に基づく由緒を持っていたのである。

さらに、神宮寺により訴えられた社家や村の側には、どのような背景があったのだろうか。これについては、山村の村役人の家に残された史料のうち、神宮寺の上訴内容に対する反論を記した下書きとみられるものが確認されているため、こちらを挙げて検討してみたい。

〔史料3〕

一嶋田村八幡宮之儀ハ、往昔正嘉元丁巳年小笠原信濃守源長政公初而御建立、神宮寺義者長政公十代之孫小笠原下総守源信貴公、永禄十一戊辰年初而社僧地御建立被成、八幡宮勧請以来社家松田左近少輔より代々神主職、同若狭守迄相続罷在候処ニ、先年神宮寺と公事仕、不調法之仕方ニ付御追放被仰付、則神宮寺江別当職被仰付候、依之社用神宮寺より被相勤申候、右八幡之祭礼三月十五日・八月十五日二季之神事、山村より中村・下川路村迄之社家共相勤申古法之由申上候、大成新法ノ企ニ御座候、先年松田若狭守代迄ハ伊賀良庄・郊戸庄遠近智音之社家江人ヲ以祭礼之節ハ御見舞給候様ニも御座候ニ付、障入無御座社家共ハ相集り賑々鋪祭礼執行仕候、依之客社家と相立叮嚀成仕方、其上為祝儀ト相応之礼物仕候、然処ニ松田氏落去以来神宮寺募利潤ニ新法を企、山村より中村・下川路村迄之社家二季之祭礼相勤申古例と申上候、八幡宮檀与之義ハ小笠原家御氏神之由ニ而御建立被遊候、然者其節ハ伊賀良庄一円之御領知ニ御座候由、御知行所へ不残寄社家ニ被仰付候哉、定而御證文頂戴所持可仕候、乍恐御吟味被遊可被下候御事

一古来より村々社家御座候共、山村より下川路村迄之内、何と申社家何れ之代より相勤申候哉、此段御尋候へ者、古法ニ而御座候ハヽ、古来相勤申候社家共帳面所持可仕候、当時下川路迄与申上候所ニ下川路村ニ社家福伊治・監物与申弐人御座候内、壱人ハ勤壱人ハ勤不申候段、何■ニ而勤不勤仕候哉、是又御尋候へ者、ヶ様成不揃之所を古法と申立候義、新法之至ニ奉存候、猶又三月・八月二度祭礼定日勤来申候社家ニ而御座候ハヽ、祭礼前ニ人相廻シ頼候ニ者及申間敷候所、今以人ヲ以頼申候義先年より雇来り申候證拠歴然ニ御座候御事

一村々鎮守之内所々ニ八幡之社御座候得共、右之社家島田村八幡宮祭礼相勤申候ニ付前後江取越神事執行仕候義勤来候證拠と申上候、勿論村々社壱社之内、二神三神相殿ニ勧請仕候、依之十五日と定り申義無御座候、譬ハ諏訪明神七月廿七日之祭礼日御座候得共、其村々古法ニ而六月七八九日迄祭礼仕候、依之同故其村々ニ而相違仕候、ヶ様之略義都而国法ニ而御座候、是ヲ以相勤来候證拠ニハ罷成申間敷と奉存候

一神宮寺申上候ハヽ、寄社家我侭ヲ申相勤不申候、右天下泰平之御祈禱難成由申上候、凡日本国中神社仏閣預り罷在候

者、平日天下泰平国家安全

大樹御永久郡主武運長久之御祈禱、祭礼之砌ハ猶以如私共之無官之社家迄、乍恐相勤罷在候、殊ニ神宮寺義ハ御社領十五石　御朱印頂戴仕罷有候得ハ、御祈禱之役人何様ニも仕相勤可申義ニ御座候、無筋義古法と中立我侭心、神明之道無勿体恐入申候

一桐林村伊織・下川路村監物、右両人之義ハ下社家主膳弟子ニ而御座候、依之無懈怠相勤申候当八月之祭礼ニも使ヲ以呼寄申候、是等ハ祭祀之役人ニ而御座候、十四日夜丑時八幡宮御戸張を開キ神宮寺誦給、下社家主膳悦（ママ）詞上ヶ、伊織ハ太鼓之役、監物ハ舞之役、右四人ニ而相勤申候、私共何役茂無御座候、是を天下泰平之御祈禱と申俗し候へハ、天下之御祈禱勤り不申抔とハ偽ニ而御座候、無拠無役之社家迄下社家之様ニ取立申候段、御出家とハ不被存候、乍恐御了見被為遊候、以上

この史料で主張されている五つの点をまとめると、以下の通りになる。

①神宮寺の主張する「八幡宮での二度の神事は、山村から中村・下川路村までの社家が勤める古例」というのは、全く新しいことである。かつての神主松田若狭守までは、伊賀良庄・郊戸庄近辺知音の社家に対し神主から人を遣わされてお願いがあり、「御見舞」も贈られるとのことなので、支障のない社家は参集して祭礼を取りに行った。これにより神主は「客社家」として丁寧に扱い、相応の礼物も与えていた。そうしたところに神主松田氏が追放されたので、神宮寺が利潤をはかり古例と称して新法を企てたのである。かつて伊賀良庄は小笠原氏が支配した範囲であるので、庄内すべての神職が八幡宮の社家となるよう命じられたならば、そのような文書が残っているはずだから調べてほしい。

②古くから山村から中村・下川路村までの村々にいた社家について、何という社家が何代前から勤めているのかと（奉行所から）お尋ねがあったが、古法であるので、古来から勤めてきた社家には帳面が残っているはずである。現在、下川路村には監物と福伊治という二人の社家がいるが、社家により出勤・不出勤が分かれているのはどうしてかと（奉行所

から）お尋ねがあったが、このような不揃いの場所があるということは、神宮寺が新法を企てた証拠である。社家の出勤が決まっているならば、わざわざ人を遣わして出勤を頼む必要がないはずなのに、それを未だに行っているのは①で述べた「社家に頼んで神事に雇い入れる」ということの証左である。

③村々の鎮守には八幡が祀られているが、この神社の神主は島田村八幡宮の社家として出勤するために村々の八幡神事の日をずらしている、という神宮寺の主張は、諏訪神などほかの神を祀る神社の祭礼が村々により定まっていないという「国法」と同じことであり、証拠として挙げるには不適切である。

④神宮寺は社家の不出勤により天下泰平の祈禱ができないというが、およそ日本国中すべての寺社を預かる者は、平日には天下泰平・国家安全・大樹永久・郡主武運長久を祈り、祭礼には我らのような無位無官のものまで祈願している。とくに神宮寺は朱印地一五石を拝領しているので、神事の「役人」をいかようにも工面できるはずである。

⑤伊織・監物は下社家主膳の弟子であるため神事へ出勤しているが、祭礼の際に太鼓や舞などの役があるのはこの三人と神宮寺だけであり、ほかの神職には役がない。これは「天下泰平之御祈禱」と称して無役の社家を下社家のように取り込む企みである。

この反論では、神宮寺が主張している八幡宮祭礼への出勤は古例ではなく新法であると述べているが、すでに享保十七年の段階で、下社家主膳らにより先祖代々伝来してきた古例であるとの口上書があり矛盾している。①で神事へ出勤した社家への礼物については、松田若狭追放後、後継として神主の職に就いた大平氏との覚書で、「一ヶ年両度之祭礼神事之節、下社家賄之儀ハ貴殿方ニて無怠慢可被相勤候、勿論下社家等配分之義、古来之通神領之内ニ而可仕候事(15)」とあり、神事における下社家・寄社家への対応と「配分」、つまり礼物の進呈については依然神主の差配に置かれたことが確認されているので、松田若狭追放により礼物に関する規定が変わったとは考えにくい。②の下川路村の社家二人に関する出勤の違いや、⑤の出勤社家による役割の有無については、確認できる史料がなく不明である。全体的に、この反論については八幡宮の社家に関する事情にあまり通じていない者による主張という色合いが強く、訴えられた村方の論理が多分に反映されているのではないかと考えられる。

ここで確認しておきたいのは、下社家とその所属する村との関係、および彼らと神宮寺の主張の対立点である。山村の寄社家主税は、村により取り立てられた神職であり、祭祀に関しては主税自身の意向よりも村の意向が優先されやすい状況にある。これはほかの寄社家も同様とみられ、中村の事例はそれがより先鋭的に出たパターンといえる。実際、訴えられた村役人らは取り調べのなかで「嶋田村八幡江村々より相勤候而ハ、末社之様ニ罷成迷惑ニ奉存候」[16]と述べており、村の鎮守が八幡宮の末社として扱われるというのは迷惑であると主張している。これに先述した反論を合わせて考えると、村の祭祀に主体性を持ち得るのは村中であるという自負があると同時に、神宮寺により一方的に村の神職を使役されるのを警戒していることがみてとれる。一方の神宮寺は、「天下泰平、国土安全、大樹御永久、郡主武運長久」を懈怠なく祈願することが朱印地を与えられた八幡宮の勤めであるとして[17]、将軍家・飯田藩主を対象としたレベルでの論を展開している。ここに両者の神宮寺祭礼に対する認識のずれがあることを確認できる。

西田かほる氏は甲斐国国中地域において、中世以来の由緒に基づく勤番社家が、兼帯社への影響力を拡大しようと「国家御安全」を祈願する「御朱印社」としての職分を強調すればするほど、在地社会との対立を惹起している事例を検討している[18]。今回検討した八幡宮の事例も、中世以来の「古例」に基づいた祭礼出勤体制を維持しなければ、「国家」および将軍家・飯田藩主の安寧を祈願する朱印地持ちの神社としての役を果たせないと考える別当神宮寺と、村の鎮守を核とした祭祀を希求し、「凡日本国中神社仏閣預り罷在候者、平日天下泰平国家安全大樹御永久郡主武運長久之御祈禱」を行うのだと言い切る在地社会との意向の矛盾を示した一面がある。しかし、神宮寺はあくまで真言宗寺院であり、また「八幡山」の山林資源と門前町からの収入、さらに大村・島田村を氏子として抱えることから経済基盤は十分であり、在地神職を組み入れることで影響力を拡大する意義はさほどない。むしろ深刻な影響があったのは、神主の側ではなかったかとみられる。

ややその主張に整合性のない〔史料3〕ではあるが、旧神主の松田氏について①に挙げたとおり、近世初頭から旧郊戸庄・伊賀良庄一帯の神職たちに影響力を持っていたことをうかがわせる記述がある。それが正徳五年の追放処分によって、これまで旧伊賀良庄に縁のない神主大平氏が、新たに下社家・寄社家の神事出勤を周旋することとなった。この事態がきっかけとなって在地神職の八幡宮に対する意識が変化し、もともと村の祭祀を中心的に行ってほしい村の意向と合致して、祭礼不出勤の状況が現れたと考えられる。実際、〔史料3〕の祭礼神事における役割分担をみると、神宮寺が祈禱、下社家主膳が祝詞をあげ、桐林村伊織が太鼓、下川路村監物が舞を行うほかはとくに役目がないとあり、神主の役割が明確にされていない。さらに伊織・監物と下社家主膳は師弟関係にあることで出勤しており、明らかに寄社家と神主の関係が希薄化しているのである。むしろ、毛賀村主膳や南条村舎人のように、各地の在地神職が神職を再生産し、さらに各村の祭祀へあたるという状況がその後も続いたとみられる。

結局この争論は、神宮寺と神主が藩の寺社奉行に対し、「村々の社を末社とする意図はない」と言明したことにより、これまでどおり寄社家の祭礼出勤を行うことで決着した。ただし関係する一二カ村は、藩が神宮寺と神主の言質を口上書でとった点を再確認した上で、命令に服する旨の請書を提出している。[19]

2　鎮西野村大山田神社と社家の編成

鎮西野村と大山田神社の位置

本節ではさらに別の事例として、伊那郡鎮西野村大山田神社の事例について検討する。

大山田神社は延喜式「神名帳」に社名がみられ、永正四（一五〇七）年、当時吉岡城を本拠としていた下条伊豆守氏家により社殿が造営されたという伝承を持つ[20]。祭神は大国主命、八幡神、鎮西八郎為朝で、境内には諏訪社などの末社も鎮座していた[21]。朱印地一〇石を与えられており、神主は鎮西氏が近代まで世襲している[22]。とくに本節で関係する神主は、豊前守清行（一六九八〜一七七七）と大和守清浜（一七三四〜一八〇八）である。清行は享保五（一七二〇）年から宝暦十（一七六〇）年の四〇年間神主職を勤め、遠江国山住社（現、静岡県浜松市天竜区山住）神主山住氏に神道を学びつつ、元文六（一七四一）年に吉田家より許状を取得している。また清浜も宝暦十年から文化五（一八〇八）年の四八年間にわたり神主職を勤め、天明五（一七八五）年に吉田家の執奏を介して従五位下大和守に叙された。また宝暦年間には、神道を山住氏および浜松五社明神の杉浦国頭に学んでおり、南信地方のなかでも早い時期に遠州国学を受容している。また清浜の代に旗本小笠原氏・座光寺氏（交代寄合）と和歌などを介して交流をはじめたとみられ、学問・芸能に対する積極的な姿勢をみせた神主であった。

その一方で、鎮西家は村内で最大の高持百姓としての一面も持っている。鎮西野村は正保四（一六四七）年に五七石余、元禄郷帳以後は七四石余と比較的規模の小さな村で、大山田神社の朱印地も村内で宛行われていた。支配については慶長六（一六〇一）年から飯田藩領、寛文十二（一六七二）年に一旦幕領へ編入され、天和元（一六八一）年から幕末まで高須藩領であった。鎮西家の持高は、享保七年に二一石九斗余、宝暦四年に二四石四斗[23]、享和二（一八〇二）年に二五石二斗余[24]と、村高の三分の一近くを有していた。村内高持一二名のうち次点の所持高は六石余であることから、規模の小さな村とはいえ神主家は村内において強い影響力をもっていたとみられる[25]。

また周辺村落との関係をみると、吉岡村・菅野村・仁王関村の三カ村は幕領として榑木を主要な年貢とする榑木成村に設定され、小松原村・粒良脇村・大久保村・北又村・合原村・大島村は旗本近藤氏領[26]、山田河内村・親田村・下荒井村・入野村・雲雀沢村は鎮西野村と同様に飯田藩領から高須藩領へ編入されるという形で、支配系統が入り組んだ地域であった。とくに下伊那諸村で頻発した入会山争論のうち、元禄十六（一七〇三）年に鎮西野村をはじめとする高須藩領四カ村は、吉岡村・菅野村・仁王関村の幕領三カ村との間で大規模な入会山論が起こり、高須藩領村々の勝訴で終わっている。[27]
これらの村々の石高は、粒良脇村の三四七石余が最大で、台地や下條山地の山麓という山がちな土地を利用した田畑耕作を主としながら、金刺（遠州）街道を利用した中馬稼ぎなどの副業で生計を立てていたとみられる。

元禄から享保期の神主と在方の禰宜

まず、大山田神社と周辺村落との関係を、村の祭祀や在村神職に関する史料から押さえておきたい。次の元禄十七年三月の史料は、新井（鎮西）氏が周辺村落の祭祀に関係した最古のものである。

〔史料4〕[28]

仕一札之事

一吉岡村山神之祭り、貴様御支配之禰宜右神前取行致候所、老人故勤不罷成候ニ付、私元来禰宜筋ニ而者無御座候得共、貴様へ御断申上向後禰宜ニ罷成、右神前之祭私に被仰付被下候様ニ与願申候得者、当分被仰付忝存候、然上神職之儀御指図次第ニ仕候、為後日一札如件

元禄十七年
　申ノ三月
　　　　　　　　　　合原村
　　　　　　　　　　　本人　市郎兵衛㊞
右之通り被仰付忝存候、為其加判仕候
　　　　　　　　　　　同村　孫兵衛㊞
鎮西野村
　神主　五郎太夫殿

吉岡村山神の祭祀は、もともと大山田神社支配下にある合原村禰宜が管轄していた。その禰宜が老齢になり祭祀を行え

なくなったため、神主五郎太夫（清房。のち筑前守。清行の父）の許可のもとで、本来禰宜の家筋ではない市郎兵衛が禰宜となり、吉岡村山神の祭祀を引き継ぎたいと願った一札であることがわかる。こうした在村の禰宜は、先述した島田村八幡宮の下社家・寄社家ら飯田藩領・高須藩領の在村神職と同じ位相に位置しているとみられる。さらに享保元年十一月、当時の大山田神社神主新井筑前守は、山田河内村七右衛門・三太夫、親田村九左衛門、入野村惣右衛門ら四人の禰宜に対し、新社勧請を行わないように通達していた(29)。神主は鎮西野以北の村々における禰宜の統括を行っていたことがうかがえるが、詳細な管轄範囲については後段で取り上げたい。

さらに神主は禰宜の間で起こった争いの調停も行っていた。次の〔史料5〕は享保三年二月に作成された、入野村禰宜喜久太夫からの一札である。

〔史料5〕(30)

一札之事

一当村伝八去秋相願候節、山田川内村三太夫頼より■おき被致祈念候得者、当所権現脇立祟候様ニ申込ル者候付、為願候由白状御座候段、拙者ヲ無心元様ニ申ニ付、御鬮儀願神職上候得ハ、伝八幷私方江段々御尋被成候処、疑敷義無御座候旨両所より一札御取、私儀前々之通神職相勤被仰渡畏候、当社之儀有来候熊野権現、諏訪大明神幷きみさき之祠一、此外脇立一切無御座候、右為相願候様成義、前後堅不仕候、若及後々疑敷御座候ハヽ、何分ニ茂御鬮義被成可被下候、為後日如件

入野村禰宜
喜久太夫㊞

享保三歳
戌ノ二月十二日
新井筑前守殿

入野村熊野権現の祭祀は同村禰宜の喜久太夫が受け持っていたが、村内の伝八は何者かにより権現内の「脇立」、つまり境内内に設けた末社による祟りがあるといわれたため、山田河内村禰宜三太夫へ権現の祭祀を依頼した。これに喜久太夫は、自分の祭祀が「無心元」ものと思われたことで新井筑前守へ「御鬮儀」を依頼し、その結果熊野権現の祭祀はこれまで通り喜久太夫が行うことになったことがわかる。

この史料で注目すべき点はふたつある。ひとつはこの地域における禰宜の村内祭祀が権利化するとともに、禰宜の権利を大山田神社の神主が保証し調整していたという点である。村内の祭祀は、前節で検討した飯田藩領諸村の事例のように、村が神職を取り立てて祭祀を行うといった、村の意向を反映した祭祀が一般的であるが、この史料を見る限り、神職の側もこれを権利として認識し始めたとみられる。その一方、こうした在村神職の地位を保証することは、新井（鎮西）氏にとっても後段で言及する大山田神社祭礼の出勤体制維持という点で必要な行動であったといえる。

その反面、伝八が「脇立」の「祟」を言い含められて、従来の禰宜ではなくほかの禰宜に祭祀を依頼するという事件が発生したことは、在村神職の置かれた立場の弱さをも浮き彫りにしている。先述の通り、享保元年に新井筑前守が配下禰宜四名へ新社勧請を行わないよう通達した例のほか、享保十八年三月、山田河内村源之丞から神主新井内匠（鎮西清行）へ、伊勢太神宮遙拝のため祠を自分地所内に設けたいと断りを入れた文書が確認できることから、村の側で新たな信仰を求める動きは次第に活発化していた。このような村の側の動きは、禰宜にとっても神主にとっても不安定要因となっていくのである。

近隣神主との連携と管轄地内の取り締まり

その後宝暦年間に入ると、鎮西清行は同じ立場にある神主と連携をはかり、自身の神主としての職分を保持すべく行動を起こすようになる。次の史料は宝暦五年十一月に、嶋田村八幡宮神主大平丹治・新野村（現、下伊那郡阿南町新野）伊豆権現神主伊東宮内・浅野村（現、下伊那郡阿南町富草）八幡宮神主佐々木平左衛門との間で取り交わされたものである。

〔史料6〕[31]

連中申合取替状事

一御朱印所一連之社家互ニ親敷本所之重政道を、励職分、注連下古例別紙通り下社家迄為睦仕如件

嶋田村

一八幡宮　社領拾石　大平丹治㊞

鎮西野村

一 大山田神社
　 八幡宮　社領拾石　鎮西豊前守㊞

新野村

一伊豆権現　社領五石　伊東宮内㊞

浅野村

一八幡宮　社領五石　佐々木平左衛門㊞

右之外、伊賀良庄内ニ昼神村・駒場村・中関村三ヶ所有之候得共、神道之志一連得心不仕候

宝暦五年亥十一月

この史料から、鎮西清行ら四社の神主は相互の「注連下」＝祭祀の管轄範囲を確認し、本所の政道を重んじ、下社家に至るまで連帯することを謳っていることがわかる。注連下の地域については「古例別紙」とあるが、同じ時期に鎮西清行と佐々木平左衛門との間で取り交わされた確認の文書が残されていることから[32]、隣接する神主が相対で作成したものとみられる。この文書による佐々木平左衛門の管轄範囲は現在の阿南町北東部に相当し、その北限は雲雀沢村としているため、

大山田神社の「注連下」は現在の下條村に相当する範囲であることが確認できる。ただし、伊賀良庄内のうち昼神村・駒場村・中関村（いずれも現、下伊那郡阿智村）三カ村については「神道之志一連得心不仕候」として、規定範囲から外されている。昼神村は山王権現社（現、阿智神社。朱印地一〇石・神主不明）、駒場村は新羅明神・八幡宮（文化元年に吉田家から阿布知神社の社号を受ける。朱印地一〇石・神主林氏）、中関村は春日明神（朱印地四石・神主塚田氏）という朱印地拝領の神社が三社あり、[33]彼らの同意を得ることが出来なかったといえる。ともかくも松川以南の天竜川西岸地域（近世当時に考えられた「伊賀良庄」と「下條庄」の範囲に相当する）[34]ほとんどが、この四社神主により管轄されたと考えられる。

こうした四社神主の取り決めが作られた背景には、前述した村内の動きに起因する神職の立場の不安定さだけでなく、島田村八幡宮の状況も影響しているとみられる。宝暦元年、追放された松田若狭の跡をうけて神主となった大平伊賀が亡くなり、幼少の息子が跡を継いだが、これも宝暦三年十一月に死去してしまった。この後継として名乗りを上げたのが、松田若狭の息子で、当時近隣の三日市場村（現、飯田市）に住んでいた定右衛門であった。定右衛門は「此度跡神主断絶仕候此時節、私再勤之御願不申上候而ハ、最早松田之家再考可仕時節無御座候」と意気込み、飯田藩の寺社奉行所へ神主再勤を求める願書を提出している。[35]この願書は却下されたようだが、ほぼ同格の神主家が断絶し、全く血縁のない他家から後任に入られて、その後の復職が認められなかった事件が直近で起こっていることは、彼らに危機感を抱かせる契機となった可能性がある。

その後、清行は「注連下」の統括に心を砕くことになる。以下、直近の事例を三つ挙げておきたい。

①親田村の棟札一件[36]

この一件は「注連下」を取り決める一カ月前の宝暦五年十月、親田村の鎮守社が建立されたのに伴い、村の庄屋が社殿に掲げる棟札を一八年前の山田河内村鎮守社における先例に基づき、鎮西野村龍嶽寺へ依頼してしまったことを端緒としている。これに清行は異を唱え、山田河内村の事例は先代神主の清房が「不文字」であったため龍嶽寺住職へ依頼したものであるとした。その上で清行は、「神事等之義阿知原村より仁王関村迄之内、当社注連下之古例ニ御座候」と親田村が大山田神社「注連下」にあることを主張し、さらに親田・山田河内ともに配下の「社家」がいることも述べて、改めて仏式の棟札から神式のものへ書き直しをしたいと高須藩竹佐役所へ届け出ている。この事例は四神主による「注連下」範囲の規定を「古例」と唱え、それを領主である高須藩へ主張したという点で注目される事例である。

②小松原村鎮守遷宮一件

こちらの事例は大山田神社が「注連下」と主張した小松原村（現、下伊那郡下條村）の鎮守社再建に関する事例である。鎮守社の再建は宝暦五年に行われたが、仮遷宮を行った大山田神社の「下社家」七之丞が遷宮祭を前に病死してしまった。そのため小松原村は代わりに遷宮祭を執り行う神職を頼むことになったのだが、それは管轄範囲外の伊豆木村（現、飯田市）にいた勝野左膳という人物であった。これに清行は小松原村の武右衛門と平右衛門という人物へ相談を持ちかけたが、両人からは今後清行へ神事以外のことは依頼を行わないとの返答があったため、宝暦六年二月二十一日に本所吉田家家中へ執り成しを求める口上書を作成している[37]。

ここでも清行は「当所古例伊奈郡之内南之郷伊賀良庄ニ御朱印地之社七ヶ所御座候内、島田村・浅野村・新野村三ヶ所の社家と拙者睦神職之儀申談注連下境有之」と、宝暦五年の四神主による取り決めをもとに主張している。さらに清行は「右之内居住之社家西之為下社家と祭礼等之節相集神役致させ来候」と、「注連下」に住む神職が下社家であり、大山田神社の祭礼へ出勤させ、神役を勤めさせていることを述べている。ここで初めて大山田神社の祭礼出勤と下社家の関係が明らかにされているのである。ただし、宝暦期以前の文書をみる限り、大山田神社の「注連下」に居住した「禰宜」が祭礼へ出勤していたという記述は確認されていない。また、これらの宝暦年間に作成された文書では、「注連下」居住の神職を「禰宜」と呼ばず「下社家」と称している。清行は従来の神主と管轄下にある地域内の神職との関係を切り替え、祭礼勤番を軸とした新たな体制を整えようと志向したことがうかがえる。

さらに清行が本所吉田家へこうした大山田神社の「注連下」に起こったトラブルを報告し、問題の解決を持ちかけていることも大きな変化である。これまで管轄下の神社および神職については、大山田神主の手による斡旋で解決させようと動いてきたことは、〔史料5〕の事例から明らかである。その方針を切り替え、本所吉田家の権威により問題解決に動いたということは、これまでの自身の権威では問題が処理できないことを認めた裏返しともいえる。勿論、父清房の代から吉田家の配下に入っていた[38]ことは考慮せねばならないが、それでも十八世紀初頭に清房が神主であった頃とは状況が異なり、神主単独の権威では体制が維持できなくなっていることがうかがえよう。

この問題は翌月十三日、京都吉田家から清行の意向を汲んだ諭旨が届き、近藤家家老桜井八十兵衛へ託された。その後桜井はその内容を小松原村役人へ申し聞かせる、という形で決着したようである[39]。

③下社家祭礼不参加および親田村鎮守一件

最後に取り上げる事例は、宝暦十年頃山田河内村の寄社家宇内が大山田神社の祭礼へ参勤しなかったことに加え、親田村鎮守の祭祀が中関村の神職により横領されたものである。以下、この件に関する清行の訴状から事件の経緯を追っていきたい[40]。

大山田神社の祭礼は毎年八月十五日に挙行される。祭礼の前日、「下社家幷近郷注連下之寄社家」は神社へ集まり神楽を奉納すると、夜には神供を献上して通夜の神事を行い、十五日の朝に鳴物・拍子を揃えて湯立て神事、午の刻には行列を仕立てて神社の周辺を廻りながら「宝祚御長久・大樹様御長栄・領主様御武運長久・国家安全・産子繁昌」の祈禱を行うことになっていた。この行列には親田村禰宜が「鼻長面」、合原村禰宜が散米という形で、参加する禰宜それぞれに役割が与えられていた。しかし「当社寄社家之者共相果断絶仕、又身分御座候而も不勝手故家を潰、排ニ罷出、只今ハ三太夫世悴宇内斗ニ御座候所ニ不参神勤不仕、指当り神役人不足仕候」と、参加する「寄社家」が断絶するか他所稼ぎに出て少なくなり、当時は三太夫子の宇内だけが参勤するという状況までになっていたと訴えている。

さらに、この三太夫については別の問題に絡んでいた。清行は訴願のなかで、「注連下之内親田村禰宜久左衛門、村方之神祭等勤罷在老死仕、其跡役山田河内村禰宜三太夫江申付勤させ候処三太夫又相果候、其跡神祭等私方江無断中関村田中長門と申禰宜を頼申候」と記述しており、断絶した親田村の祭祀を神主の命により受け持ちながらも亡くなり、その後、親田村は村の神事を大山田神社の「注連下」外にあたる中関村の神職田中長門に依頼してしまったことがわかる。こうした親田村の動きを問題視した清行は、高須藩領外の中関村田中長門を吟味できないため、藩領内である親田村に対する吟味と、古例通り親田村神事の管轄を、大山田神社へ認めてほしいと依願している。ただし、清行は「若又禰宜ニ好嫌御座候ハヽ、先年之通り村方ニ而禰宜を取立当社江勤させ候様ニ御意奉願候、両様之内当社古例之神役相勤り申筋、親田村江被　仰被下置付候様ニ奉願候」と述べ、親田村の禰宜に対する「好嫌」を考慮して、たとえ村が清行の意向に沿わず別の禰宜を選定したとしても、古例の通り禰宜を神事に参加させるよう処置してほしいと留保をつけている。このような清行の姿勢は、訴状の後半における記載からその背景をうかがうことができる。

〔史料7〕(41)

一当社注連下之内親田村禰宜久左衛門、村方之神祭等勤罷在老死仕、其跡役山田河内村禰宜三太夫江申付勤させ候処
三太夫又相果候、其跡神祭等私方江無断中関村田中長門と申禰宜を頼申候、右当社江勤来候禰宜之跡役仕神徳を取
候上ハ、御祈禱之節当社江
右注連下之儀、当郡　御朱印所何之社ニ而も古例御座候而、注連下之禰宜寄集相勤候、(A)近里嶋田村之社元文年中
寄社家違背御座候而、別当神宮寺幷神主被相願、竹左御領内ニ而も中村社人庄太夫・治左衛門、下川路村監物、右
三人如古例可相勤旨被仰付受書御取被遊、飯田役所江被遣候旨、神宮寺只今所持仕候、(付箋)「此外注連下ニ無御座候上
郷南条村禰宜舎人、嶋田之社江□□(虫損)訳注連下之内北方村ノ祭等仕故、嶋田社江相勤候」(B)且又先年当社注連下ニ茂邪
神出来、人々難儀仕候ニ付吟味仕、神職勤方申付、享保元年禰宜共より請書取、尤注連下之村々よりも神名書記帳

> 面取置申候、其後も邪神之災等難病御座候節吟味仕、平癒落着之筋書付数通御座候而、「注連下」（抹消）神職之義支配仕来候、殊ニ天下国家之御祈禱之節相集勤行仕来候、（C）「当社下社家之内久左衛門・七郎兵衛等相果候跡子供御座候而も不勝手故家を潰拝ニ罷出、神役人少ニ成申候」（抹消）然所近年親田村新法ニ美麗成他所之禰宜を引入、神納初穂等之徳用を被奪、注連下之禰宜共難相立御座候、「当郡之古例禰宜居住者何方ニても注連下之神物を取候得者、其所之惣社江勤申所之作法ニ御座候、嶋田村之社江舎人相勤候も此故ニ御座候」（抹消）依之無我正真有躰之仕方ニ御座候得者、他所之禰宜を相頼候ハヽ、其所之惣社江勤申筈ニ対談之上、私方江も相届頼申古例御座候、嶋田村八幡宮江舎人相勤候義、此故ニ御座候、然所ニ親田村ハ我か侭ニ社家ノ古例ヲ取計ライ致迷惑候、近里浅野村・新野村・嶋田村等之社無怠慢相勤り候所、当社耳今度右両所之依障ニ古例を乱シ御祈禱之神祭を闕候儀、神明江恐々心外之不忠迷惑至極仕候、右嶋田村八幡宮寄社家之儀古例御座候而、他領江さへ可罷出旨中村・下川路村之社家江被仰付被遣候義ニ御座候、殊ニ御領内之儀ニ御座候間、古例之通相勤候様ニ奉願候御事

傍線部（A）の記述から、清行は前節で検討した元文五年島田村八幡宮祭礼の事例を参考としていることがわかる。つまり、他領に展開している在村神職であっても、「注連下」の神社へ出勤する管轄外の神職であっても、古例をもとに祭礼への出勤を求めることができる、という先例が存在していることを提起することで、祭礼出勤体制の正当性をアピールしているのである。ただし、前節でみたとおり、この八幡宮の決着は「八幡宮が村の鎮守を末社扱いとはしない」ということが確認されたためであり、「古例」であることが即正当性を有するという飯田藩の認識が示されたわけではないので、清行の解釈は正しいといえない。それでも、島田村八幡宮の事例を提起したことは、宝暦五年の朱印地神社四神主による連携を抜きには考えられない。こうした論理を組み立てることによって、清行は大山田神社の「注連下」域内における祭祀の差配を維持しようとしたのである。

とはいえ、清行が新たな体制を整えようとした理由である村と、禰宜の状況変化もこの史料からうかがえる。傍線部

（B）にあるとおり、父清房の代にあたる享保元年、管轄村々における「邪神」の取り締まりを管轄内の禰宜に申しつけると同時に、村々から「神名帳」を提出させて新社の流行を抑えようと試みていた。村内の信仰が多様化する状況が十八世紀から進んでいたとみられる。さらに傍線部（C）では、下社家久左衛門・七郎兵衛が亡くなった後、その子どもは村のなかで生業を営むことができず他所へ稼ぎに出てしまい、神事を担うべき在村禰宜の数が漸減したこと、さらに村の側が「美麗」な他所の神職を好み、神事に取り立てていることを述べている。これらは、近世初頭以来村の神事を請け負いながら、実際には百姓として村のなかに位置付いていた禰宜が専業の神職として変化できず、村落から姿を消していくと同時に、「美麗」つまり吉田家などから装束などの許状を得て専業化した神職が現れてきたことを示しているとみられる。高埜氏が指摘した「百姓身分の専業神主志向」(42)が、必ずしも順当に推移しておらず、また早くに専業化した神職によって祭祀を脅かされていたのである。〔史料6〕にもあるとおり、四神主の連携から外れた三カ村のひとつであり、神職田中長門の拠点であった中関村は、三州街道沿いの宿場として町場化した駒場村の隣村であった(43)。おそらく長門は、この地域の経済力をもとに、神職として専業的に生計を立てることのできた神職であったのだろう。こうした複合的な社会的背景により、この地域の祭祀のあり方が変容したものと考えられる。

おわりに

以上、嶋田村八幡宮と鎮西野村大山田神社における祭礼勤番の体制変容をもとに、この地域における祭祀のあり方が大きく変わろうとしていた状況について検討した。島田村八幡宮・大山田神社いずれの事例もともに、十八世紀初頭までに農業生産力とつながる山論が一段落したこと、下伊那各地の村々で中馬稼ぎや紙漉、養蚕などの農間余業が発展すると同時に、他地域との交流が増えたことなどを背景とした社会構造の転換により、村における既存の祭祀や信仰の枠組みが多様化しはじめた状況へ即応しようと試みた事例といえる。これまで中世の枠組みを基礎に在村神職をゆるやかに祭祀へ組み込んでいた「太社」は、朱印地を「国家安全」などを祈願する役の対価として捉えてきた。そのために、これまで村落内に展開し、専業化を遂げていなかった禰宜の経済的要因による漸減と、村の「神主」が簇生する状況は、祈禱・祭礼を役と考える朱印地所持の神社にとって危ういものだったといえる。本章は島田村八幡宮や大山田神社を対象にその即応の初発について検討したが、(44) こうした神社が十八世紀後期以降、どのように祭祀と神職組織を維持していったのかについてが、今後の検討課題である。

最後に、山田河内村宇内の一件については、天保十（一八三九）年三月に次の請書が清行へ提出されている。

〔史料8〕

神道御上式御請書事

一御本所様御免無之過分之装束仕間敷旨被仰聞承知仕候、執行之儀邪神取扱新社ヲ祭候義ハ不及申ニ、不法之儀仕間敷候、且ツ貴所御崇敬御祭礼等天下国家之御祈禱御執行之節ハ如古例罷出、任御指図ニ相勤可申候、惣而諸人ノ害ヲ成非道之儀不仕、神拝等御條目ニ順シ大切ニ村々之神用相勤可申候、以上

宝暦十年辰十二月

山田河内村
宇　内

鎮西野村
佐　膳

鎮西豊前守殿

この請書では、本所吉田家から許可のない「過分之装束」を身につけないこと、「邪神」を扱い新規の社を取り立てないこと、さらには「貴所」大山田神社の祭礼など「天下国家之御祈禱」には古例の通り出勤して、神主の指図を受けるこ

となどを規定している。これにより宇内と鎮西野村佐膳は、本所吉田家の権威を背景とした大山田神社の「下社家」として位置付けられた。この時点で、大山田神社における神職の新たな組織化がはじまったと考えられる。

こうして、在村神職の位置付けおよび他神職との関係を改めて構築する素地を作った清行は、ここで隠居して息子の清浜に神主職を譲り渡した。その後の清浜による神社の運営については、別稿にて検討していきたい。

(1) 高埜利彦『日本近世の国家権力と宗教』(東京大学出版会、一九八九年)、澤博勝『近世の宗教組織と地域社会』(吉川弘文館、一九九九年)、井上智勝「寛政期における氏神・流行神と朝廷権威」『日本史研究』三六五(一九九三年)、西田かほる「近世的神社支配体制と社家の確立について」『地方史研究』二五一(一九九四年)、引野亨輔「近世中後期における地域神職編成―『真宗地帯』安芸を中心として」(『史学雑誌』一一一編一一号二〇〇二年)、菅野洋介『日本近世の宗教と社会』(思文閣出版、二〇一一年)など。

(2) 小野将「幕末期の在地神職集団と「草莽隊」運動」久留島浩・吉田伸之編『近世の社会集団』(山川出版社、一九九五年)。

(3) 市村咸人『伊那尊王思想史』(下伊那郡国民精神作興会、一九二九年)。

(4) 太田浅太郎編『松尾村小史』(松尾青年会、一九二八年)、松尾村誌編纂委員会編『松尾村誌』(松尾村誌刊行委員会、一九八二年)。ちなみに天保四(一八三三)年の検地ではさらに三〇〇石余の新田高が加えられている。

(5) 前注(4)『松尾村誌』一〇四~一一〇頁。

(6) 塩沢仁治「飯田の城下町と八幡の門前町」『伊那』一九八七―七・九・一〇・一二および一九八八―三・五号(一九八七~八八年)、拙稿「近世鳩ヶ嶺八幡宮の社会構造」『飯田市歴史研究所年報』七(二〇〇九年)一二五~一三〇頁。とくに八幡町は天竜川東岸幕領諸村で生産される晒し紙流通の拠点として、農民にとっては紙生産に必要な前貸金の調達地として位置付けられていたことが文化六(一八〇九)年に起こった紙問屋騒動に関する史料で明らかになっている。この点については小林郊人編『伊那農民騒動史』(山村書院、一九三三年)、平沢清人「紙問屋騒動と飯田町役人達」『伊那』一九五三―九(一九五三年)、今牧久「信州下伊那地域における紙漉業の発展と紙問屋騒動」『信濃』一一―四・五(一九五九年)、吉田伸之「問屋と惣町―文化年間、信州飯田紙問屋騒動再考」志村洋・吉田伸之編『近世の地域と中間権力』(山川出版社、二〇一一年)などを参照。

（7）慶長六（一六〇一）年四月二十五日付の幕府代官朝日受永判物写（木下昭郎氏所蔵鳩ヶ嶺八幡宮関係史料一—一〇）、慶安二（一六四九）年八月十七日付家光朱印状写（同上一—三〇—二）。

（8）「御領内寺院修験神主順列」（熊谷操氏所蔵文書）。

（9）前注（6）拙稿、一一六〜一一八頁。

（10）この争論については前注（6）拙稿、一一八〜一二一頁でもとりあげたが、八幡宮の社家組織に関する状況を確認するに止まり、訴えられた村側の論理をもとにこの争論が持った意義については、当時の史料の制約もあって十分に検討していない。そのため、拙稿で言及した争論の経過を本文中で改めて抄出している部分がある。

（11）「乍恐口上書を以御願申上候御事」（松尾支所文書）。

（12）新井家文書一二七（飯田市鼎公民館蔵）。

（13）新井家文書一二六（飯田市鼎公民館蔵）。

（14）「信州伊那郡郷村記」伊那史料叢書刊行会編『伊那史料叢書』二（山村書院、一九一五年）七一〜八七頁。「信州伊那郡郷村記」は享保年間ごろの成立とみられる地誌である。この史料で定義されている郊戸庄の範囲は飯田郷（近世の飯田城下町・上飯田村）を含む五カ郷二一カ村で、現在の松川以北の飯田市と高森町、松川町の一部に該当する。一方、伊賀良庄については南端を駒場村（現、阿智村駒場）と下瀬村（現、飯田市下瀬）としており、現在の松川以南・天竜川西岸の飯田市域と阿智村の一部を範囲としている。

（15）「八幡寺社領諸段留書扣」（森本信正氏所蔵文書2—7）。

（16）「覚」（中田日出人氏所蔵文書）。

（17）前注（11）、「乍恐口上書を以御願申上候御事」。

（18）西田かほる「兼帯社支配にみる神主と氏子—甲斐国国中地域を事例に」久留島浩・吉田伸之編『近世の社会集団』（山川出版社、一九九五年）。

（19）「指上申御請書之事」（新井家文書一七一、飯田市鼎公民館蔵）。

（20）『下條村誌』上（下條村誌刊行会、一九七七年）。

（21）八幡神と八郎明神を祀る相殿は室町期の造営（重要文化財）。近世には八郎明神が疱瘡除けとして信仰を集めていた。長野市立博物館で現存する大山田神社の疱瘡除け絵馬四〇〇枚を整理したところ、飯田市域からの奉納絵馬八〇枚をはじめ、南信地域で一五〇枚ほどの絵馬が奉納されていることを明らかにしている。『図録　第五三回特別展　お願い！神さま仏さま〜絵馬にみる人々の願いと暮らし〜』（長野市立博物館、二〇一〇年）五八〜五九頁。さらに天保四（一八三三）年の「八郎明神御社頭絵馬殿造立勧化帳」（鎮西徹氏所蔵文書ミ—二〇）では、この時点で約二〇〇〇枚の絵馬が奉納されていたとあり、かなりの広範囲にわたる多くの信仰を集めていたとみられる。

(22) 十七世紀後半までは新井氏を名乗っていたが、十八世紀はじめごろの神主新井治郎太夫清房（筑前守）の代に苗字を鎮西と改めている。井澤錬平編『清浜遺稿幷清浜略伝』（山村書院、一九三七年）。鎮西清行・清浜の経歴についてもこちらを参照している。

(23) 「持高田畑覚」（鎮西徹氏所蔵文書や—四二—三）。

(24) 「鎮西野村石高取米写帳」（鎮西徹氏所蔵文書や—四二—一四）。

(25) 前注(24)「鎮西野村石高取米写帳」。ただし、神主家をはじめとする鎮西野村の百姓が、他村の田畑をどれだけ所有していたのかは記載がない。実態を正確に把握するためにもさらなる調査が必要であり、今後の課題である。

(26) 延宝九（一六八一）年に、粒良脇・北又などの七〇〇石分が近藤重信の弟重由に分知されている。前注(20)『下條村誌』上、四五九頁。

(27) 前澤健「榑木成村と地域社会—榑木代金納の開始と買い納め村」後藤雅知・吉田伸之編『山里の社会史』（山川出版社、二〇一〇年）。ここでは、四カ村の石高が二割前後増大した一方、敗訴した三カ村の石高に変化がないことも指摘している。

(28) 鎮西徹氏所蔵文書ソ—五—四—二。

(29) 鎮西徹氏所蔵文書ソ—五—二。

(30) 鎮西徹氏所蔵文書ソ—五—四—一。

(31) 鎮西徹氏所蔵文書ソ—四。

(32) 「注連下村境為取替状之事」（鎮西徹氏所蔵文書ソ—26）。

(33) 『阿智村誌』上（阿智村誌刊行委員会、一九八四年）三一八〜三一九頁、および『阿智村誌』下（同上）六九九〜七三五頁。

(34) 前注(12)、「信州伊那郡郷村記」。ただし「下條庄」は中世以前の史料から確認できず、近世以降、荘園に仮託して成立した地域的概念と考えられる。

(35)「乍恐以書付奉願上候」(新井家文書二三四、飯田市鼎公民館所蔵)。

(36)「乍恐以書付奉願上候」(鎮西徹氏所蔵文書ソ―三三―一)。

(37)「乍恐以口上書奉願上候」(鎮西徹氏所蔵文書ソ―三三―二)。

(38)前注(22)、『清浜遺稿幷清浜略伝』九八頁。

(39)「口上」(鎮西徹氏所蔵文書ソ―五〇―一)。

(40)「乍恐以書付奉願候御事」(鎮西徹氏所蔵文書ソ―三六―二)。

(41)前注(40)、「乍恐以書付奉欲候御事」。

(42)前注(1)高埜書。

(43)前注(33)『阿智村誌』上、七一三〜七七三頁。

(44)たとえば大山田神社の場合、前注(21)でも指摘したとおり、近世後期に八郎明神を対象とした疱瘡除けの信仰が盛んになり、広範囲からの参詣を受けていたことが明らかになっているが、これがどのような経緯のもとに展開していたのかは不明である。また清房の代から、遠州山住社の境内に倣い、境内に数千本ともいわれる檜・杉を植樹した結果、のちに神社の運営に資したことが前注(22)、『清浜遺稿幷清浜略伝』に指摘されている。こうした境内林の運営は島田村八幡宮でも同様の事例がみられる(前注(3)、拙稿参照)。

　さらに、鎮西清行・清浜父子が積極的に遠州国学を受容し、旗本小笠原氏・座光寺氏と関係を持つようになったのも、今回検討した背景があったことが一因とも考えられる。村沢武夫『伊那歌道史』(山村書院、一九三六年)によると、当時の小笠原氏・座光寺氏当主は和歌を中心とした文化活動を積極的に展開していた。さらに近藤家家老桜井八十兵衛も、和歌を嗜む人物であると同時に、飯田本町の町役人も勤める商家から仕官された人物であった。こうした文化的交流を軸にしたこの地のネットワーク構築にも関係する可能性があり、さらに詳細な検討が必要となるだろう。

7章　寺院領主と地域社会——一行院不帰依一件をめぐって

武部愛子

はじめに

本章は、朱印地寺領三〇〇石を有する越後国蔵王権現別当・安禅寺住職一行院の寺領支配方法をめぐり、寺領民が反発した「一行院不帰依一件」を事例として、住職＝寺院領主と寺領—地域社会との関係について考察することを目的とする。近世の仏教寺院は幕藩領主から国家安全を祈願する「祈禱役」が課せられ、このうち一部の寺院に対しては「祈禱役」を果たすために朱印地・黒印地寺領が与えられた。朱印地・黒印地寺領は、古代・中世以来、寺院が持っていた所領を安堵された場合や、近世以降、将軍・大名家の菩提寺、あるいは将軍家康を祀る東照宮の別当寺などに対して、新たに給付された場合など様々である。朱印地・黒印地寺領の給付を得た寺院の住職は、幕藩領主に対しては「祈禱役」を担う宗教者として、寺領民にとっては封建領主として存在し、領民支配という側面においては武家領主と同等の位相にあった。

本章で扱う安禅寺（越後国古志郡蔵王町。現、新潟県長岡市西蔵王）は、東叡山寛永寺末の天台宗一山寺院である。近世の天台宗寺院は、将軍家の菩提寺として、家康を祀る東照宮別当寺として存在したために、幕藩領主から朱印地・黒印地寺領の給付を得た寺院が、他宗派寺院と比べて圧倒的に多いことが特徴といえよう。この広大な寺領を有する大寺院を分析する視角に、吉田伸之氏の「寺院社会論」がある。吉田氏は浅草寺（天台宗寛永寺末・朱印地五〇〇石）を素材とし、巨大城下町江戸を分節的に把握していく方法として、巨大寺院が大名藩邸とともに、都市社会を部分的にではあれ編成・統合させる磁極のような働きを持つことを指摘し、寺院存立に欠かせない諸存在を寺院内部・外部を問わず総体―寺院社会―として把握する必要性を唱えた(1)。この視角は、塚田孝氏の在地社会に展開する一山寺院（天台宗・松尾寺、施福寺）に応用され、これを基軸に置いた地域社会のありようが描かれた(2)。この二氏の考察からは、寺院、住職がただ宗教施設、宗教者としてではなく、領主として地域社会を編成・統合する存在であることに改めて気付かされる。

そこで本章では、この住職＝寺院領主という側面に注目し、天台宗本山三山を管領した輪王寺宮門跡の内諚を根拠に、安禅寺住職として下向した一行院の寺領支配のありようと、この一行院の寺領支配方法に反発する領民が、本山寛永寺に住職一行院の罷免を訴えた「一行院不帰依一件」を具体的に検討しながら、住職＝寺院領主による寺領支配の実態に迫る。なお、本一件については、安禅寺の立地する蔵王町（門前）の庄屋小川源右衛門が作成した「一行院一件留帳」と、安禅寺代官阿部信成が作成した「東叡山御用記」などの諸記録、後年自身の半生を回想して記した「当家系譜録」を中心に分析する(3)。

1　一行院不帰依一件の発端

本論に入る前に、素材とする安禅寺と隣接する城下町長岡について、あらかじめ先行研究からごく簡単に説明しておきたい。安禅寺は北流する信濃川（大川）の右岸である蔵王町（蔵王堂町、門前とも称されるが、本章では蔵王町に表記を統一する）に立地し、当地には中世より信濃川の川港を備えた蔵王堂城が築かれていた。蔵王堂城主は上杉氏から堀氏へと替わるが、慶長十（一六〇五）年頃に堀直寄によって、川欠しやすい蔵王堂から南に三キロ程離れた自然堤防上にある長岡へ城が移転され、城下町長岡の開発がはじめられた。城下町の本格的な形成・整備は、堀氏のあとに入封した牧野氏によって行われ、蔵王堂城周辺にあった町・寺や河岸機能は長岡へ移転することとなった。安禅寺は、吉野金峯山より勧請された蔵王権現と、古志郡大島庄の惣鎮守である又倉大行神の別当寺院である。当初は天台宗系の山王神道聖護院派の修験道の道場であったが、中世後期に真言宗系の両部神道の寺院となり、近世に入って天台宗・東叡山寛永寺の直末寺院となった。寛永寺末となる以前、文禄・慶長期の安禅寺は寺領一八村七二五石余、別当・院主・学頭坊など一三の坊舎と六の社家居屋敷があったが、寛永寺末となってからは朱印地三〇〇石、黒印地(長岡藩主寄付地)四二石余を給付された。宝永年間以降天保四(一八三三)年までの間は、安禅寺住職は輪王寺宮門跡や寛永寺執当の「御兼帯所」とされ、住職不在の寺院であった。そのため、日常の寺務は安禅寺一山を構成する衆徒三院・社家三家が、寺領支配・経営については代官が寛永寺執当の指示を受けて行っていた。

「一行院不帰依一件」は、天保五年に輪王寺宮門跡が発した「安禅寺に住職を置く」という内諚を根拠として、一行院という僧侶が安禅寺住職として下向してきたことを発端とする。この下向は安禅寺一山及び領民に対して、事前の告知なく行われたため、一山と領民は一行院への「不帰依」を本山である寛永寺執当役所(「東叡山役所」)に対して訴え出るという争論へと発展した。

そこで、本節ではまず一行院が安禅寺に下向した背景について紹介したい。一行院が下向する直前、当時安禅寺代官を勤めていた広井主計は寛永寺執当からの出頭命令を受けて出府していた。この広井の出府が一行院の下向理由に大きく関わるため、広井が出府に至った経緯から見ていく。

広井主計は文政八(一八二五)年に、安禅寺を兼帯していた執当信解院(凉泉院慈巽)の御用部屋侍から安禅寺代官に任命された(4)。出府当時、広井は文政十一年に発生した三条地震によって被災した堂社の大修復にあたっていた。この修復費用は、安禅寺住職を兼帯している執当に上納される朱印地寺領の年貢米売却金の五年分五〇〇両が充てられることになった。しかし、広井は予定の五年を経ても修復を完了させることができなかったため、天保五年四月に執当龍王院（養寿院純海）役所に詰める院代教圓房（のちの執当信解院観海）と書役嶋田亥之助から、代官就任以来の「修復幷勘定帳」を取調べ、これを持参するように求められた(5)。そして広井は出府し、執当役所で勘定書類の監査を受けた。執当らはこの時点までに広井の勤務内容が不十分であるという認識をおそらくもったとみられるが、広井に対し代官退役などの直接的な処分を下さぬまま、安禅寺へ戻した。その一方で、広井とわずか四日違いで一行院を安禅寺に下向させた。〔史料1〕は、下向した一行院が、寺領村役人と安禅寺内の座敷で初めて対面したときの様子を、村役人側が記したものである。この記録から、一行院の属性と下向理由についてみていきたい。

〔史料1〕小川家文書八〇「一行院一件留帳」

（引用者註・安禅寺へ）早速罷出候処安禅寺上段ニ者一行院様御座り、次之間下之方ニ広井様御座り、次之間敷居外■（虫損）庄屋着座仕候処、広井様御口上、中島庄屋三五右衛門と御申上被成候限ニ而、一行院様御答も無之、其侭引取申候、此御仁

宮様　御内仏懸り

新宮様　御近習御勤被成

一山格此度者為御執当代院御下向にハ不相応余り平外之御取扱ニ御座候、尤内々承り候得者、村松領中新保村先庄屋弟ニ而、新宮様へ十ヶ年計り御側相勤、右勤功に依而来年者表向当安禅寺御住職可被仰付御内掟有之候由ニ御座候、上下四人内大沢与左衛門と申侍壱人、是者江戸御家人之隠居と申事ニ御座候、若とう勘七、是者浦瀬村出生、草履取岩蔵、是も此辺之者と見申候に御座候

冒頭部分には、一行院が寺領村役人との対面の席において、一言も発さぬまま途中退席した様子が記される。一行院が不在のため、村役人は代官広井から一行院の経歴と下向目的を内々に聞き出したようだ。広井によれば、一行院は輪王寺

宮門跡公猷の御内仏懸りで、新宮公紹（公猷の後継）の近習を勤めていること、新宮公紹に一〇年ばかり仕えた勤功により、来年には安禅寺住職に任命される予定という門跡の内々の思召しがあるとのことだった。

まず、一行院が勤めた「御内仏懸り」について検討したい。「内仏《ないぶつ》」は『日本国語大辞典』によれば寺院で本堂以外の私房に安置した仏像という意味をもつことから、輪王寺宮門跡らが在住した寛永寺本坊円頓院に安置された仏像を日常的に護持する役割をもつ僧侶だったと解釈できる。しかし一方で「御内一行院」という用いられ方もみられ、この場合、貴人の邸内に伺候する人という意味の「みうち」と読むのがふさわしいと考える。「御内仏懸り」の読みは二通り想定できるが、いずれにしても寛永寺本坊に在住し、輪王寺宮門跡らに近侍する僧侶であったと理解しておく。

〔史料2〕は、享和年間に仏教各宗派の江戸触頭が寺社奉行所に提出した、僧位僧官、装束などによって形成される教団内の階層をまとめた「諸宗衣躰階級之次第書」に所収される「東叡山経歴之次第」の一部である。(6)

〔史料2〕

一、御本坊奥表出家十人之事

右者、山門衆徒之弟子、交衆之内ゟ御奉公願上、被召出候得者、院号被下、格式御取立ニ而相勤申候、尤右之内ゟ浅草寺別当代、妙義山別当代被仰付候者も御座候

〔史料2〕に挙げたのは寛永寺本坊に詰める奥表出家十人についてである。彼らは延暦寺衆徒の弟子や交衆から、輪王寺宮門跡への奉公を願いあげ、奥表出家十人に選ばれると院号が与えられたことがわかる。そしてこの中から浅草寺別当代や妙義山別当代に命じられる者がいたとする。実際、浅草寺別当代を勤めた僧侶の経歴『浅草寺日記』などで確認してみると、判明する分については「御内衆」「御内仏」であったことから、奥表出家十人＝御内仏懸りであるとみられる。(7)

一行院が近習を勤めた新宮公紹は、有栖川宮韶仁親王第三皇子で、文政十年三月に親王宣下をしたあと、四月に入室得度し、六月二日に京都を発ち、同月十七日に寛永寺に到着した。このとき新宮は一二才であり、天保五年当時もまだ一九

才という若さであった[8]。一行院は新宮に一〇年ばかり勤めたということは、新宮が寛永寺に在住した当初からの側勤めであったようだ。一行院はこの間柄を利用し、代官広井の失策を契機に、新宮に働きかけて安禅寺住職任命の内諚をとりつけたものとみられる。

一行院は安禅寺に下向した際、寛永寺執当役所に詰める執当手替二名が代官広井主計に宛てて作成した書状を持参した。手替とは本人にかわって寺院内外の取締りや交渉を一手にひきうけた役職であるので[9]、ここでは執当にかわって一行院の下向目的とその対応を代官広井に対して下知する内容となっている。一行院の下向目的について、「今般御内一行院儀、安禅寺寺院見分、且内実代拝相兼罷越候[10]」とあり、安禅寺の堂社見分と代拝を兼ねての下向で、広井に対して、寺領支配については一行院の指示に万端従うようにと命じている。一行院が誰の代拝で下向したのかという点については明記されていないが、執当の代拝であるとみられる。しかし、村役人は一行院の下向の様子をみて、執当の代拝としては不相応で通常とは異なると指摘していることから〔史料1〕、一行院は門跡の御内仏懸りという立場から門跡の代拝をうかがわせる様相で下向したものと思われる[11]。

2　一山、領民と住職一行院の対立

下向した一行院は寺領支配に積極的に取り組んだ。当時、寺領庄屋は前年の凶作（天保飢饉）により困窮していたために拝借米願書を提出していた。一行院は十月三日に庄屋を安禅寺へ呼び出して、この願書の不受理を言い渡した。〔史料3〕はその時の状況を庄屋が記したものである。

〔史料3〕小川家文書八〇「一行院一件留帳」

三日朝罷出候処、安禅寺御用座敷に於て一行院様被仰渡ニ者、先達而拝借米願出候得共、当年作柄も宜敷、最早新穀

ニ取続可申候ニ付、拝借米出来兼候、乍去小作極々難渋之者へ少々成とも御手当被成下候間、村々ゟ人別取調書出候様被仰渡、右願書御下ケ被成候、依而尚亦一統打寄り、此節拝借米被仰付無之候而者、後年何様之凶作ニ而御願申上候而も、御聞済無之様ニ成行可申道理、歎ケ敷次第ニ付、猶又押返し、右願書指上候処、一旦御下ケに相成候願書押返し差出し候段不敬之至と被　仰聞候、依而申上候者、御領分心得ニ者　上野表者別段御憐愍之御上様と奉存候処、却而外御領並ニも拝借米等無之候てハ、誠以歎ケ敷　御上様御外聞共奉存候趣申上候所、仰ニ者、全体　宮様　御領抔と存居候者、甚以不心得至極、明年ニも此方なり余人なり当時住職と被仰付候得者、則私領籏本領同様と申旨、用金・過役等申付候而も、住職之勝手次第抔と被仰聞候ニ付、益難捨置再願書指上候処左之通（以下略）

一行院は、寺領庄屋からの出願を不受理とした理由を、もはや十月となり収穫の季節となったため拝借米は許可できないと説明した。これを聞いた庄屋は、この状況で拝借米が許可されなければ、これが悪しき先例となり、今後どんな凶作がきても拝借米は許可されなくなると危機感を抱き、すぐに再願した。一行院はこの二度の出願に対し、一度不受理とした願書を再提出することを「不敬の至り」であると一蹴した。そこで、庄屋は、一行院に対し、安禅寺の領主はとりわけ慈悲深い輪王寺宮門跡であるのに、周辺他領同様の拝借米もないというのは非常に歎かわしいといい、これは門跡の外聞にも関わることだから拝借米を許可してほしいと説得を試みた。一行院はこの庄屋の考えに対しても、安禅寺を輪王寺宮門跡領と考えていることがそもそも不心得であるといい、来年にも自分あるいは誰かが安禅寺住職に任命されたら、安禅寺も大名領・旗本領と同様に、領内に対し用金や過役などを言い付けるのもすべて住職の勝手次第となるのだといって、寺領庄屋側の言い分を拒んだ。

寺領庄屋は、自らの領主を「御上様」すなわち、寛永寺を管領する輪王寺宮門跡であると認識しており、門跡を引き合いに出して一行院に説得を試みたことが、かえって一行院の逆鱗に触れる結果となってしまった。一行院も門跡を引き合いに出されては、領民の要求を拒むことができないために、やむなく来年以降は住職持ちになり住職勝手次第の支配となるのだと領民側にとって不利益な事実をさらに伝えてしまったものとみえる。この一行院の説明は寺領庄屋にとって到底受け入れられないものであったが、村役人側もすぐに一行院の「不帰依」を訴えるのではなく、現実問題である拝借米願書の可否にこだわり、後日願書の再々提出を行った。一行院は再々提出された願書については自己の判断で処理せずに、執当手替玉林院にこの願書を送って判断を求めた。十二月十六日に届いた玉林院の回答は、領民の願いである米三〇〇俵拝借ではなく、極難者に対しては御救米一〇〇俵を与えるというものであり[12]、領内からの拝借米願いについてはこれで一応の決着をみることとなった。

この期間中、領内村々は年貢納入に追われる日々が続いていたが、この最中の十一月十一日に代官広井が出奔するという出来事が起きた。庄屋の記録には、広井主計は、堂社大修復に金五〇〇両という大金を得ながらも修復が進んでいない状況を一行院から厳しく叱責され、これに耐えることができずに出奔してしまったと、その顚末が記されている[13]。こうして、代官広井が安禅寺からいなくなり、広井の跡役には一行院と共に安禅寺に下向した大沢与左衛門が代官仮役を勤めた。二人は安禅寺の「従来の仕来り」を無視した支配を開始する。この衆徒・社家、領民の同意を得ないで進められた支配は、様々な局面で対立を生み出した。一行院が行った従来の仕来りを無視した新法の企ては、①領内庄屋の帯刀禁止、さらに自身が住職に就任することを見越して②皇神封じ込めと③寺領支配を長岡藩に委託するという三点である。これら新法を企てた一行院の目論見と衆徒・社家、寺領庄屋が寛永寺執当役所(「東叡山役所」)に対して一行院不帰依を訴え出るまでの経過を検討したい。

寺領庄屋の帯刀禁止

一行院は天保五(一八三四)年十二月二十七日に代官仮役大沢与左衛門を通して、寺領庄屋に対し〔史料4〕①に掲げる触書を出した。

〔史料4〕小川家文書八〇「一行院一件留帳」

①御領分村々庄屋之内、心得違ニ而御役所へ年始等に罷出候節、帯刀御免も無之者致帯刀候由相聞候、以来右之躰心得違之者於有之者急度被及御沙汰候、右之段相心得、尤他領等江懸合幷致他行候節も決而帯刀不相成候事

午十二月廿七日　大沢与左衛門

六ヶ村庄屋中

追而三月十五日・六月十五日両度祭礼之節者制外ニ候、其旨可相心得事、此廻状披見加印順達留村ゟ返戻可致候、以上

②右御廻状村名下ニ印形致不申、一統相談之上披見仕候と相記付札致し相廻候処、外村ニ而も印形無之、唯堀金村而已印形致し候

③右ニ付次廿八日堀金村庄屋者相除、外村庄屋一同相談之上御役所江罷出申上候者、帯刀御指留之御触書相廻し候得とも、古来ゟ庄屋一同仕来り候訳之所、唯今御指留と有之候而者、歎ケ敷次第に付、早速願達仕度奉存候得共、何分月迫ニ而取懸り居兼候ニ付、来ル正月十五日後願達仕度候、御年頭之節ハ仕来候ニ付、帯刀ニ而可罷出候間、此段御含置可被下旨申上候処、決而不相成旨被仰候ニ付、何れ十五日後願達可仕と申引取申候

〔史料4〕には大沢与左衛門が発した触書（①）と、寺領庄屋の対応（②③）が記されている。触書は、三月十五日・六月十五日の祭礼時を除き、寺領庄屋が許可なく帯刀することを禁じた。そして、この触書をみた各村の庄屋に対し、了承した旨を示すための印鑑を捺させ、寺領六ヶ村すべて回覧した上でこれを安禅寺に返却させた。これは年末の差し迫った十二月二十七日に出されており、正月の年頭御礼を意識して出されたことは間違いない。これをみた庄屋は相談の結果、

堀金村を除き、了承を意味する印鑑は捺さず、村名の下に「披見仕候」という付箋を付けることで対応した（②）。翌日、了承した堀金村庄屋を除いた庄屋が再度集まり、安禅寺に赴いてこれまで通りの帯刀許可を翌天保六年正月十五日以降に出願する予定である旨を伝え、数日後に迫った年頭御礼の場では、これまでの「仕来り」通りに帯刀で出席することを願い出た。しかし安禅寺側はこれを拒否し、庄屋たちは帯刀が禁止された。この時、堀金村庄屋だけが異なる対応をとったのは、天保四年六月に寛永寺に献金を願い出た結果、郷士に取り立てられ、苗字・帯刀が公認されていたからであった。

年頭御礼の場での庄屋の帯刀禁止は、他の百姓と同格となることを意味し、庄屋にとって受け入れがたいものであった。実際、正月四日（蔵王・中島）、六日（摂田屋・堀金・寺宝・雨池）の年頭御礼に、庄屋は帯刀での出勤を強行しようと試みるものの、最終的には公認された堀金村庄屋以外の全員が病気を訴えて出勤自体をとりやめた。そして帯刀できなかった庄屋たちは正月十五日に帯刀願いを提出する予定で、その前夜に衆徒・社家を通して内々に一行院の意向をたずねた。一行院は寺領庄屋の帯刀禁止を決めた理由は、寛永寺において堀金村庄屋専左衛門が苗字帯刀を免許された郷士に取り立てられたことであるとし[14]、この格式差を設けるために庄屋の帯刀禁止を命じたと説明し、今後庄屋からこの件について歎願が出されたとしても寛永寺へ取り次ぐのは難しいと回答した。一行院の考えを間接的に聞いた庄屋たちは、一行院が逗留中は「無詮」であると判断して、さらなる対策を練ることになった。

その後一行院は、二月七日に安禅寺を出発し、江戸・寛永寺にひとたび戻った。庄屋たちは一行院が次に安禅寺を訪れる時は安禅寺住職としての下向だと考え、これまでの経緯から一行院が住職として赴任したら皆が迷惑を蒙るのは歴然であるとし、一行院の住職就任延期願いを寛永寺に提出することを「決談」している。この時は中嶋庄屋三五右衛門が、いまだ表向きに住職任命が決定する前に出訴するのはどうかと反対意見を出してその場を収めたものの、従来の格式を否定された庄屋たちが、一行院住職就任に関して、寛永寺に直接歎願する気運は高まっていった[15]。

一行院のとった行動は、郷士に取り立てられた堀金村庄屋専左衛門と他の庄屋との格式差を明確にする意味をもつもので、郷士に取り立てた寛永寺側からすれば、他の庄屋に対して帯刀禁止を守らせ、専左衛門に付与した格式を機能させる必要があった。

王神封じ込め

三月に入ると、安禅寺でこれまで執り行ってきた王神祭礼を、一行院が廃絶させようとしていることに衆徒・社家が気付き、これを撤回させようと衆徒智妙院らが寛永寺に直接願い出た。

王神祭礼についてまとめた「皇神御用記」の解題[16]によれば、王神(皇神)は、安禅寺が別当を勤める蔵王権現の王子神(男神・四神)で、これが女神を伴って毎年氏子区域の民家を巡行した。これを預かる当人(頭人)は、毎年十月六日に籤で決定された。衆徒・社家が天長地久・天下泰平・五穀成就を祈った王神は、当人の玄関屋根に設けられた社殿に祀られ、男神は一年間、女神は二年間そこにとどまった。当人は、氏子区域内の原則として持高三〇石以上の有力百姓・町人から選ばれており、「皇神御用記」には、元和八(一六二二)年から嘉永三(一八五〇)年までの期間に選ばれた延べ八八四人の当人の住所・名前が記されている。彼らは王神を勧請している三年間は家業を休み、精進潔斎して祭事に従事したという、勧請中は百姓に対しては年貢三〇石分の免除、町人に対しても諸役の負担が免除されたが、数多くの神事や衆徒・社家への賄いや謝礼、接待費などで、およそ一〇〇〇両を要したといわれ、これにより身代をつぶす者もあったという。王神は中世の大島庄内の産土神であり、もともとこの区域の富裕民が祀るという性格を持っていた[17]。この大島庄は、近世には長岡藩領の一部(城下町長岡の他、信濃川流域の村々)に相当したため、当人は長岡藩領の百姓・町人から選ばれていた。安禅寺のある蔵王町も大島庄内に位置するが、ここから当人は選ばれていない。このように、王神祭礼は長岡藩の領民に対して多大な負担を強いる形となっていた。また、長岡藩も当人に対しては年貢・諸役の免除をする必要があったため、王神祭礼に関わる負担を少しでも軽減させたいと考えていた。一行院は、長岡藩からの要求をうまく利用し、王神を蔵王権現社内に封じ込め、この見返りとして長岡藩から新たに黒印地の給付を受けようと画策していた。この王神封じ込めは、衆徒・社家にとって自らの存立そのものが問われる重要な問題であったため、すぐに出府してその真偽を確かめた。

出府した衆徒智妙院と組頭三右衛門は、別の一件で出府中の雨池村庄屋定五郎と合流して、皇神祭礼と一行院住職就任について、事情を内々にうかがった。〔史料5〕は寛永寺で得た情報（「御内意」）を、安禅寺にいる残りの衆徒・社家・領内庄屋らに伝えた書状である。

〔史料5〕小川家文書八〇「一行院一件留帳」

大急三右衛門差遣候ニ付、啓上仕候、各様御安泰奉寿候、此方無異罷有申候、（中略）

一、知妙院申入候、着以来其御筋江王神願之趣相伺候所、往古ゟ仕来之神祭いやと申ニ決而子細無之旨御内意安心仕候

一、両人申入候一行院様住職一条、是又其筋江相伺見候所、追々風聞多候共種々之儀達御聞居候間、容易ニ住職被仰付候ニ者行及不申候旨御内意ニ御座候、仍而者惣代ニ而も不帰依之趣申上候ハヽ、猶以御聞請可有形被仰聞候得とも、定五郎儀ハ懸り合之中、三右衛門ハ元ゟ其意ニ而不出、身分不都合之由申上候処、夫ならハ国元江引取一同連印内願指出候様御内指図り有之申進候、早々書面御取認為御登被成候様仕度、尤　王神様　願書表向差出候序ニ、連印内願書差出可申御内意ニ付、　王神様願書差扣置申候、元ゟ内願書ニ付、表向ニ者決て発せさる様取計候旨被仰聞候間、無御心配御調印可被遣候、書外三右衛門ゟ御承知可被下候、以上

三月十二日夜

木村定五郎

知妙院

衆徒中様

社家中様

御領内三役人衆中様

まず、皇神祭礼については往古より行っている神祭を「いや」といって中絶させることはないこと、一行院の住職任命については、寛永寺にも一行院の風聞が色々入ってきており、容易に住職任命とはならないだろうという「御内意」を得た。そして、問題解決の道筋として、領民の惣代が一行院の不帰依を申し出れば、これを聞き入れる旨を提案されたが、当時出府中の定五郎・三右衛門は共に惣代としては不適格であったため、それならば一度国元へ帰り、寺領村々連印の内願書を差し出すようにという内々の指示があった。さらに内願書の作成や提出方法にあたっても細かい指示が与えられている。史料中にでてくる「御内意」を発した主体は、一行院の住職任免に言及していることからも寛永寺執当であるとみられる。出府した衆徒智妙院らは、寛永寺執当役所に詰める僧侶、役人を通して自らの主張と、それに対する執当の意向を得た。執当は衆徒智妙院らに理解を示しており、一行院と執当の考えが必ずしも一致せず、これが一枚岩でないことがうかがえる。

寺領支配に関する新法企て

執当院代に寺領村々連印の内願書を作成するよう求められた組頭三右衛門は、〔史料5〕を携え、急いで蔵王町に戻り、すぐに願書〔史料6〕を作成した。

〔史料6〕小川家文書八〇「一行院一件留帳」

乍恐以口上書内分奉願上候

一、去九月為御代拝一行院様御指向、御随役大沢与左衛門殿御下し被遊、広井主計様御退役被成候、然ル所風聞ニ者此後安禅寺御住職、又者御留主居御立被遊、新法邪法御立、万端旧例御改メ之上、御検地入御免上、其下事寄御近領御領主様江御政事等御頼にも被成、御領分一同難渋筋も出来可仕と承及、一統不安心ニ付、聢と被仰渡無之内、

見越候儀願出候も奉恐入候得とも、弥右様成行候上ニ而、願出候而者猶以奉恐入候ニ付、此度内分奉願上候、

一、当御領分年来御日代所御取扱、御兼帯所罷在候而、御年貢上納無滞、御領分静謐ニ作り、御小領ニ者候得共、御他領江対し瑕瑾之義も出来不仕難有奉存候処、弥前文之御取扱と相成、旧例相替り候而者、自然と御領分迷惑筋出来仕候者難忍、困窮之御百姓一同不相立義ニ相成候てハ、誠以歎ケ敷奉存候間、以御慈悲此以後万端旧例之御取扱ニ而、御領分迷惑筋出来不仕候様被　仰付被下置候ハヽ、御百姓一同安心可仕と難有仕合奉存候、以上

天保六未年三月

摂対屋村　庄屋　印
雨池村　印
寺宝村　印
中島村　印
蔵王町　印

東叡山御役所

〔史料6〕からは、一行院が新たに検地を行って高入れし、さらに年貢率を引き上げようとしていること、寺領の支配を近隣の長岡藩に依頼しようと目論んでいることなど、新法の内容を具体的に知ることができる。

安禅寺領は朱印地・黒印地合せて三四〇石余りで、隣接する長岡藩領と比較すれば微々たる石高であった。周りを長岡藩の城下町、村々に囲まれている安禅寺領民にとって、農作に必要な用水の配当(18)や様々な局面で、自村の権利を強く主張できた理由を、安禅寺が寛永寺の兼帯所であると考えており、今後も旧例通りの取扱いを願った。一行院の新法企ての状況は自分が住職になったら蔵王町北側の畑地をすべて田地に変え、自己の裁量で用水の配分も決められると話したことなどが確認できるので(19)、これらが寺領村々の誇張ではなく一行院の目論見そのものだったとみられる。

院代	書役
実蔵房	守川重助
得証房亮順 →信行房光欣	
教圓房観海	嶋田亥之助

表1　一行院不帰依一件前後の執当

院室号	実名	住職寺院	任　命	免　役	手　替
真覚院	實潤	松林院	文政9(1826)年2月11日	天保5(1834)年2月10日	常智院調順
仏頂院	明順	護国院	天保5(1834)年2月10日	天保8(1837)年6月9日	
龍王院	純海	養寿院	天保3(1832)年4月10日	弘化3(1846)年	玉林院範海

本一件において、寺領村々から執当役所に宛てた願書が作成され提出されたのは、この〔史料6〕が初めてであった。寺領村々は一行院に接するなかで、安禅寺が住職持ちとなることの弊害を知り、また寛永寺執当兼帯という現状が、隣接する譜代・長岡藩に対しても有効に機能することも再認識した。

3　寛永寺執当役所の対応

本節では、安禅寺を兼帯し、一行院を安禅寺に下向させた主体である執当について検討したい。

執当は、寛永寺衆徒から二〜三名が勤め、輪王寺宮門跡の下にあって天台一宗を管領する事務一切を取扱う要職であった。この一行院不帰依一件前後に執当を勤めたのは、表1にあげた真覚院實潤、仏頂院明順、龍王院純海の三名で、天保五(一八三四)年二月に真覚院から仏頂院への交替があった。なお、一行院は真覚院の随身僧を勤め、真覚院と師弟関係にあった(20)。執当が住職を勤める寺院＝執当役所には、それぞれ手替一名、院代一名の僧侶二名と、書役などを勤める御用部屋詰めの侍、親方部屋詰めの中間らがいた。このうち手替と書役の任免は執当の交代とは無関係に行われており、執当が交代しても彼らは役務を引き継いだとみられる。一方院代は、例えば真覚院が執当を免役となったあとも後掲〔史料10〕で「真覚院院代実蔵坊」と確認できるように、真覚院個人についた役職と考えられる。なお、手替・院代からはのちに寛永寺衆徒住職へ就任、さらには執当になった者も確認できる(21)。

執当役所では、出奔した代官広井主計の後任人事をめぐって、複数から任命願書を受け取っていた。住職不在の安禅寺では、代官が安禅寺の支配と経営を代行した。代官は、安禅寺領からの年貢・小作米などを収納し、寺役を勤める僧侶・社家・役人・下部らに対する給米や年中行事にかかる諸費用などを差し引きし、この残金を寛永寺執当へ上納した。文政五（一八〇八）年以降、この上納金高は金一〇〇両と定額化したため、代官は役料（米四〇俵と扶持米一三俵二斗）の他に収納総額から諸費用と執当への上納金を差し引いた残額も得られた。そのため安禅寺近在の豪農層が、様々な縁故を用いて執当役所に代官任命願書を寄せた。このうち「当家系譜録」から確認できる三例を紹介したい。

①一行院

一行院は自身が住職に就任したあとは、自身の実家に代官を勤めさせるつもりであった。

②衆徒・社家からの出願

二節で触れた王神封じ込めに反対するため、寛永寺に出向いた衆徒智妙院は、この時同時に執当役所へ長岡藩領・中沢新田村庄屋助三郎に代官役を任命するよう内願していた。助三郎は代官に任命されたら、衆徒・社家・代官手代・横目の計一〇人に対して一人あたり金二〇両を、執当龍王院院代教圓房と書役嶋田亥之助に対しては一人あたり金五〇両の計三〇〇両を謝礼に渡すことを約束していた。

③幕府右筆からの出願

桑名藩預所・蒲原郡片桐村庄屋伴次右衛門次男が、幕府右筆を通して代官役任命を出願していた。仲介した幕府右筆は執当龍王院と直談し、伴次右衛門次男を代官役に任命してくれたら、冥加金三〇〇両を献上することを約束していた。

①一行院については御内仏懸りとしての勤功によるもので、金銭の授受は確認されないが、②・③については、見返りとしての金銭の授受が確認される。執当龍王院はまず、③に対しては寛永寺一山内にも一、二人の後任候補者がいるため外部から任命するのは難しいこと、また献金を理由に許可するのは寛永寺一山の外聞にも関わるとして、取り持った幕府右筆に対し理解を求めて断った。②は、執当本人に対してではなく、執当役所内で執当への取り次ぎや執当が発する文書

の作成という実務を担う者たちに働きかけて、間接的に執当の許可を得ようとする動きであった。ここから、執当役所内ではさまざまな利害が交錯している状況がうかがえる。

安禅寺代官の後任は、一行院の住職就任という問題も絡んでいたため、執当はこれをなかなか決定できない状況にあった。そのような中にあって、天保六年六月二十二日夜に安禅寺代官役所で就寝していた代官仮役大沢与左衛門の枕元に向けて、外から大石が投げ込まれるという一件が発生した。このことは、執当龍王院の耳に入り、加藤謙斎が安禅寺へ派遣された。加藤謙斎は、執当龍王院方に出入りしていた隠居で、福岡藩黒田家の留守居の経歴をもつ者であった[22]。加藤は、一行院が任命した代官仮役の大沢与左衛門を引き払わせ、領民に対しては門跡の内証である安禅寺住職の設置を受け入れさせるという役目を負った。閏七月七日に安禅寺に到着した加藤は、まず大沢与左衛門に対し、大沢が執当両院から直接代官仮役の任命を受けていないことを指摘して安禅寺を去らせた。次に領民に対しては蔵王町庄屋民治と中嶋庄屋三五右衛門を内々に呼び出して説得にあたった。次にあげる〔史料7〕は、加藤の説得を庄屋側が記録したものである。

〔史料7〕小川家文書八〇「一行院一件留帳」

（引用者註・庄屋民治と三五右衛門が）廿五日御役所江罷出候処、加藤謙斎様御逢ニ被成御礼申上候所、今日者内座之事故、袴相返し近寄相咄候様強被仰、則任思召候所、被仰候者此度私御指下し之御趣意、①全体十余年（ママ、帰依カ）来宮様幷御執当様思召ニ者、蔵王安禅寺中古已来無住故、自然と不扱ニ相成、②前々とは違ひ長岡牧野家等御帰り依而薄く成行、御社頭致大破候ニ付、住職御指下し之思召、③就而者一行院十年余茂御内仏懸り相勤、勤功と生国之事ニ付、御内証も有之現住被仰付候図、④去年御差下し被遊候御趣意者、権現様幷安善（禅）寺勤行無怠慢天下泰平・国家安全之御祈禱不怠、神慮ニも相叶御繁昌被遊候様との儀、決而御領分之事ニ差構可致与申御下知ニ者無之候所、右仁心得違ニ而種々御領分之者之気分ニ相触、一同不帰依之趣、上野表へ誰申上ル共無之相聞候ニ付、⑤今般現住御指下し之上、永住之御代官者是迄之通り相立、御領分之儀ハ矢張上野御支配ニ而万端先例之通り御取扱被遊候間、右之趣領分一同江及理解、納得之

上御受申上候様、私序茂有之事故、隠居役ニ而参候事ニ候、（以下略）

加藤謙斎の説得は次の通りである。①輪王寺宮門跡や執当が十数年前より安禅寺が長らく無住であるために自然と不取締りとなっていると考えていること、②以前とは違い長岡藩牧野家などの帰依が薄くなり、堂社が大破したままになっているため、住職の設置を考えていること、③住職を設置するにあたり、一行院はこれまで十年余りも御内仏懸りを勤めてきた功績があり、出身地でもあるから、門跡のお考えもあり住職に任命される予定である。④昨年一行院が下向した目的は安禅寺での祈禱を行うことであったのに、寺領支配に対して下知もないまま、心得違いの行動をした。その結果、寺領百姓が一行院に対して不帰依であることは、既に寛永寺執当役所内でも知られている。⑤そのため、安禅寺に住職を設置し、安禅寺に在住する代官はこれまで通りとし、寺領も寛永寺支配とし従来通りの取扱いとする。

加藤の説得から安禅寺の住職設置は、輪王寺宮門跡や寛永寺執当にとって十余年前からの懸案事項であったことがわかる。加藤は、住職を設置しなければいけない理由を長岡藩牧野家らに向けている。長岡藩主牧野忠精は天保二年に没する直前まで幕府老中を勤めていた。後継の忠雅は天保五年七月に奏者番に取り立てられた。奏者番は寺社奉行を兼務するため、近いうちに忠雅が寺社奉行に就任することは確実であった。実際、天保七年二月に寺社奉行を兼任したのち、同十年正月に京都所司代、同十四年十一月に老中を勤めた。将軍徳川家の菩提寺である寛永寺にとって、幕府老中や寺社奉行との関係は重要であり、隣接する長岡藩主がこのような幕閣の要職についたことで長岡藩に対し恭順の態度を示す考えが働いたものと考えられる。二節であげた一行院の改革（王神封じ込めと寺領支配委託）は長岡藩の意向に沿うものであり、一行院は住職に就任したら長岡藩を味方につけて寺領支配を強化し、領内の不取締りの状況を改善しようと考えていた(23)。

この加藤の説得に対し、庄屋両人は一行院らの下向ですでに迷惑を被ったことを理由に、今後も住職を置かないように希望したところ、加藤はさらに次のように説得を続けた。

〔史料8〕小川家文書八〇「一行院一件留帳」

加藤様仰ニ者全体権現様江付候三百石之御朱印、右御朱印地ニ付候御領分御百姓、然ル処宮様ゟ権現様御崇敬之上ゟ現住御立被遊度御尊慮之処、蒙御神恩居候御百姓ゟ御延引御願申候不本意至極ニ候、尤現住之仁御差替御願申儀ハ格別ニ付、幾重ニも出府之上、取持可致と申事（以下略）

加藤謙斎は、「（蔵王）権現様」に付けられた朱印地に住む寺領百姓は、「権現様」の神恩を受けているにも関わらず、輪王寺宮門跡が「権現様」を崇敬する心から現住職を設置しようとする考えに、領民が延期を願い出るのは不本意極まりないことと断じ、門跡の内諚である安禅寺への住職設置をまず認め、その上で住職の差し替えを願い出ることは許すとした。庄屋両人は加藤謙斎の説得を受け入れ、加藤の指示で現住職の設置を受け入れるという請書と一行院不帰依願書を作成した。そして、寛永寺に帰る加藤と共に、蔵王町庄屋民治と組頭三右衛門も出府して、執当役所にこれら願書を提出した。加藤の派遣によって、門跡の内諚である安禅寺住職の設置を領民に認めさせた執当役所では、続いて九月十四日に執当仏頂院家来の阿部城之助（信成）を「蔵王領収納取立方且領内為取締役」という名目で安禅寺に下向させた。

阿部は、享和二（一八〇二）年越後国蒲原郡末宝村（現、新潟市長岡市末宝）庄屋阿部六蔵家に生まれた。出生からの経歴は、弘化二（一八四五）年に本人がまとめた「当家系譜録」に詳しい。以下、「当家系譜録」に記される阿部の寛永寺における経歴を簡単に示す。

文政十一年六月、養家との折り合いが悪く、養家をとびだした阿部は、七月頃に江戸にたどりつき、実兄の知人である寛永寺衆徒護国院御用部屋侍の西川庄五郎を頼り、三カ月間護国院（住職明順は西川庄五郎の兄）の中間として勤めはじめた。その後同郷知人の仲介で執当真覚院の御用部屋侍小幡源吾に侍奉公口を斡旋してもらい、執当住心院の御用部屋下役となって苗字帯刀を許された。御用部屋下役となって間もない十月中に、養家・実家の都合により、職を辞して国元に戻ることになった。その後、天保三年九月に江戸に戻り、再び西川孫右衛門（庄五郎を改名）を頼って侍奉公口を斡旋してもらい、閏十一月から千駄木大保福寺の侍役見習として勤めはじめた。天保四年二月十五日に護国院の御用部屋侍に欠員が生じたため、護国院に移る。護国院は天保五年二月に執当（仏頂院）となり、阿部は執当仏頂院家来として書役を勤めた。同年十二月に護国院が焼失した際には、翌天保六年八月の再建完成まで普請にかかる事務処理に従事した。

安禅寺に赴いた加藤謙斎が、領民の説得を終えて寛永寺に戻ったのは、ちょうど護国院の移徙を終えた直後であった。九月には輪王寺宮門跡は日光を訪れる予定であり、阿部もその御供を命ぜられ、十二日の出立に合わせて準備していたが、九日朝に手替常智院に呼び出され、執当龍王院の元へ行くように指示を受けた。執当龍王院の元を訪れた城之助は、龍王院及び院代教圓房と対面し、龍王院から直接「蔵王領収納取立方且領内為取締役」として安禅寺に赴くようにと指示を受けた。そして安禅寺に赴く際の注意事項として、衆徒・社家が下向理由を尋ねたら「差当収納取立方」にやってきたと答えるように指示し、様々な方面から執当役所へ代官跡役の内願が出されている状況下のため、執当本人から書状が届くまでは何年でもそのまま勤め続けなさいと命じている（「諸方ゟ代官跡役内願之族有之、諸役人江願込置候ニ付、右故院家様直書ニ無之候ハヽ、何ヶ年ニ而も相勤可申旨被仰聞候」）。城之助に求められた役割は、まさに安禅寺代官としての職務であったが、一行院や衆徒・社家からの出願に対して、まだ回答を保留している段階でもあるため、執当がこれを慎重に扱った様子がうかがえる。また、下向先の安禅寺において、不明な点がある場合は加藤謙斎や院代教圓房に尋ねるよう指示するなど、執当龍王院の動きを他に広く知らせないように配慮している。このとき龍王院は阿部に対し、明日にでも安禅寺へ行けるかと尋ねており、一行院にこの動きが知られないようにする意図があったと考えられる。御内仏懸りである一行院は、おそらく門跡に同伴して日光に赴くことが予想され、この間に阿部城之助を派遣しようとしたのではないか。

安禅寺に赴いた城之助は、代官跡役願書を提出している衆徒・社家からの妨害を受け（「右仲間之者共我等江別而故障いたし、上野表江も種々偽り申立候儀」）、さらに十月三日には執当院代の書状を持って一行院が安禅寺に再度下向してきたため、その対応に追われることとなった。

〔史料9〕阿部家文書二三「東叡山御用記」

一簡致啓達候、秋冷之砌弥無御障御在役珍重存候、然者此度一行院御方再度其表江被相越候、右者両院家様深き思召之品も有之事ニ候間、万端御同院江打合御取計可有之候、尤貴殿御帰府之儀者当方ゟ御沙汰可有之候間、夫迄何事も大切ニ御勤可有之候、此両御手替方被御申付如此御座候、恐々不宣

九月廿六日

得証房　亮順
教圓房　観海

阿部城之助殿

〔史料9〕は一行院が再下向した際に持参した書状である。ここには、執当両院（「両院家様」）の深い考えもあって、一行院を安禅寺に下向させるので、阿部は一行院と万端打ち合わせて取り計らうようにという内容であった。この内容は阿部が下向前に執当龍王院から指示された内容とは異なったため、阿部は院代教圓房へすぐにその真偽を照会した。十月二十六日に安禅寺に届いた教圓房の返状(24)には、①一行院の下向目的は前回下向時に置き忘れた物の調査であり、用向きが済めば江戸に戻るであろうこと（「右者全我物取調等有之被相越候」）、②一行院が持参した院代からの書状は、執当役所内の書役が書状作成の依頼を受けて、一行院の意に沿った内容の書状を作成した可能性があることを指摘している（「一行院御方持参被致候両院代ゟ書状之儀者其筋之者承り違、文段間違候茂有之」）。阿部は教圓房からの返書の内容を一行院に問いただしたところ、一行院は今度は病気を理由にひきこもってしまった。

一行院の再下向は領民にも動揺を与えたため、阿部はその対処にも追われることになった。庄屋は一行院の住職就任を拒み、寛永寺から「御指替」してもらうまで「飽迄願果」すという旨の連印の議定書を作成し、阿部へ対しては一行院が引き払うまでは年貢収納を拒むとして対応を迫った。一方の一行院は蔵王町の小前百姓に働きかけて、阿部に対する不帰依を訴えさせるなどの動きをみせていた。寺領庄屋と阿部の関係は、一行院の引き払いという点で利害が一致していたた

め良好になりつつあり、阿部の説得により年貢収納に応じる見込みという段階に達した。そのため、阿部はこの庄屋が年貢収納を拒否している動きを利用して事態のさらなる進展を図った。阿部は十二月七日に出府し、執当龍王院役所へ領内からの願書を提出し、この間の経緯を直接説明した。龍王院役所では、一行院の師匠である真覚院の院代実蔵坊と龍王院院代玉林院、院代教圓房と阿部の四人で今後の対応を話し合った。

〔史料10〕阿部家文書一二三「東叡山御用記」

①実蔵坊様ゟ我等江御沙汰ニ者、御収納米差留候抔と申儀者、村役人共重々不埒之訳ニ付、右之者共退役申付候而も可然義と存候、御手前儀者如何被存候哉之旨御尋ニ付、②相答候ニ者、御収納米御預ケ被下と者乍申も、御収納向ニ差障候謂無之処、右体申立候段不埒至極ニ付、退役相当之儀と奉存候、併根元一行院様不帰依之儀者当春ゟ歎願仕居候処、此節御同院被罷越候ゟ事発り候儀ニ御座候得者、強而村役人共而已之越度ニも有之間敷哉、乍去御沙汰之上退役被仰付候共、又者一行院早速御引取ニ相成候共、又者御同院御引払迄御収納米御預ケ被遊候共、何れ御勘考之上、被仰付次第私義者急度取計可申と奉存候、右故遥々之処時節柄為御伺出府仕候旨申述引下り、夫ゟ院代部屋ニ休息いたし候処、教圓房ゟ申聞候ニ者御下知無之内、他方江罷出候而者御差支筋も被為在候趣ニ付、今晩当院江止宿いたし候様、又者加藤氏方江被参候共申聞候間、則加藤氏江罷越止宿いたし候処、翌十六日未明ニ龍王院様ゟ呼出申参り、則罷出候処、玉林院様御道ニ而真覚院御方実蔵坊江可参旨被仰付、則罷越候処、③実蔵坊様御逢ニ而被仰聞候ニ者、一件昨晩種々評義いたし候処、御手前之被申候儀も尤之筋も有之、依而自分方ゟ一行院方江迎之者差立可申候間、致同道呉候旨御頼ニ御座候、

傍線部①は実蔵坊が阿部に対して尋ねている部分で、庄屋が年貢米収納を拒否するというのは、庄屋の不埒であって、庄屋を退役させても良いこととも思われるがこれをどう思うかと阿部の考えを求めた。傍線部②は①に対する阿部の回答で、庄屋が年貢米収納自体に支障がないのに年貢米を庄屋の元に預からせてほしいと、（一行院にかこつけて）申し立てた

ことは不埒であり、庄屋は退役にあたると思われる。しかし、この問題の根源となる一行院不帰依は今年の春から歎願し続けてきたことで、(この年貢米収納の原因をひきおこしたのは)一行院の再下向からおこったことであるから、これを庄屋だけの過失とはいえないのではないか。執当らでご勘考の上で村役人に退役を申し付けるにせよ、一行院をすぐに江戸へ引き取らせるにせよ、または一行院が引き払うまで年貢米収納を見送る形にせよ、いずれにしても私は命じられた内容通りに処理するつもりである、それをお伝えするために遠路はるばる時候伺いも兼ねて出府したと返答した。その日はこれで終わり、翌朝阿部は玉林院と共に実蔵坊のもとを訪れた。傍線部③は実蔵坊から阿部に伝えた内容である。実蔵坊はこの一行院一件を真覚院に持ち帰り、阿部の言い分ももっともであるとし、実蔵坊より一行院へ迎えの者を差し立てることを約束した。

庄屋による年貢米収納の拒否は、一行院本人に対する説得には効果がなかったが、執当役所においては阿部が説明することによって、一行院の師匠真覚院と真覚院院代実蔵坊の理解を得ることができた。

阿部らは十二月十八日に寛永寺を出発し、二十五日に安禅寺に到着した。一行院はこの師匠真覚院方からの迎えも無視し、雪を理由にさらに逗留を続けたが、この迎えを目の当たりにした領民たちは、もはや一行院が住職になることはないと安堵したという。その後も実蔵坊と一行院の間で説得は続き、ついに天保七年二月五日に一行院は安禅寺を出発し江戸に帰った。寺領庄屋は二月十三日までに年貢を皆済し、一行院が逗留していたために延期となっていた年頭御礼を十五・十六日に行い、領内はひとまず「穏便」におさまる形となった。

阿部にとって最後に残された課題は衆徒・社家への対処であった。これは一行院とは無関係に進行しているものであり、一行院が安禅寺を去った直後、今度は衆徒教学院が惣代となり、執当役所へ阿部に対する不帰依願書が提出された。教学院は阿部に対して無断で出府したことから、阿部はこれを欠落とみなし、執当役所へ教学院の欠落を届け出た。教学院が内願した先は執当龍王院役所の書役嶋田亥之助であったが、教学院の欠落が執当役所へ伝わっている状況においてはこの願書は受理できないため、書役から教学院へ対して安禅寺へ戻るように指示があった。こうして衆徒・社家の出願も不受理となり、帰国した教学院に対しては、無断で出府したことに対する詫び証文をとることでこれを不問にし、天保五年九月から続いた執当役所や安禅寺衆徒・社家及び領民をまきこんだ争論が、天保七年四月にようやく終結するに至った。

おわりに

天保五（一八三四）年九月から天保七年四月にかけて、寛永寺執当役所、安禅寺衆徒・社家・領民をまきこんで展開したこの「一行院不帰依一件」において、天台宗一宗を支配する執当が最も重視したことを改めて考えてみたい。まず、執当は門跡の発した安禅寺に住職を設置するという内諚を遂行することを最優先に考えていた。これまでも安禅寺を兼帯し、領民からの諸出願の窓口となっていた執当役所では、安禅寺領の支配の困難さを認識していた。それゆえに、住職設置を完遂させるために、領民の合意を得た上で住職を設置するという方法を模索し続けていた。領民は、近隣の長岡藩との関係から、従来通り「輪王寺宮門跡御抱」であることを要望しており、執当役所ではまず領民に対して安禅寺住職の設置という前提を認めさせた上で、次に領民側の要望についても聞き入れるという形をとることで、穏便に領民の合意を調達することができた。

この一件の解決にあたって、執当役所が果たした役割は非常に大きかった。しかしその反面、執当役所では執当本人以外にも門跡や執当の意向を汲んだ文書を発給できたために、安禅寺が遠方で即座に意思疎通できないことを悪用し、執当の意図とは異なる命令が発せられる危険を持った。執当自らもこのことを承知した上で対応にあたっている点が注目される。

最後にその後の展開を概観したい。

天保七年十二月、門跡の内諚通りに安禅寺住職が置かれ、一行院の同役（御内仏懸り）から安住院照恭が、一代限りで住職に任命された。安住院は寛永寺に在住したままの状態で執当の指示を受けながら住職を勤めた。安住院はその後山門長寿院（寛永寺在住）、根津昌泉院（現、文京区根津）と移転し、弘化四（一八四七）年に隠居する。安住院は阿部城之助から幾度となく安禅寺に在住してほしいと求められたが、安住院は寛永寺に在住することを選んだ。安住院は安禅寺への在住を強く望む城之助に対して、「安禅寺で官位を昇進させるには、一〇〇〇両も上納しなければ何の願いも出来ない」[25]と返答し、安禅寺に在住することは難しいと説得した。住職として安禅寺に在住することは、安住院にとって「輪王寺宮門跡御内仏」という肩書きから「寛永寺直末・安禅寺住職」に変わることを意味する。本山三山とは異なり、直末寺院から官位昇進を願い出る場合、一〇〇〇両以上の献金が不可欠であったことがわかる。安住院はこの一〇〇〇両を支払わずに、官位を昇進させていく道を模索していたといえよう。

一方、領民から不帰依を突きつけられた一行院は、もともと出身が越後国であり、安禅寺住職という地位に執着していた。一行院が収納増にこだわったのは、僧侶として出世するためには官位補任が不可欠で、それに伴う多額の費用が必要であったことを意味している。安禅寺に住職が設置されるということは、住職の任官費用が領民に転嫁されることを意味し、結果として領民の負担が増す。一行院は領民感情について考えず、住職に就任することで生じる負担増をありのままに話し、結果として領民から不帰依を蒙るという経過をたどってしまった。この任官費用の領民への転嫁は、武家では当然のごとくみられることであり、これを一行院の恣意的な行動と評価することはできないだろう。一行院は、再下向した際には、執当手替や院代による再三にわたる帰府命令を無視してまで安禅寺にとどまった。一行院にとっては、輪王寺宮門跡から得た安禅寺住職任命という内諚こそが重要であったのであり、執当が何をいおうとも門跡の内諚と比べれば重要ではなかった。そんな一行院を最終的に追い込んだのは、師匠真覚院の院代実蔵坊からの説得であった。僧侶の存立を規定する基本的な関係として師弟・法類関係が挙げられるが、門跡の内諚を得た一行院であっても、師匠真覚院抜きに僧侶

として、安禅寺住職として存立することは難しかったことがわかる。(26)

続いて、領内支配についてみていく。一行院不帰依一件はそもそも代官広井主計が安禅寺の堂社修復を成就させなかったことから発生した。その後安禅寺に下向した阿部城之助は、堂社修復の費用を寺領庄屋から献金させることによって調達し、これを成就させた。献金した庄屋に対しては、見返りとして身分格式が与えられ、これによって全庄屋が苗字・帯刀を許可される形となり、近藤専左衛門に対して改めて郷士格を付与し、従来の矛盾が解消された。

城之助はその後、安禅寺の持つ輪王寺宮門跡御抱の朱印地寺領という特権を活かした領内支配を展開し、周辺他領との利害交渉も積極的に行い、長岡藩城下町長岡との間で起きた船道出入においてもこれを主導した。城之助が安禅寺代官に正式に就任するのは船道出入に取り組んでいる最中の天保十年十月のことであったが、ここでようやく一行院一件以来、混乱していた領主―領民関係が一応の安定をみたといえるだろう。

（1）吉田伸之「巨大城下町―江戸」『岩波講座日本通史』一五（岩波書店、一九九五年〈後に『巨大城下町江戸の分節構造』山川出版社、二〇〇〇年所収〉）。同「江戸・内・寺領構造」吉田伸之・伊藤毅編『伝統都市四　分節構造』（東京大学出版会、二〇一〇年）。

（2）和泉市史編さん委員会監修『和泉市の歴史一　地域叙述編横山と槇尾山の歴史』（ぎょうせい、二〇〇五年）、同『和泉市の歴史二松尾谷の歴史と松尾寺』（ぎょうせい、二〇〇八年）ほか。

（3）安禅寺に関係する史料は現在、長岡市立中央図書館文書資料室に所蔵されている。また、安禅寺に関する先行研究は拙稿の他に、長岡市史関係、星山貢氏があげられる。拙稿「近世寺院領の存立構造―越後国蔵王権現別当安禅寺を素材として」都市史研究会編『年報都市史研究』一四（山川出版社、二〇〇六年）、同「長岡と蔵王」（吉田伸之・伊藤毅編『伝統都市二　権力とヘゲモニー』（東京大学出版会、二〇一〇年）、長岡市編『長岡市史』通史編上（一九九七年）、資料編二（一九九四年）。長岡市編『市史双書蔵王権現領安禅寺御用記』一～五（一九八九・二〇〇七・〇八・一〇・一二年）。星山貢『蔵王大権現及王神史』（日本書房、一九三七年）。

(4) 阿部家文書一八二「当家系譜録」。以下、特に出典を明示しない場合は本史料による。

(5) 安禅寺文書二〇二「天保五午年御用留」。

(6) 『続々群書類従』一二（続群書類従完成会、一九七〇年）三六一頁。なお、史料中の交衆は寛永寺衆徒、山門衆徒とその弟子・所化で構成されていた。詳細は拙稿「仙波喜多院の存立構造」高澤紀恵・吉田伸之・フランソワ＝ジョゼフ・ルッジウ・ギヨーム・カレ編『別冊都市史研究　伝統都市を比較する』（山川出版社、二〇一一年）二一七頁を参照。

(7) 一例をあげると、国立国会図書館所蔵・旧幕引継書「吟味伺進達留」一によれば、天保十一年九月から浅草寺別当代をつとめた恵門院謙海は、尾張藩家来木村柳右衛門の忰で、十三才の時に牛込行元寺海遵の弟子になり、寛永寺春性院にて剃髪、修学し、文政十一年より天保十一年まで「新宮御内仏掛」を命じられていた。

(8) 浅草寺日並記研究会編『浅草寺日記』一七（吉川弘文館、一九九四年）七九二頁。

(9) 国立国会図書館所蔵・旧幕引継書「吟味伺進達留」七に所収される「下谷金杉下町清七店ニ罷在候浪人武笠織之助外壱人盗いたし候一件之内上野凌雲院所化手替役禅林院譲順外六人吟味書」の中で、寺社奉行内における吟味の過程で手替役の職掌について「奉行所其外向々引合、且院内一体之取締向等一手ニ引請取計」と述べられている。

(10) 安禅寺文書二〇二「天保五午年御用留」。

(11) 阿部家文書一八二「当家系譜録」で阿部信成は、一行院の下向について「准后宮様蔵王権現江御代拝幷普請見分兼御差下」と記しており、一行院は執当ではなく門跡の代拝として下向したと推察している。

(12) 安禅寺文書二〇二「天保五午年御用留」。

(13) 小川家文書八〇「一行院一件留帳」。（「一、近来御宮大破仕、安禅寺幷御役所共大地震ニ付大破に付、御当領御収納金年々百金ツ、、御上納之所、五ヶ年分御願下ケ之上、大修復被成候得とも、夫程之御普請ニも無之、其外御不首尾之趣、然ル所一行院様尚又六ツ敷御沙汰有之候処、性得御小童之御仁故、出奔被成候に付、（以下略）」）

(14) 堀金村庄屋専左衛門は天保三年六月に寛永寺執当龍王院・真覚院より苗字帯刀を許可された（安禅寺文書二〇〇「天保三辰年御用留」）。

(15) 小川家文書八〇「一行院一件留帳」。

(16) 長岡市立中央図書館文書資料室編『長岡市史双書四六　蔵王権現領安禅寺御用記二』「皇神御用記」（二〇〇七年）解題三〜五

頁。

(17) 星山貢著『蔵王大権現及王神史』(日本書房、一九三七年)一九三頁。

(18) 小川家文書八〇「一行院一件留帳」(「御当領之儀ハ所々ニ引離れ、何れも長岡領ニ相孕れ候村々、殊ニ者御小領之事ニ候得共、畢竟　上野表御兼帯所之故ヲ以、他領ゟ申分無之行立連続仕居申候、就中御領分之内ニ者、用水配当之節者長岡御領ヲ初、給々廿五六ケ村之立合ニ而分水仕、中々小領之私領等者取合も不仕候得共、御当領者御威光故外ニ申分も無之年来分水相応ニ引取作方仕付等仕候処、御私領と申ニ相成候而ハ迚も是迄之通分水相成兼、左候得者田作仕付方も相減、漸々困窮ニ指せマり可申」)。

(19) 小川家文書八〇「一行院一件留帳」(「其上門前村北之方御詠め之上、右畑方不残田方ニ致開発候ハヽ、多分之益筋ニ相成可申、依而自分住職ニ相成候ハヽ、田新田ニ可致、殊ニ用水掛引者自由ニ出来可申抔と内咄シ有之候由之処、右一条門前江洩れ聞へ、然ル処外村々も何様之儀出来可申哉も難計候抔と」)

(20) 阿部家文書一八二「当家系譜録」。

(21) 院代玉林院、手替教圓房は同衆徒泉龍院の住職を勤めた。教圓房はその後さらに執当となった。

(22) 阿部信成は加藤謙斎について「松平備前守殿留守居役相勤候隠居也、大黒田之方也」と記している(阿部家文書一八二「当家系譜録」)。

(23) 長岡藩では城下町長岡を保護するために信濃川の船継特権を付与したり、城下町以外の「在見世」の営業禁止を命じたが、隣接する朱印地安禅寺領の存在が抜け道となっていた。城下町長岡の町人は安禅寺領の存在が城下町長岡の繁栄を妨げる原因と考えており、その状況は長岡藩へも届いていた。長岡藩はこれらを宿坊である衆徒凌雲院(東叡山学頭)に伝え、事態の打開をはかった(前注(3)拙稿、二〇一〇年)。執当や輪王寺宮門跡が安禅寺に住職を設置するという考えに至ったのは、このような長岡藩側の要望が契機だったと推測される。

(24) 阿部家文書二三「東叡山御用記」。

(25) 「安禅寺ニ而昇進いたし候ニ者千両も上金不致候而者、何之願方も不被致」(安禅寺文書一一一「東叡山御用記」天保十二年)。

(26) 阿部家文書二四「東叡山御用記」によれば、一行院は帰府後、師匠真覚院から勘当されて、天保九年当時は阿波に派遣され、現地で病気となったことが記されている。

参考　一行院一件関係年表

天保５年	５月	安禅寺代官広井主計出府(堂社修復費用下賜願／領民による拝借米願書提出のため)
	９月19日	広井主計帰着
	９月22日	一行院安禅寺へ下向，寺領庄屋と対面(史料１)
	10月３日	一行院と寺領庄屋と対面(史料３)
	11月11日	堂社修復費用の横領を理由に広井主計出奔，大沢与左衛門を代官仮役に任命
	12月17日	一行院と寺領庄屋と対面(寛永寺より拝借米100俵許可)
	12月27日	大沢与左衛門より庄屋の無許可帯刀は不可である旨，触書(史料４①)
天保６年	正月	衆徒・社家と寺領庄屋が寄合評議
	２月７日	一行院安禅寺を出発，寛永寺へ戻る
	３月	衆徒・寺領庄屋が出府，執当役所の内意を踏まえ願書作成(史料６)
	６月22日	安禅寺役所代官寝所に大石が投げ込まれる→以後，領分より夜番人足を出す
	閏７月５日	寛永寺執当仏頂院方役人加藤謙斎下向
	閏７月15日	大沢与左衛門帰府
	閏７月25日	加藤謙斎と寺領庄屋(民治ら)が対面(史料７・８)
	８月23日	加藤謙斎帰府，寺領庄屋も同道(領内より住職人選願書持参)
	９月24日	「蔵王領収納取立方且領内取締役」として阿部城之助下向
	10月６日	一行院下向(「全我物取調」という名目)
	10月	寺領庄屋ら議定書作成：「一行院様御現住之儀御指替被下度段飽迄可願果候」
	11月２日	寺領庄屋ら出府：寛永寺執当へ一行院引取願書提出
	12月６日	阿部城之助出府(一行院引き払いの算段相談)(史料10) (・阿部城之助出府中…一行院は蔵王町小前に工作を行う)
	12月25日	阿部城之助下向
	12月26日	一行院・阿部城之助対面／阿部城之助・寺領庄屋寄合 ・真覚院院代実蔵坊よりの書状を見せる→正月～２月初旬の引き払いを約束
天保７年	２月５日	一行院帰府

8章　北品川の寺社門前

吉田伸之

はじめに

本章は、江戸市中南端の周縁部に相当する品川をとりあげ、その地域特性について若干検討しようとするものである。周知のように、品川は、江戸湾の海岸沿いを南下する東海道の初宿＝品川宿を中心とする地帯である。近世中期以降の品川宿は、北から歩行新宿三〜一丁目、北品川宿三〜一丁目、目黒川を越えて南品川宿一〜四丁目の三宿から構成され、いずれも代官支配の下に置かれた。しかし品川を構成するのは、これら品川三宿だけにとどまらなかった。

図1は十九世紀半ばの品川を描くものである。ここには三宿以外に品川を構成する、次のような要素をみることができる。

a多数の寺院や神社とその門前町
b南品川猟師町
c二日五日市村(1)
d品川溜

e田畑の耕地（北品川宿、南品川宿の耕地部分）

これらの諸要素について、それぞれの特異な社会＝空間構造をていねいに解明することが課題となるが、本章ではaのうち、北品川の寺社とその門前、就中品川に多数分布する寺院の中で突出した規模を持った東海寺、これに深く関わる清徳寺・稲荷社(2)と、それぞれの三つの門前町の様相を垣間みておきたい。

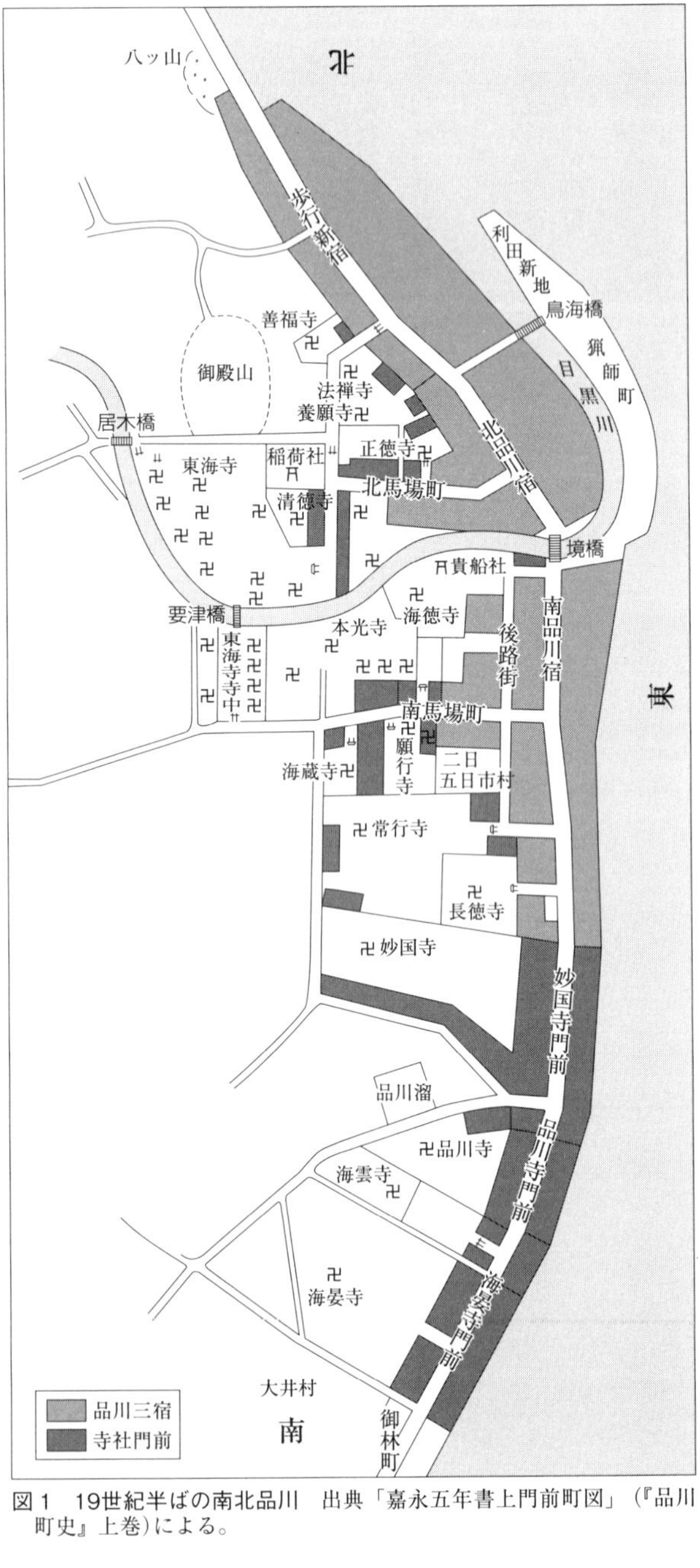

図1　19世紀半ばの南北品川　出典「嘉永五年書上門前町図」（『品川町史』上巻）による。

ここで主な素材とする史料群は次のとおりである。

・東海寺・清徳寺とそれぞれの門前については、東海寺役者が記した日鑑「公用日記」[3]を検討する。これらの原本は厖大な分量に達するが、本章では『大田区史（資料編）東海寺文書』[4]に抄録の上、翻刻された部分のみを限定してとりあげる。

・東京都江戸東京博物館蔵・北品川稲荷門前文書。これは四六点ほどの史料群で、すでに全体が翻刻・紹介されているが[5]、ここでは品川歴史館所蔵の写真版による校合を経て用いる。

1　品川十八ヶ所寺社門前

まず、前提として品川の寺院・神社と門前町の概要をみておこう。弘化二（一八四五）年九月「沿革御調ニ付品川領宿村書上控」[6]（以下「品川領宿村書上」と略称）によると、この時、品川領には表1の二五ヶ寺を確認することができる。まずこれらの創建年代をみると、十二世紀の一寺のほか、十三世紀の七寺、十五世紀の四寺を中心に中世末までのものが一八ヶ寺と圧倒的に多い。そして近世以降のものは東海寺など五ヶ寺にすぎない。また、除地・年貢地などとある境内の広さをみると、東海寺が突出しており（一五町九反弱）、これに妙国寺（七町四反弱）、海晏寺（四町三反弱）、品川寺（一町六反）など東海道沿いに連なる古刹が続く。

これら寺院の内、一六ヶ寺には門前町が存在している。また、北品川の善福寺と法善寺の東海道沿いの部分にはかつて両寺の門前町があったが、享保七（一七二二）年に、北品川宿に隣接する新町とともに新たに歩行新宿一〜三丁目として設定され、善福寺にわずかな「内門前」が残されるのみとなっている。

また、「品川領宿村書上」の記載から神社についてみると、北品川の鎮守である稲荷社（神主小泉上総、除地二九一〇坪。

表1　品川の25ヶ寺

寺院名	宗派	創建年代	朱印地・除地など	門前
善福寺	時宗	永仁2：1294	除地45畝24歩	門前25間・151坪
法善寺	浄土宗	明徳1：1390	除地78畝27歩	
養願寺	天台宗	寛文年間：1661～	除地20畝12歩	門前地
正徳寺	浄土真宗	永仁6：1298	除地25畝4歩	門前，年貢地
本照寺	日蓮宗	天文10：1541	除地37畝15歩	年貢地～
光厳寺	禅宗	不明	14畝11歩	
東海寺	禅宗	寛永15：1638	拝領地47040坪，添地588坪	門前
清徳寺	禅宗	不明	除地3217坪	門前
海徳寺	日蓮宗	大永年中：1521～28	除地148畝23歩	
常行寺	天台宗	嘉祥1：1106	除地168畝5歩，年貢地25畝3歩	門前町，年季町屋
長徳寺	時宗	寛正4：1461	朱印高5石，年貢地66畝20歩	門前町
妙国寺	日蓮宗	弘安8：1285	朱印高10石，拝領地22177坪	門前，内門前，年季家作
品川寺	真言宗	長禄年中：1457～60	拝領地4800坪	門前町
海雲寺	禅宗	寛永3：1625	年貢地22畝26歩	門前町
海晏寺	禅宗	建長3：1251	除地429畝26歩	門前町
心海寺	浄土真宗	正保4：1647	年貢地13畝18歩	
本覚寺	天台宗	元亀3：1572	除地15畝11歩	
本栄寺	日蓮宗	宝徳2：1450	年貢地26畝8歩	門前町
蓮長寺	日蓮宗	弘安年中：1278～88	除地31畝14歩	門前町
妙蓮寺	日蓮宗	長享1：1487	除地51畝	門前町
願行寺	浄土宗	寛政3：1791	除地66畝29歩	門前町
本光寺	日蓮宗	永徳2：1382	除地137畝18歩	
海蔵寺	時宗	永仁6：1298	年貢地69畝23歩	門前町
大龍寺	禅宗	仁治2：1241	年貢地35畝27歩，除地5畝8歩	
天龍寺	禅宗	天正9：1581	除地64畝4歩	

(『品川区史　資料編』134号史料による)

現、品川神社)と、南品川の鎮守である貴布禰明神社(貴船社。神主鈴木播磨、拝領地一四二二坪。現、荏原神社)の二つが主要なもので、これら両社はそれぞれ門前町を有している。

こうして、品川には併せて一八の寺社門前町が分布していたことになる。以下、これを「品川十八ヶ所寺社門前」と呼びたい。[7]表2は、「品川領宿村書上」から作成した寺社門前のリストに、文政十一(一八二八)年「町方書上」のデータを記入したものである。ここでまず注目されるのは、これら十八ヶ所寺社門前の家数である。その合計は八六八軒に及び、その七割が店借である。同年の品川三宿と猟師町の家数・人数データをまとめた表3とくらべてみると、後者の合計一五七二軒の五五％に及ぶことがわかり、また人数も三四〇〇～三五〇〇人程度に達するものと推定される。すなわ

表2　品川18ヶ所寺社門前

門前町名	里俗町名	家数	家持	家主・家守	地借	店借(軒)
善福寺門前		14		1		13
養願寺門前	虚空堂横町	17	1			16
正徳寺門前	北馬場町	27	2	3		22
稲荷門前	虚空堂横町	64	8	4	6	44
東海寺門前	長者町	44	3		3	38
清徳寺門前	長者町	31	2		1	28
┌貴船門前	天王横町	11		7		4
└貴船社地門前	宮門前	19		11		8
本栄寺門前	南馬場町	1	1			
願行寺門前	南馬場町	19		6		13
蓮長寺門前	南馬場町	5	2			3
妙蓮寺門前	南馬場町	33	9			24
海蔵寺門前	南馬場町	129	22	2		105
┌常行寺門前		32	6			26
└常行寺新門前	熊野門前	48		13		35
長徳寺門前		2	1		1	
┌妙国寺門前	青物横町	125	41	9		75
├妙国寺裏門前片町(内門前古)	青物横町地続	18		6		12
└同寺新門前片町(内門前新)	新長屋	66		13		53
品川寺門前	観音前 横町は青物横丁	57	20	4	2	31
海晏寺門前	北の方・観音前 南の方・鮫洲	94	31	7	4	52
海晏寺門前		12	3	1	1	7
合計		868	152	87	18	609

(『品川区史　資料編』134号史料，『御府内備考』による)

ち、品川の社会＝空間において、十八ヶ所寺社門前の占める構成的比重は相当程度に大きいとみなすことができる。

表2で次に目をひくのは「里俗」の町名である。例えば、本栄寺・願行寺・蓮長寺・妙蓮寺・海蔵寺の隣接する五つの門前町は、南馬場町と通称された。このほか、北馬場町・虚空堂横町・長者町・青物横町などの町名をみることができる。これらは小門前町の複合であると同時に、そこには隣接する居所の生活共同体としての実態が想定されるのではないか。以下本章では、こうした「町」を「里俗町」と呼んでおく。

品川十八ヶ所寺社門前は、延享二(一七四五)年閏十二月にそれまでの寺社奉行支配から一括して町奉行支配に編入されることになるが、その一つひとつには多様な個性がうかがえる。その詳細は今後の検討課題であるが、とりあえず仮説的にいえば、

表３　品川宿の家数・人数

		文政11		天保14	
		家数(軒)	人数(人)	家数(軒)	人数(人)
北品川	北品川宿	522	1996		2650
	歩行新宿	388	1764		1595
南品川	南品川宿	527	2005		2176
	猟師町	135	525		469
合計		1572	6290	1561	6890

(『品川区史　通史編』表21を加工)

品川宿の伝馬役（宿役）や街道近隣の茶壺人足役との関係から、次のような類型がみられるように思われる。

a　東海道沿いの両側町

ⅰ宿役＝伝馬人足役を担うもの（品川寺・海雲寺・海晏寺の門前）

ⅱ宿役は勤めず茶壺人足のみ負担するもの（妙国寺門前）

b　東海道に直面しない西側区域の片側町

ⅰ宿役を担うもの（長徳寺門前）

ⅱ茶壺人足を担うもの（常行寺・海蔵寺・願行寺・妙蓮寺・本栄寺・蓮長寺の各門前）

ⅲ寺院・神社などへの役のみ勤めるもの（貴船社・稲荷社・清徳寺・東海寺・正徳寺・養願寺・善福寺の各門前）

先に触れた歩行新宿に編入される法善寺・善福寺の両旧門前は、aⅰと同質とみることも可能である。またaⅰ、aⅱ、bⅰ、bⅱの各タイプは、何らかのかたちで品川宿による直接的な拘束の下にあるといえよう。この点で特異なのはbⅲの類型である。そして北品川に分布する六つの寺社門前は全てこのbⅲに含まれ、南品川のものは貴船社門前のみである点が注目される。

以下次節以降では、北品川の寺社門前の内、東海寺と関わりの深い三つの門前町―東海寺門前・清徳寺門前・稲荷門前―について、その実態をみていくことにしたい。

2　東海寺と三門前

東海寺門前

紫衣事件で流された先の出羽上山から、赦されて大徳寺に戻った沢庵宗彭が、家光により江戸に呼ばれ、その後援を得て寛永十六（一六三九）年に品川に建立したのが、万松山東海寺（臨済宗大徳寺派）である。東海寺は朱印地五〇〇石を与えられ、十八世紀前半までに一七もの子院を抱える一山寺院となってゆく。[8] 正保三（一六四六）年の「武蔵田園簿」には朱印地の内訳が表4のように記され、いずれも荏原郡内（現、東京都大田区）にある三つの村々が寺領となっている。

こうして東海寺は、十七世紀を創建年代とする品川における最も新しい寺院の一つであるが、朱印高や境内の規模において最大であり、とくに北品川の社会や空間にとってどのような要素であったかが注目されるところである。

表4　東海寺の寺領

郡　名	村　名	石	
荏原郡	小林村	270.752	1給
〃	安方村	222.534	〃
〃	不入斗村	6.714	2給*

「武蔵国田園簿」（正保3）による。*他の支配は幕領545.226石。

まず図2・3によって、近世後期東海寺周辺の構造を概観しておきたい。図2は寛政十二（一八〇〇）年二月の東海寺境内図、[9] また図3は長谷川雪旦画「牛頭天王社・東海禅寺」である。[10] 東海道歩行新宿一丁目の中程、善福寺と法善寺の間の通り（大門通）に東海寺の大門（黒門とも）がある。この通りからが東海寺境内域とみられる。大門通を御殿山の麓沿いに南下すると、右に「牛頭天王社」（稲荷社）があり、道端に神主屋敷がみえる。また稲荷社の南隣には臨済宗建長寺派の寺院・清徳寺があるが、この一画は東海寺「境外」とされている。図2をみると、稲荷社と清徳寺の境の通りに中門（札門）が置かれており、その内側、額門に至る道の両側には町屋が描かれる。

東海寺一山の組織には二名の役人が置かれ、知行所や門前の支配を担当した。これは浅草寺など

図２　東海寺境内図　嘉永５年「東海寺―山惣絵図」（『品川を愛した将軍徳川家光』品川歴史館特別展図録，2009年による）

の場合にみられる領分支配を担う代官に相当する者である。彼らの役宅は東海寺門前の一画に与えられた（図4）。寛政十年十月、当時の役人の一人橋本清右衛門が引退するに際し、跡役を養子安右衛門に継がせることを出願し認められた。次の〔史料1〕は安右衛門に対して申し渡された十一カ条である。

〔史料1〕(11)

1 一、第一知行所之義、清右衛門ニ承り、非法無之様取計可申事
2 一、方丈向諸道具看板等破損之節、両人申談候上、知事方江相達、月番役者差図可請事
3 一、小普請方御鷹匠御城坊主等、都而常住方来客之節者、両人共早速罷出、挨拶掛合可申候、尤支度等之儀者、随時宜知事方江御頼可申事
4 一、常僕召抱候砌、両人申談見届候上ニ而、知事方江申達抱候事、其上奉公向両人立合可申渡事
5 一、三月五日門札改候節、斎了両人相揃立合候而、相改可申事
6 一、山内外共不寄何事見分之節者、両人相揃可罷出事
7 一、門前之儀者清右衛門ニ承り可申、併格別之儀者両人申談立合ニ而取計可申事
8 一、常住方御買上之品有之節者、両人申合致吟味可申付事
9 一、方丈内、山中対僧衆、失礼無之様相心得可申事
10 一、非常之節者、早速知事寮江相詰可申事
11 一、私用ニ而他行之節者、月番役者、并知事方江相達シ、同役江頼合可申事
右之外万事無大小両人申談、致和合不寄何事ニ談合候様ニ相心得可申、扶持方之儀者追而可及沙汰旨申渡ス

これによると、今一人の役人山中元休とともに勤めるべき主たる役務は、以下のようである。

①知行所・門前の支配（1・7条）。

其二

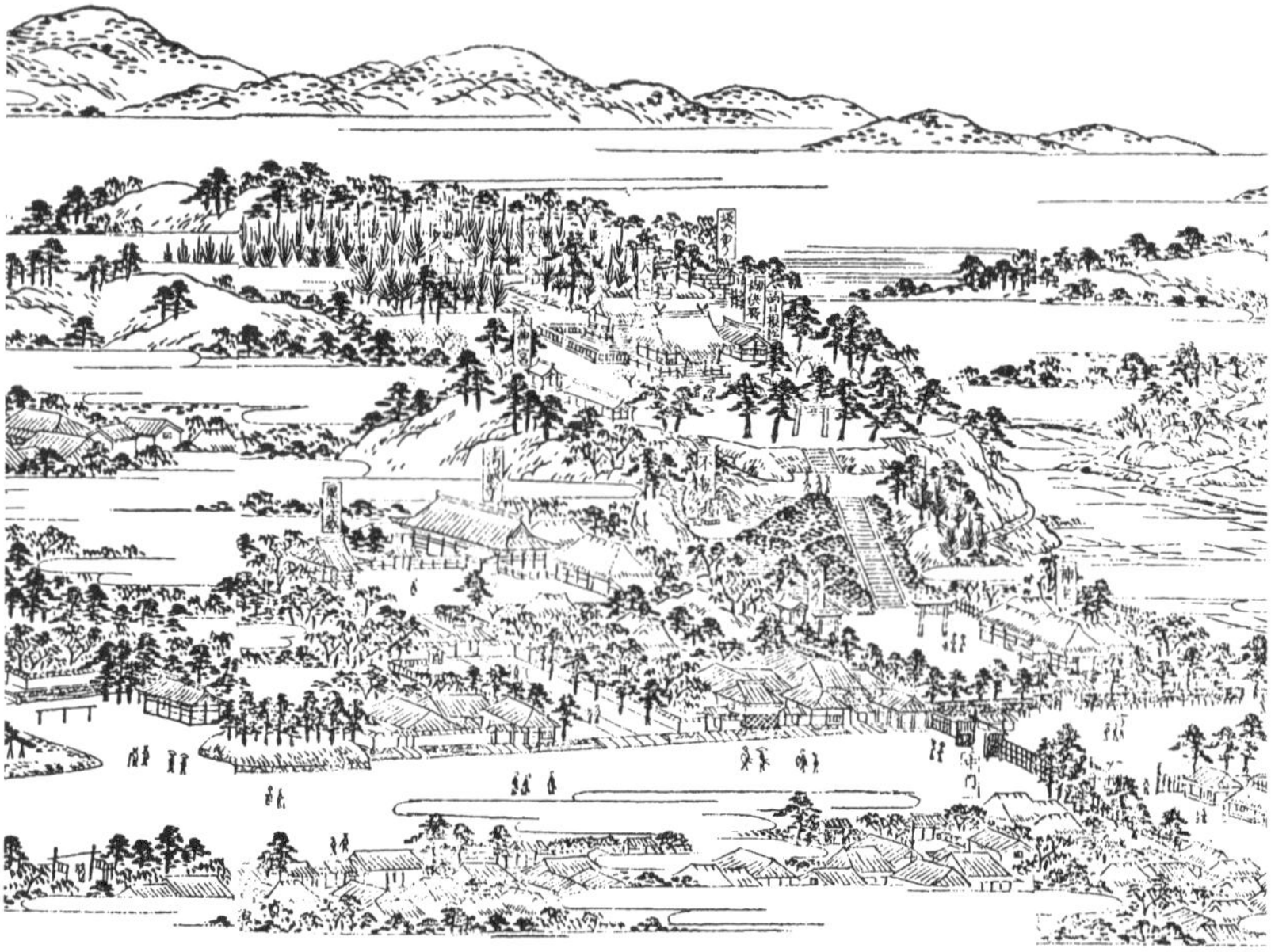

②「常僕」（「日用」層）の召抱や奉公について監督（4条）。

③門札改（5条）。

④一山内外の検分に際しての立合（6条）。

⑤買上品の吟味（8条）。

一山における知事方（寮）などの性格については未検討であるが、東海寺役者の差配の下で、知行所や門前町支配を中心に、世俗世界と東海寺との多様な接点を統轄する広汎な役割を、二人の東海寺役人は担ったことが明らかである。

また、天明九（一七八九）年七月、橋本清右衛門が「門前支配」を命ぜられた時、その旨を東海寺門前の月行事に伝達するだけでなく「清徳寺・神主其外諸出入方、宿役人道中筋触下ニ迄不洩様可達事」とある(12)ように、清徳寺・稲荷社神主・出入方・品川宿役人やその触下などにも伝えるように申し渡している。これから東海寺役人の職務が、近隣の清徳寺や稲荷社とその門前、さらには品川宿など近隣社会とのパイプ役として深く関わったことが示唆される。

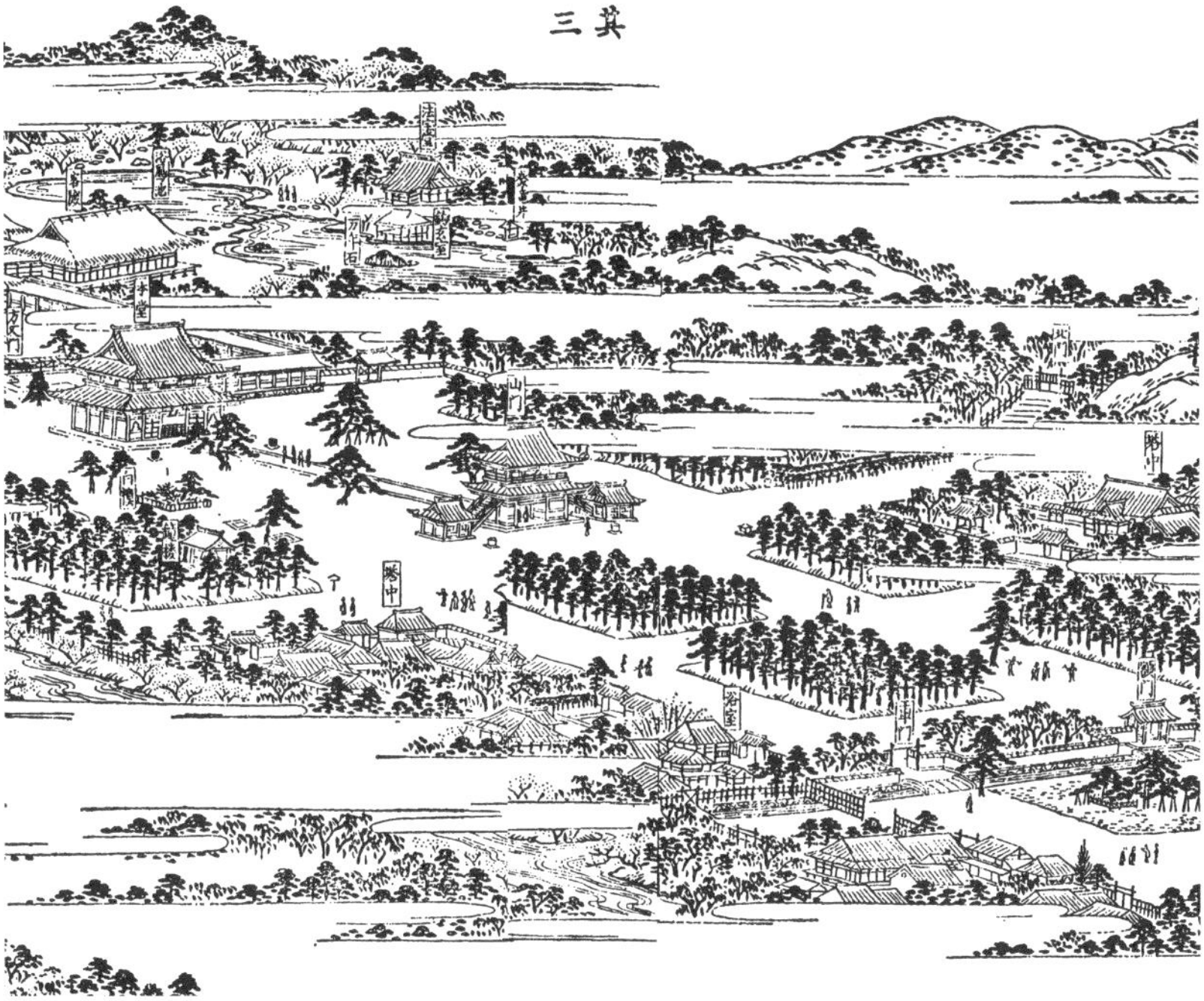

図3 長谷川雪旦「午頭天王社・東海禅寺」(『江戸名所図会』より) 左側が東海寺。右に清徳寺と稲荷山(午頭天王社)がみえる。右下の中門(札門)をすぎ右に折れ,町木戸を経て,北馬場町に至る。

表5 東海寺門前・清徳寺門前・稲荷門前の規模

門 前	惣小間	坪 数		
東海寺門前	90間3尺	1,512坪	a	992坪
			b	520
清徳寺門前	52	1,018	c	255
			d	763
稲荷門前	61.5	1,098.063	e	

a〜eは図4に対応する。「利田家文書」739による。

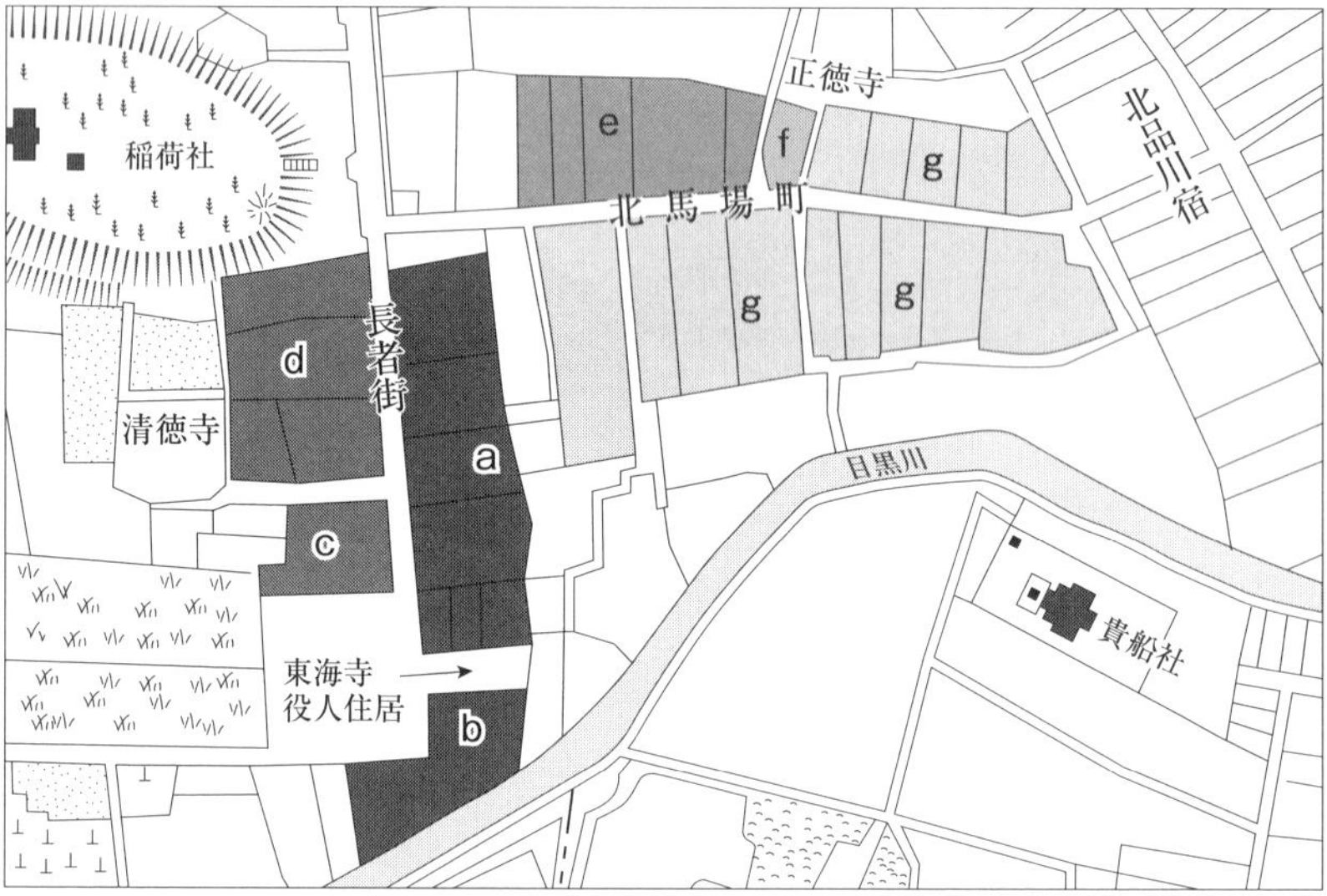

図4　東海寺と三門前の復元図（「東京五千分壱実測図」より作成）

次に、東海寺門前の構造をみておこう。南品川宿名主「利田家文書」の中に、年未詳ではあるが、品川の十八ヶ所寺社門前それぞれに関する概略図があり、[13]これから東海寺など三門前について表5のようなデータを得ることができる。

図4は、これら概略図を参照し、「東京五千分壱実測図」[14]をもとに作成したものである。町屋敷割については未詳であるが、「実測図」の区画を参照すると、東海寺門前（図4のa・b）は六ヶ所ほどとなろう。後掲の表6から、東海寺門前の月行事と家主の合計数をみると、これが町屋敷数にほぼ等しいとすれば、図4の町屋敷区画の復元は蓋然性の高いものということができよう。

このように、東海寺門前は五〜六ヶ所の門前屋敷地から構成されるという「小町」であった。天明五年十月、町奉行所の意を受けて、町年寄は名主のいない月行事持の町に名主を立てるよう促し、とくに「小門前地ニ而名主難相立所」は、「最寄之名主相頼候様」にと門前町々に伝えた。[15]近隣の名主に「頼」むとは、当の支配名主の支配町々に編入されることを意味するものであろう。この時、南品川妙国寺門前名主の中村伊平次に対して、東海寺役人神山元誠は次のような書付を送っている。

〔史料2〕(16)

覚

一、当寺門前ニ罷在候もの共者、古来ゟ非常近火之節、御朱印櫃　御代々様御位牌所御道具等持退役相勤候筈ニ而、前々ゟ八月廿五日本坊交代之節、一同ニ右役儀無相違可相勤旨之証文置申候得者、家来同然之義ニ御座候間、古来ゟ名主無之、諸事月行事ニ而済来り候儀ニ御座候、然ル所此度新ニ名主相立候様被　仰付候由承知仕候得共、右之訳合故、何卒向後共先規之通月行事ニ而被差置被下度奉存候、右之趣町御年寄衆中江宜敷御演説可被下候　已上

十月

東海寺役人
神山元誠

中村伊平次殿

右で神山によれば、東海寺門前の者は、「非常近火」の時に幕府からの朱印や将軍の位牌などを避難させ運び出す役を負い、毎年八月二十五日の「本坊交代」（未詳）時に証文を提出しており、東海寺の「家来同然」であるとされる。このために名主は置かず、月行事が門前の「諸事」を勤めてきており、今後も従来通り月行事持の町のままで済ませるよう、町年寄役所への取り次ぎを依頼している。品川の十八ヶ所寺社門前の内、名主が存在するのはいずれも南品川の妙国寺門前と海晏寺門前のみで、残る十六ヶ所は全て月行事持であった。右の二門前にのみなぜ名主が存在するのか未検討であるが、いずれにしても東海寺役人の意志において、東海寺門前に名主役が設置されることや、近隣名主の支配下に入ることは、忌避すべき事態だったのである。

表6は、東海寺「公用日記」に記録された東海寺・清徳寺両門前の月行事・家主の連判から作成したものである。東海寺門前についてみると、近世中後期にわたりほぼ月行事一人、家主五人で推移していることがうかがえる。これらの家主が家守と同義であることは、次の〔史料3〕からも明らかである。

表6　東海寺・清徳寺両門前の家主と月行事

	享保18年1月	安永5年11月	文政4年10月	文政13年10月	天保14年4月
東海寺門前 家主		覚兵衛 与惣兵衛 伝七 忠八 長左衛門	三五郎 源次郎 小右衛門 金蔵 万吉	○ 又蔵 助八 仁兵次 作次郎	○ 由兵衛 源九郎 仁平次
月行事	清兵衛			源次郎	茂兵衛
清徳寺門前 家主		次左衛門 清介 八太郎 佐兵衛	善兵衛 芳兵衛 仁右衛門	仁兵衛 勘右衛門 源七	
月行事	吉右衛門		源七	善兵衛	善兵衛

（東海寺「公用日記」による）

〔史料3〕(17)

廿日　門前家守源治郎より出願左之通　衆議之上聞済

乍恐以書付奉願上候

一、私義　御開山様御供申上、御当所江参候ゟ数代蒙御厚恩渡世相続仕、難有仕合奉存候、然ル処此度不存寄災難ニ而甚難渋至極仕候、何共恐入奉存候得共、金子三両拝借仕度、尤上納之儀ハ、私シ御門前家守相勤罷在候間、町入用御下ケ金ニ而御引去被下度、若亦不足之節ハ相加江、来子年七月廿日上納始、来ル卯正月皆納可仕候間、何卒格別之以御憐愍、右願之通被仰付可被下候様偏ニ奉願上候、以上

嘉永四亥年十二月廿日　　御門前家主　源治郎　印

御役人衆中様

右では、門前家守（家主）源治郎が東海寺役人に金三両の借用を出願し認可されているが、源治郎の先祖は「御開山様」＝沢庵に従って門前に来たとされている。また返答は、「町入用御下ヶ金」から控除することを求めており、門前の町入用は地頭である東海寺が負担し、家守に下付していたことがうかがえる。

清徳寺門前

図2にあるように、東海寺境内域の中に異質な「境外」地として存在したのが、清徳寺とその門前（図4のc・dに相当）である。清徳寺の創建は十四

世紀前半で、東海寺よりはるかに古くからこの地にあったが、沢庵の宿寺として用いられた由緒[18]から、東海寺境内の設定に際しても移転されることなく、ここに留ったとされる。

寛政三年七月、江戸市中の「町役金入用」減省令にともない、清徳寺門前の者は、これまで東海寺に上納してきた「役金」を停止する旨、東海寺役人に伝えた[19]。この役金は、清徳寺門前の四人が、古来から年二回一軒につき金一歩づつ納入してきたものである。次の〔史料4〕は、この件で清徳寺との関係を問われた東海寺側が、寺社奉行所あてに提出した口上書である。

〔史料4〕[20]

口上覚

一、寛永十五戊寅年、於品川東海寺御建立之儀被為仰出候ニ付、有来候寺院各々代地被　仰付候而、引寺仕候所、鎌倉建長寺末清徳寺開山儀者、当寺本山大徳寺開山と法縁茂有之、一派茂同前之儀ニ付、其儘御差置被為成下候様、開山沢菴御願被申上候処、御聞済御坐候、依之清徳寺儀者当寺境内続ニ有之、塔頭同様之儀ニ御座候得者、清徳寺幷ニ門前之者共江惣門出入之印鑑茂当寺ゟ相渡置候儀ニ御坐候、右等之趣ニ付、当寺門前之者共同様ニ、掃除人足為役金、古来ゟ相納来候儀ニ御坐候

右之通相違無御座候、已上

亥七月　　東海寺役者

大栄　印

大道　印

御奉行所　御役人衆中

右では、清徳寺の開山が東海寺の本山大徳寺の開山（宗峰妙超）と法縁があったため、現在地である東海寺境内に残され、東海寺の塔頭と同様であるとされ、また清徳寺と同門前の者に惣門（中門）出入の札を渡していることから、東海寺門前

の者と同じように、東海寺への掃除人足役を役金で納めてきた、と説明している。また八月の口上書では、右の出入鑑札が、清徳寺へ二枚、門前の者四人へ一枚づつ渡されていると述べ、「御触書等者稲荷門前ゟ当寺役人二人江送り、夫ゟ当寺門前幷清徳寺門前江通達仕候」と、幕府の触が稲荷門前から東海寺役人を経て、東海寺と清徳寺の両門前へと伝達されるというように、東海寺支配の下に両門前は一体のものであるとしている。[21]こうした東海寺側の主張に対し、清徳寺看司大庵は、朱印地である清徳寺門前に対して、東海寺が役金を課すいわれはないと反駁するが、結局は従来通りということで決着している。[22]この一件からは、東海寺境内に囲まれた清徳寺の、東海寺に対する従属的位置がうかがえると共に、両門前の一体性―後述の長者町―という実態をみることができる。また前掲の図4・表6などにより、四ヶ所ほどの屋敷地からなる小門前の様相を垣間みることができるのである。

稲荷門前

安政四（一八五七）年四月に東海寺役者が寺社奉行へ提出した口上覚によると、「当寺鎮守稲荷社」の由来を次のように記している。[23]

・創建は永享年中（一四二九〜四一）である。
・家康入国時に、五石の朱印地を社領として与えられた。
・寛永十五年に東海寺が建立された時、稲荷社が東海寺の「艮之方」（鬼門）に鎮座することから東海寺の鎮守とされ、「祈禱之勤行」を行なっている。
・神主は東海寺建立以前から存続してきたので、その身分は寺社奉行「御直支配」である。東海寺ではこの神主身分を「役僧次席」として扱っている。
・社殿や神主住居とも東海寺と同じ「御修復所」であり、神主から東海寺への出願を経て、寺社奉行所に申請している。

右から、少なくとも東海寺側の認識としては、稲荷社は東海寺鎮守であって、その神主家（小泉氏）は東海寺支配下に従属的に編成される存在である、ということであろう。実際に「公用日記」の記事によると、祭礼や神事に際して届け出る(24)、社内境内で稽古角力や太々神楽などの興行を申請する(25)、東海寺の祠堂舎融資をうける(26)など、多様な面から東海寺によってその存立が担保され、かつ拘束されたことがうかがえる。

しかし稲荷社の門前は、稲荷社地＝境内ではなく、東海寺境内からも外部に存在した。『御府内備考』によると、東海寺の建立時に社地の南側一帯を失った稲荷社は、その代替地を神社東側に与えられ、そこに門前百姓八軒が居住したとあり、これを稲荷門前のはじまりとする(27)。そして「永代門前」として、延享三（一七四六）年に町奉行支配に編入されている。図4から稲荷門前と周辺の様相をみると、「東京五千分壱実測図」では稲荷門前に相当する部分（図4のe）の区画は五ヶ所であるが、次にみる文化五（一八〇八）年閏六月の証文（〔史料5〕）に連判する「北品川稲荷門前家持」は九名で、宛所の「定行司仁兵衛」も構成員とすると、一〇名の家持を確認することができる(28)。

この稲荷門前と地頭＝神主小泉家との関係はやや特異である。以下の二点の史料をみよう。

〔史料5〕(29)

入置申請証文之事

去々寅年六月中　御地頭所御勝手向御不如意ニ付、当門前家持共江御年貢地代銭先納被　仰付候得共、家持共一同困窮難儀至極仕候故、御免願上候処、御取上無御座候間、無是非金拾両上納致、御返金之儀三拾年之間ニ被下候様御書付被下候、尤利足之儀ハ御返金有之候まて、年限中御年貢地代銭閏月之分ニ而引取候様御対談ニ御座候、然ル上ハ御書付も有之、向後閏月分地代銭私共方江為御利足引取可申旨御申聞承知仕候、依之一同連印御請証文差入申置候、仍而如件

文化五辰年閏六月五日

〔史料6〕(30)

稲荷門前町年貢上り高引渡申仕切地証文之事

一、金八拾両也　　但文字小判也

右者此度拙者無拠要用ニ付、門前町家持共年貢上り高を以貴殿方江書入、前書之金子不残前借致候処実正也、利足之儀者金三拾五両ニ付金壱分之割合を以相済可申候、尤返金之儀者、右年貢上り高壱ヶ月ニ割合、銭十貫文宛、当酉六月ゟ以来右之金子元利不残相済候迄者、貴殿方江御引取可被成候、然上者、此末拙者方ニ而何様之入用出来致し候共、右之金子相済候迄者、拙者方江者決而請取申間敷候、為後日年貢書入前借証文、仍如件

文政八酉年六月廿八日

定行司
仁兵衛殿

北品川稲荷門前家持
権兵衛(印)
同　儀右衛門(印)
同　新八(印)
同　豊治郎(印)
同　治兵衛(印)
同　七助(印)
同　七五郎(印)
同　惣左衛門
同　八内(印)

〔史料5〕によると、文化三年六月に地頭＝神主小泉氏が「門前家持共」に対し、「御勝手向不如意」を理由に「御年貢地代銭」の先納を命じ、家持らはこれを断ったが聞き入れられず、かわりに一〇両の貸付を受諾させられている。返金は三十年間の内にとし、それまで利足を、「閏月分」[31]の年貢地代銭から回収するというもので、地頭の下で門前支配を担う定行司（月行事）にあてて連判証文を差し出したものである。ここから、朱印地外の稲荷門前において、門前屋敷主は家持の門前百姓として、地頭に年貢を上納したことを確認できる。

次の〔史料6〕は文政八（一八二五）年六月の証文であるが、差出人・宛所を欠き、内容もやや難解である。とりあえずここでは、差出人＝債務者を稲荷社神主、宛所を某金主としておく。ここで神主は、稲荷門前百姓から得られる「年貢上り高」の収取権を担保として書入れ、八〇両を金主から借り入れている。そして「三五両につき一分の利足」（一月当りとすると年三両の利足となり元金の八・六％となる）を支払うこととし、皆済まで、一月銭一〇貫の「年貢上り高」を以って元利金の回収にあてると取り決めている。こうした貸借関係の下にある土地を「仕切地」と呼んでおり、元利金皆済までの間、稲荷門前の年貢は金主のものとなるわけである。〔史料5〕にみた年貢先納分が、〔史料6〕の文政八年までに返済されたのかは未詳であるが、稲荷門前のような極小の門前町を、自己の存立のためには丸ごと債権として投じ、あるいはこれに吸着しつくす地頭の本質が露呈しているというべきであろう。

3　三門前の社会構造

前節では東海寺を中心とする三門前の位置を概観したが、これを前提として、いくつかの断片的なトピックからではあるが、東海寺門前・清徳寺門前（以上を「両門前」と呼ぶ）・稲荷門前という、図4にみるように、空間的にはほぼ一つながりでもある社会構造の様相を探ってみたい。

里俗町

『御府内備考』によると「北品川清徳寺門前」の項に「当門前幷東海寺門前、里俗長者町と唱申候」などとある[32]。つまり、両門前について、地元では長者町という単一の呼称を付していた。一で述べたように、こうした町を「里俗町」と呼んでおきたい。両門前＝長者町は、東海寺中門の内、東海寺・清徳寺の境内域にあって、里俗町としての共同性を有していたことがうかがえる。次の〔史料7〕をみよう。

〔史料7〕[33]

乍恐書付ヲ以奉願上候

一、此度与惣兵衛義不埒ニ付、家守役被為　召上候処、右与惣兵衛引受人親類仁兵衛幷御門前家守共連印ヲ以、去ル六日奉願上候願書御執上ケ無御座、御下ケ被遊候段奉恐入候、然処恐多茂又候両門前家守共一同奉願上候、右与惣兵衛先祖之義此度承候得者、御開山様御在世之砌、寛永年中ゟ御門前ニ罷在、子孫凡五代も相続仕来り、御高恩ニ奉相成候段具ニ承知仕、誠以冥加ニ相叶難有御因縁之者ニ奉存候、依之右親類仁兵衛江跡役之義被為仰付被下置候ハヽ、百五十年来相続仕来候趣意茂相立、乍恐家主相勤候私共後々心得励ニ茂相成、外聞実義共難有仕合奉存候、此段乍恐被為聞召分御憐察被下置、右仁兵衛江家守跡役之義被為仰付被下置候様、両門前家主共分而御憐愍之程奉願上候、以上

寛政十三酉二月十一日　　両門前家守　連印

東海寺様

御役人衆中様

寛政十三（一八〇一）年二月三日、東海寺門前の家守与惣兵衛は、「不埒之義」により家守の退役と地立てを東海寺役人から申し渡された。これに対して二月六日に、親類仁兵衛と「両門前家守」が連印で、東海寺役人宛てに願書（退役などの

撤回を求めたものか）を差し出すもつき返され、十一日に至り、今度は両門前家守から、家守の跡役として仁兵衛を任じるよう再度出願したものである。与惣兵衛の家が東海寺創建以来一五〇年続き、当代で五代目となるというのも興味深いが、両門前の家守が一体となって、与惣兵衛の家の継承にむけて動いている点が重要である。すなわち異なる地頭＝寺院の支配下にありながら、里俗町＝長者町を枠とする「家守の町中」が、事実上形成されていることを傍証するのではなかろうか。

次に稲荷門前についてみてみよう。『御府内備考』によると、同門前は「里俗北馬場と相唱」とあり、隣接する正徳寺門前の項には「町内里俗北馬場町と相唱申候、右者北品川馬場町続ニ付、右正徳寺ゟ稲荷門前辺迄一円里俗右之通相唱申候」とされている(34)。つまり稲荷門前の界隈は里俗町名を北馬場町と称したが、注目されるのはその構成である。『新編武蔵風土記稿』に、北品川宿の小名として北馬場町を挙げ、次のように説明している(35)。

> 北馬場町　二町目の中程より西の方、東海寺に至る横街なり、昔駄場の廐ありしと云、或は南品川馬場町に対して唱ふ

『品川町史』上巻(36)所載の弘化年間作成の「品川宿図」（図5）によると、北品川宿二丁目中央の横丁から入ると、「北品川宿馬場町」が描かれ、北側六軒、南側一一軒を数えることができる。これらは、図4―gに相当することになる。そして北側の西半分が、正徳寺門前・稲荷門前となる。

図6は、正徳寺門前の図である。みられるように、正徳寺の門前町屋が四ヶ所のブロックにわかれている。この内南側の一画は「表門脇北側町屋　東西間口六間半・裏巾同断・南北奥行拾一間」（『御府内備考』）とあるのに相当し、図4―fにみえる正徳寺門前部分ということになる。つまり里俗町としての北馬場町は、北品川宿二丁目横丁の奥から稲荷社前まで一続きで、図2をみると、北馬場町の西端、大門通りに面して町木戸のような門があるというように、一個の両側町のような相貌を呈する。しかしその内実は、ほぼ四分三が代官所支配下である北品川宿の一部（図4のg）、また残る四分一の大半は稲荷門前（図4のe）と、一部に正徳寺門前（同じくf）を含む町奉行支配地、というように複雑に構成されてい

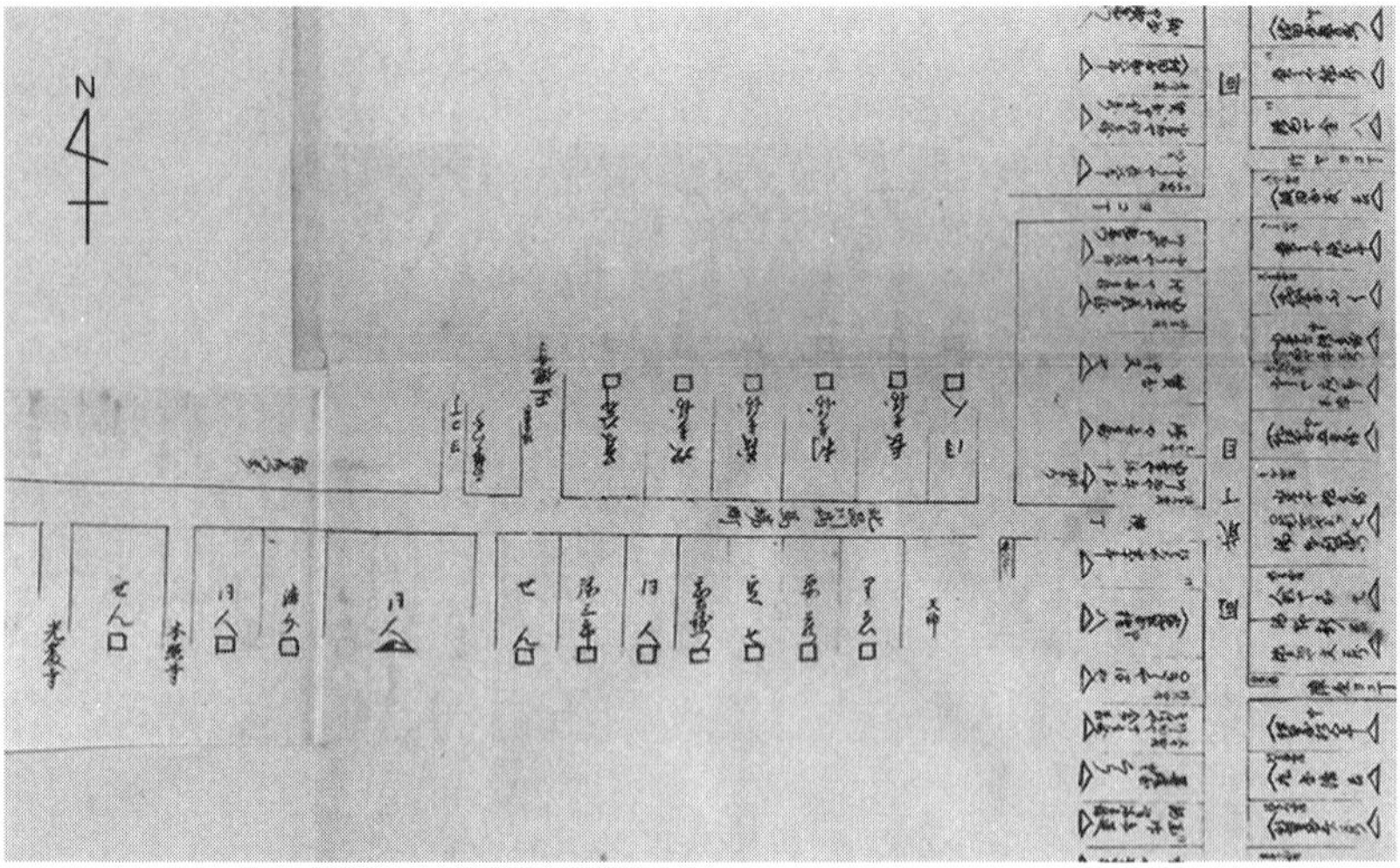

図5　「品川宿図」にみられる北馬場町　画面下は北品川本宿 2丁目。横丁の西側奥に北馬場町がみえる。

たのである。こうした条件の下で北馬場町が「家主の町中」、あるいは「家守の町中」など、里俗町としての共同性を有したのは確実であるとみられるが、この点の具体的な検討は今後の課題としておきたい。

門前町屋の所有構造

さて、これらの門前町屋において、土地や家作などをめぐる所有構造はどのようになっているのか。これを東海寺門前と稲荷門前から事例を得て検討しておこう。

まず朱印地境内の例として、東海寺門前について、以下の〔史料9〕からみておきたい。

〔史料9〕[37]

十一日　海晏寺門前名主吉田又三郎方ゟ尋来、如左認遣ス、

尤半紙竪帳ニ而

一、北品(ママ)東海寺門前

右者御　朱印地境内町家ニ而、右寺江地子金掃除賃差出、

尤譲渡等仕候義無御座候

但シ御公役金差出シ不申候

一、右門前之儀者、一体寺附地所ヲ町人共借り請、家作致

候儀、何年中以前ゟ右体ニ相成候哉書品無御座、相分不申候
一、延享三寅年中ゟ町方御支配ニ相成申候
右御尋ニ付奉申上候　以上
文化八未年四月
東海寺門前
月行事　仁兵衛　印

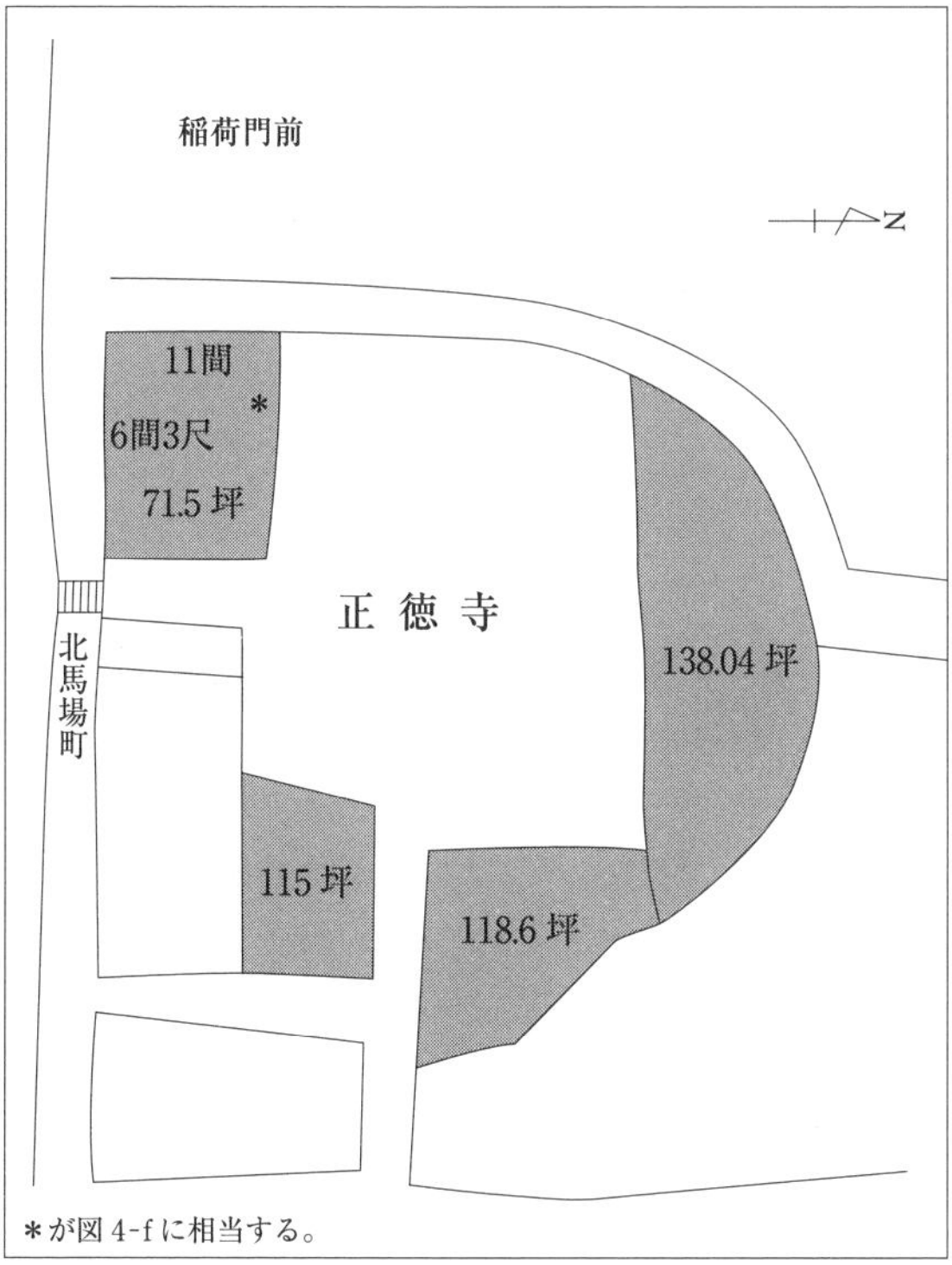

図6　正徳寺と門前(利田家文書による)

右の史料はこの時、海晏寺門前名主からの三項目にわたる問い合わせに対して、東海寺門前月行事仁兵衛が返答しているものである。ここには、以下のようなことが記されている。

①東海寺門前は「御朱印地境内町家」であり、門前町人は寺に対して地子金と掃除賃を上納している。
②「町家」の譲渡は行なっていない。
③公役金（江戸町方の負担する町人足役）は上納していない。
④門前の町人は寺の地所を借り請け、家作を営んでいるが、いつからこのようになったかは書類がなく不詳である。

②・④から「町家」とは町屋敷のことであり、

売買は行なわれないことがわかる。この点を傍証するのが、享保十二〜十三（一七二七〜二八）年の「門前山中与左衛門」一件である。[38] 山中は東海寺門前に抱屋敷＝家作を持ち、これを担保に借金したが欠落してしまう。そこで債権者は出訴するが「御朱印地売買不罷成」という原則の下で、その事後処理が問題となる。町奉行所役人の調査によって、山中の抱屋敷が東海寺境内の中にあることと、「家計譲渡之訳」とが確認され、「屋敷御払」が命ぜられる。つまり家作のみ売却し、債権の回収にあてたわけである。そして町奉行（大岡忠相）は、買主が現れたら、「唯今迄之通り」東海寺役人の支配の下に置くことを命じている。右の例は町方支配に編入される前の一件ではあるが、〔史料9〕からも明らかなように、幕末に至るまで門前地をめぐる基本的な所有関係として一貫することになる。こうして、門前における屋敷所有者は家作主であり、江戸市中との対比でいえば地借に相当することになる。

しかし、ここで注目されるのは、右の一件で山中与右衛門抱屋敷の家守次郎兵衛が、東海寺役人田中貞三の指示を受けて、町奉行所に出頭するなどしているという事実である。つまり家作主≒地借の代理人として、門前屋敷の管理・運営にあたる家守が定置されていたことが明らかである。境内における門前町屋において、町屋敷所有を十全なるものとして実現する家持としては未熟ながら、他方で市中の地借層一般にくらべれば、当の境内町屋の地面に対する排他的用益権を相当程度鞏固なものとし、町用に専念する家守を抱えるに至った状態にある、とでも概括することができるのではないか。例えば、「文政町方書上」では東海寺門前の町内家数を四四軒とし、その内訳を「家持三軒、地借三軒、店借三拾八軒」としている。[39] これから、東海寺門前の家作主は、江戸市中の基準で家持の範疇に含めて認識されたことがうかがい知れるのである。

次に、朱印地外に営まれた稲荷門前における状況をみてみよう。次の〔史料10〕で、稲荷門前・正徳寺門前の月行事らが作成した願書の下書である。原文書には添削が施され抹消された部分も多いが、それらを含めて引用する。

〔史料10(40)〕

乍恐以書付奉願上候

一、北品川稲荷門前・同所正徳寺門前月行事共一同奉申上候、私共門前町家之儀者、先年より譲渡証文ヲ以家屋敷売買幷家質ニ書入等も致来り候処、家持共困窮ニ付、此度町御会所金拝借之儀奉願、追々御調等有之候ニ付、尚亦銘々地頭江懸ヶ合候処、売買地ニ有之候ニ付、以来売買者勿論、家質ニ書入、何程之金高ニ而流地ニ相成候共、年貢諸役相勤候上ハ、於地頭所一切差障候筋無之旨書付被差出候ニ付、其段申立候、然ル処寛政三亥年六月中、町法之御改正之砌町入用書上ニ候趣ヲ以、右度々御調有之候處、稲荷門前之儀者、地頭年貢金ヲ以ヲ地主江納高と有之申立、正徳寺門前も同様、幷地借家主五人与申立置候所、右之清八・喜右衛門両人之者共所持地面之儀ハ、先規ゟ売買地ニ而所持罷有候上ハ、地主弐人家主三人ニ有之候處、家主五人与混シ有之、右之節地借家守と書上有之候ニ付御尋ニ御座候処、如何之訳ニ而右様書上置候哉、其筋書上之仕候者共儀者死失転宅等仕、外ニ書面等一切無之相分り不申候得共、当時之姿ニ而ハ前文申立候通り相違無之儀ニ付、何卒以　御慈悲此段被為訳聞候、御会所金御貸付被成下置候様、家持共一同奉願上候、右願之通被為仰付被下置候ハヽ、廣大之御披(ママ)之与一同難有仕合奉存候、以上

文化十酉年正月

北品川稲荷門前
名主無之
月行事
仁〔　〕

（後欠）

この時、北馬場町を構成する稲荷門前・正徳寺門前の月行事（各一名とみられる）らは、両門前の家持たちが困窮のため江

戸町会所金の貸付を求めており、これを認めるよう町会所宛てに願い出ている。町会所は市中沽券地への家質貸付との対比で、寺社門前地への貸付に際して、債務者が担保となる町屋敷に対してどのような位置にあるかを調査している。これを受けて二門前では、それぞれの地頭（稲荷社神主と正徳寺）に了解を求めたところ、「門前屋敷地の売買は問題ない。また家質書入については流地となっても構わない。いずれも当該の屋敷地から年貢・諸役を徴収できれば、地頭の方では全く支障はない」との確認を文書で得たのである。ところが、寛政三年六月《（ママ四月）》の町法改正・町入用減省令に応じて、市中町々から地代店賃上り高・町入用・地主手取高などを詳細に書き上げさせたが[41]、このとき二門前に関する記述について、町会所から尋問があった。つまりそこには、稲荷門前については地頭への年貢金を「地借家守」が地主へ納める地代のように記し、また正徳寺門前でも「地借家主五人」と記してあったようである。これに対し、稲荷門前は全員が家持であり、また正徳寺門前の五人のうち、二人は売買地を所有する地主＝家持であり、残る三人が「家主」（家作所有者＝地借家主）であったと返答しようと下書きしている。もっともここでは、正徳寺門前に関する申し立て部分が削除されているので、二門前の構成員全員が家持＝売買地所有者であるとして願書を整えたものと推定されよう。しかし、抹消部分こそが正徳寺門前の実態であるとみなせば、同門前においては正徳寺との関係で、

a正徳寺＝地頭――年貢諸役負担者＝家持

b正徳寺＝地主――地代負担者＝地借家主

の二者が、外見上は判別しにくいかたちで併存していたことになるのである。

筆者は、かつて江戸町会所金貸付の性格を検討した際、寺社門前地への貸付に関する検討を通じて、寺社門前地町屋敷売買の類型を次の四つに区分した[42]。

(1)沽券地同様の地面。売買に際して寺社の許可を必要としない。

(2)地面の売買はできるが、「地頭所付之もの印形」、すなわち、寺社の許可を必要とするもの。

(3)地面は寺社の「進退」下にあり売買できないが、家作＝「上ハ家」の譲渡は可能なもの。ここでの家作所持主は、町屋敷における地借に相当する。

(4)寺社が直接貸長屋を経営するもの。

ここでみてきた事例は、右の類型との対応でいえば、東海寺門前→(3)、稲荷門前→(1)、正徳寺門前→(2)+(3)、と整理できよう。こうして、品川十八ヶ所寺社門前における土地・家作をめぐる所有構造は、その複雑さの中に、旧稿で指摘した「居住者の所有権の深化」[43]における諸類型・諸段階に関する豊富な事例を提供することが十分に予測されるのである。

株

最後に、稲荷門前文書にみられる当該地域の営業権をめぐる様相を、二つの事例についてみておきたい。

一つは薬湯《くすりゆ》株である。やや長文であるが、薬湯株をめぐる訴訟に関する次の〔史料11〕を挙げておきたい。

〔史料11〕[44]

乍恐以書付御訴訟奉申上候

一、北品川清徳寺門前家主冨三郎、若年ニ付代同人伯父仁兵衛奉申上候、同所正徳寺門前薬湯屋株建家共買請渡世致居候処、一体右薬湯株之義ハ、先之家主五兵衛与申者持来数年来渡世致来候処、品川宿洗湯屋株持主共ゟ、同所門前地ニ古来仕来候薬湯屋共を相手取、渡世差■障出入、拾五八ヶ年以前■午年■十月中、御勘定御奉行　松浦伊予守様御勤役中奉出訴候所、其砌右出入熟談内済之趣意ハ、先々ゟ有来候風呂寸法を相減、前掛り上覆取払候趣意を以、右出入御下ヶ相成、然ル処猶又拾三ヶ年以前亥年十一月中、先年御済口ニ相違致候迚、洗湯屋共ゟ門前地ニ罷居候薬湯屋共を相手取、　曾我豊後守様御勤役中、又候出入立候処、取扱人多、以前之通風呂寸法相改候趣ニ而、一件御下ヶニ相成、一同薬湯屋共難有引続今以渡世致来候処、右薬湯株主五兵衛義ハ、三ヶ年以前酉年六月中病死仕、依而悴又蔵与申者跡式相続仕候得共、借財多ニ而殊ニ若年故渡世出来兼候間、相手仁助義ハ、右五兵衛之親族之者故、悴又蔵引取、殊更地請人ニも有之候間、万端相手仁助世話仕、同年九月中与七与申者江、右家株とも売渡申候、尤願人冨三郎義も病死五兵衛代ゟ右株建家共引当ニ而、貸金等も致置候故、与七方江右家株共引渡之節も立会取引仕候、同人義渡世相始可申旨、隣町稲荷門前同渡世新八与申者方江相届罷越候処、故障之義有之候趣承り候故、右湯株売主又蔵幷親類地請人仁助外六人相手取、去々酉年十二月中　筒井伊賀守様御番所江右代金取戻し出入奉出訴、一同被　召出御吟味中、為引合右新八義も御呼出ニ相成、御吟味之上、取扱人立入故障之義も相分り内済仕、依而右薬湯株幷建家共無株故、其節願人与七方江引請ニ相成、内済仕、翌戌年四月中済口証文奉差上候得共、永々右様出入立、物入等も相懸り不如意ニ相成候迚、右薬湯株建家共冨三郎方江買呉候様、相手仁助倶々相頼候故、前書申上候通右家株共引当ニ而、貸金等も致置候間、無拠御下ヶ之節御腰掛ニおゐて対談仕、同月十二日代金五拾弐両ニ而、冨三郎方江買請、然共年来住居崩し候間、過半普請等も取繕、漸々当春中ゟ渡世相始メ罷有候処、此節何与差心得候哉、相手仁助宿内洗湯屋惣代之由ニ而、北品川宿家主利右衛門幷相手仁助外壱人を同道ニ而、冨三郎方江罷越、商売差障出入申掛り候得共、右薬湯風呂之義ハ、先年度之　御上様江御苦労相掛り候趣及承候間、株引請之節も別而入念、風呂場等先々より有形之通先々ゟ仕来候を、何共相心得候哉、此節差障候義ハ何共乍恐心得違与奉存候間、何卒以　御慈悲を相手仁助被　召出、御吟味之上、冨三郎方江譲請候代金、幷居崩ニ相成候家作修復致候得者、多分之金子相掛り、今更当惑至極仕候、許ゟ此節之故障人仁助義調印致乍置、差障候義ハ心外至極ニ奉存候間、相手仁助方ゟ冨三郎、是迄右ニ相懸り候金子損亡不致候様取計候共、又者洗湯屋共ゟ差障り不申様相掛合呉候共、両様之内、早々埒明呉候様被　仰付被成下置候様、偏奉願上候、以上

天保十亥年三月

北品川清徳寺門前

家主富三郎若年ニ付
同人伯父代
願　人　仁兵衛
五人組　文次郎
中村八太夫様御代官所
武州荏原郡品川歩行新宿
家主洗湯屋
相　手　仁　助

御奉行所様

この訴状案は、清徳寺門前家主富三郎（代仁兵衛）が品川歩行新宿家主の洗湯屋仁助を相手に、正徳寺門前の薬湯屋の株・道具・建家の所有をめぐって、江戸町奉行所に提出しようとしたものの下書である。

まずこの薬湯株の持主についてであるが、関連史料を含めて表7のように移動していることがわかる。この時の一件で富三郎側は、度々の争論にみまわれたこの株を、天保九（一八三八）年九月十二日に買い取り、薬湯屋の建物を普請し、天保十年春から営業を始めたところ、相手仁助らが「品川宿洗湯屋惣代」として、正徳寺門前での薬湯屋再開を、品川宿洗湯屋の「商売差障」になるとして出訴に及ぶ旨を通達された。そこで、これを心外とした富三郎らは、仁助を相手として、買得代金と普請金の損失が出ないようにするか、あるいは洗湯屋からの「差障」要求を撤回するかを求め、訴状を作成しているのである。

天保十二年二月、市中取締掛が湯屋の二階での茶汲女を取調べた史料によると、「市中湯屋」は五九二人で、この内、番外品川の湯屋は七人とある。[45]また、嘉永四（一八五一）年『洗湯手引草』[46]によると、湯屋仲間は文化七（一八一〇）年に「湯屋十組」が公認され、小組三八組五二〇株からなり、このうち

表7　正徳寺門前における薬湯株の継承

天保8年6月	先家主五兵衛没。悴又蔵相続。
〃　9月	与七へ売却。
天保9年4月	清徳寺門前富三郎に売却(52両)。
天保11年4月	歩行新宿家主仁助(五兵衛親類)に売却(32両2分)。

表8　正徳寺門前の薬湯をめぐる争論

	訴　人	相　手	結　末
文政5年10月	品川宿洗湯屋株持	薬湯屋	内　済
天保8年9月	稲荷門前新八	正徳寺門前株主	「御下ゲ」
〃　10年11月	〃	門前地の薬湯屋	済口証文
〃　8年12月	与　七	又蔵ほか	
〃　10年3月	宿内洗湯屋惣代	冨三郎	
〃	冨三郎	仁　助	

品川五株は八番組南組に加入している、とある。ここにみられる「品川」とは品川三宿ではなく、江戸市中に属す品川十八ヶ所寺社門前のことである。従って〔史料10〕に出てくる品川宿の洗湯屋とその仲間は、江戸の湯屋仲間の外にあることになる。すなわち、当該期に品川十八ヶ所寺社門前には、五～七軒の湯屋＝洗湯屋が存在し、これとは別に品川三宿の洗湯屋が何軒か存在して、仲間を作ったことが明らかとなる。

一方、薬湯は湯屋とは別のもので、「伊豆および箱根の諸温泉の湯」を四斗樽で船にて運び「沸湯」とした小規模なもので、男女入込（混浴）であった[47]。寛政八年の町奉行所与力からの上申によると、主に江戸市中の中心部に「紛敷薬湯渡世」がはびこり「湯屋とも家業を奪われ」、全体で一一〇軒余にも及ぶとしている[48]。薬湯は株仲間である湯屋とは別の業体ではあるが、温泉と男女入込を看板として湯屋の営業を脅かし続けてゆく。こうした背景の下で、右の一件には表8のように、正徳寺門前の薬湯屋と品川宿洗湯屋仲間、また隣接する稲荷門前の同業薬湯との間で争論がくり返されているのである。

以上、正徳寺門前の薬湯株をめぐるこの一件は、現株主＝清徳寺門前、隣町の同業者＝稲荷門前の者がそれぞれ関わり、さらには歩行新宿の者（仁助）が、まず旧株主の親族・地請人として、ついで争論の相手としての品川宿洗湯屋惣代、最終的には当該株の所有者として立ち現われるという経過を辿ったのである。

次に水株をめぐる状況を垣間みてみよう。稲荷門前文書の中に、同門前家持八内の跡式をめぐって、文政十一～十二（一八二八～二九）年にわたり争われた一件文書が八点含まれている[49]。その概要は次のようである（表9を参照）。

文化年間の初めごろ、稲荷門前の家持八内の甥太郎右衛門のところへ、知り合いであった巳之助が江戸での奉公を希望して訪ねてきた。太郎右衛門は、叔父八内が水汲奉公人を求めていたので、巳之助の受人となり、八内の家に奉公させたのである。八内夫妻に気に入られた巳之助は、文化九年に初右衛門を里方として同家の養子となる。その後、文政十年二月に八内夫妻は熱病のためあいついで亡くなり、跡式は巳之助が継承する。ところが、「故八内夫妻の一周忌法事もせず墓石も立てないで、商売もせず病気の妻の介抱ですごしている」として、八内の弟清太郎や甥たちが、稲荷門前の地頭(神主家)取次に対して、巳之助に説諭するように訴え出る。

表9　文政11～12年　八内跡式一件の当事者

八内	稲荷門前家持	文政10年2月12日死
妻くら		文政10年2月6日死
巳之助	〃　(家主)八内養子	
妻かね・子		
長兵衛	正徳寺門前家主	巳之助養子の媒人
初右衛門	清徳寺門前善兵衛店	巳之助里方
又　蔵		
太郎右衛門	本芝下町善助店	八内甥
藤左衛門	麻布本村町五兵衛店	〃
清　吉	―――	〃
勝　蔵	岡部半之助家来	〃
清太郎	北本宿口番場床？	八内弟
与兵衛	扱　人	
清　八	〃	

巳之助が引き継いだ八内の跡式の中心は、家屋敷と水株であった。これらは八内の時代からいずれも家質・書入れの担保とされ、文政十二年には九〇両余の借財があることが明らかとなった。この後、八内の甥藤左衛門が中心となって、八内跡式が退転しないように、借財の元金を減らし、それが叶わなければ、巳之助と家族を里方初右衛門が引きとることを求め、文政十二年十一月に町奉行所に出訴している。これをうけて、扱人のもとで、借財について、稲荷門前家屋敷からの地代店賃上り高と「水株上ヶ銭」(月三貫文)とを、全額月々金主に納め元金の減額をはかることで、双方が合意するに至っている。

この一件で注目されるのは、八内の家産の内容である。その家業は未詳であるが、八内は稲荷門前の家屋敷と水株を所有している。家屋敷については、居所を除き町屋敷経営に供して地代店賃を収取しており、また水株については水汲奉公人を使役し、月々の水株上ヶ銭三貫文を得ていたのである。

この水株との関連で、次の仲間議定をみておこう。

〔史料12〕(50)

仲間議定之事

一、我等とも儀、宿内江数年水汲渡世致来候ニ付、為冥加出火之節水汲人足相勤、猶又壱ケ年ニ金三歩宛宿入用として差出来候ニ付、先年宿役人中鑑札壱枚ツ、御渡被置候所、年来相立焼失紛失等致候ニ付、仲間未熟ニ相成、出火之節出人足遅刻いたし候間、去ル天保三辰年十二月中、仲間一同より其段申出候処、御調之上改而鑑札壱枚ツ、御渡被置候上者、大切ニ取持、万一向後鑑札焼失紛失等致候ハ、、其段早速御届可申上候、且又出火之節者、早速人足五人自身番家江駆付、宿役人中組頭中請差図、相勤可申候事

一、我等とも渡世向追々手薄ニ相成、一同難渋ニ付、此度相談之上、新宿組仲間之内、吉五郎殿持株仲間一同江買請相成候上者、已来本宿五人新宿三人ニ相定候事

一、是迄我等とも水入場所、本宿新宿入組ニ渡世致来候処、左候而者汲子之者とも折節入場先世利合、持主とも迷惑致候ニ付、此度一同相談之上、絵図面江相記候通、銘々場所割合取極候上者、以来持場所限渡世仕、他之場所江決而立入申間敷候、勿論汲子之者共右之趣申聞、堅為相守可申事

一、是迄清徳寺井戸年貢、月々七貫文宛相納候処、此度内弐貫文引下ケ相願、已来本宿組仲間五人外、猟師町江水汲候もの別株壱人、都合六人ニ而五貫文宛月々相納可申候、尤入場先不同有之候ニ付、此度一同示談之上、入場先盛衰ニ不拘、永代井戸年貢割合取極、左之通

一、九百五拾六文　長左衛門
一、九百五拾六文　久太郎
一、八百三拾弐文　せん
一、八百三拾弐文　猟師町分　同人

一、八百三拾弐文　亀太郎
一、五百八拾文　同人
〆五貫文
右之通、此度両宿仲間一同熟談之上、議定取極候上者、末々ニ至迄決而違乱申間敷候、万一違変申候者者、仲間相除可申候、勿論勝手ニ付、外々江相譲候節者右之趣申送り、此帳面江印形可致筈、議定取極申候、依之為後日仲間連印致置候処、如件
天保九戊年閏四月
水汲入株所持主
本宿株一株持
新宿株一株持
久太郎　印
本宿株一株持
新宿株二株持
せん　印
本宿株一株持
長左衛門　印
本宿株二株持
亀太郎　印
右者、前文取極候上者、銘々北品川宿入場先何様之義出来致、入用等相掛り候共、仲間一同相談之上、出来可致事＊
＊（貼紙下）「但門前地之儀者、入込ニ有之候間、向後相違之義も有之候ハヽ、北品川宿地内五人ニ而割合可申候事」

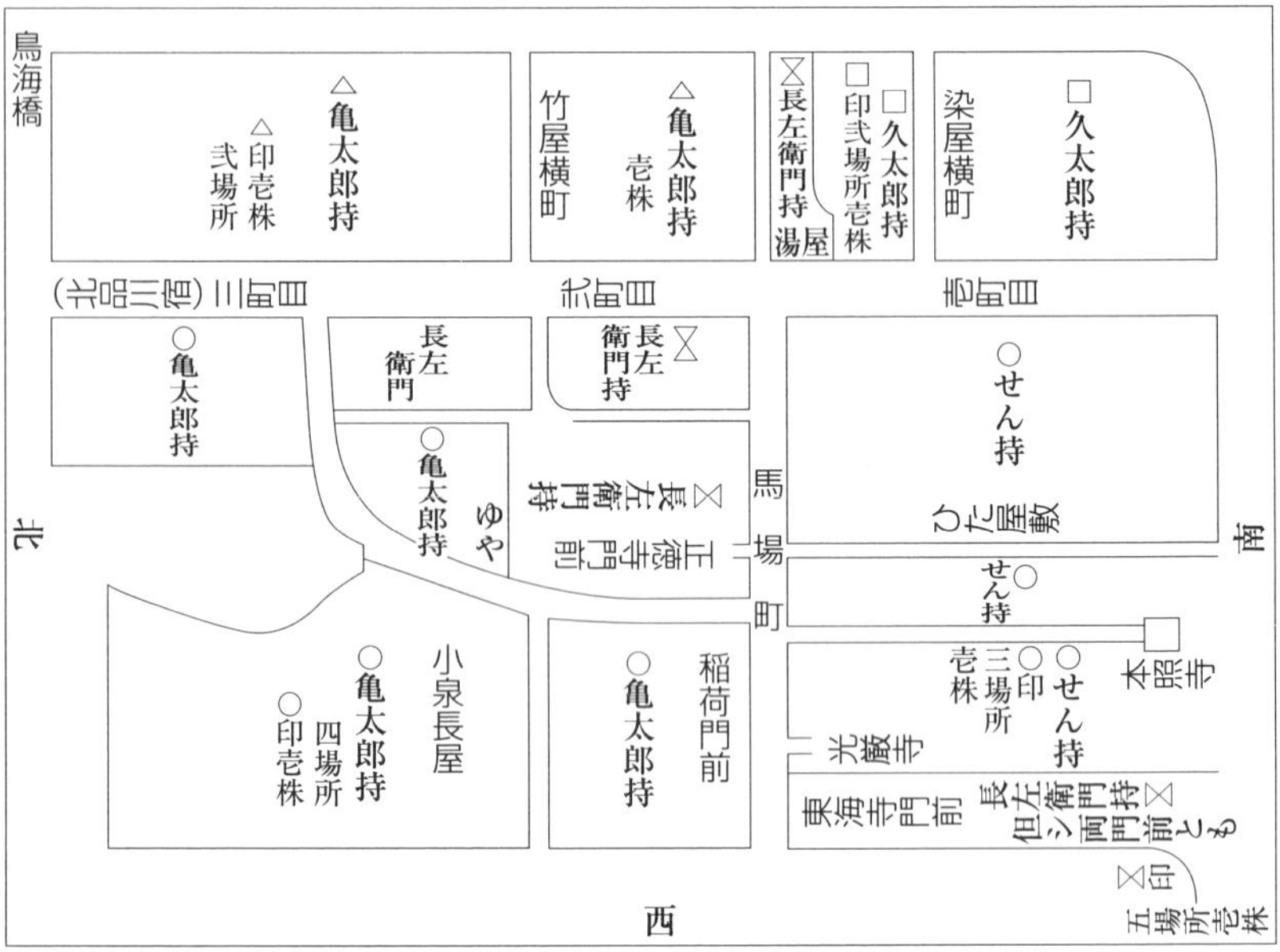

図７　北品川本宿の水汲渡世株と場所

但、門前地之義者支配違之義ニも有之候間、是迄役向等も相勤不申、水汲入渡世仕、万一向後何様之義出来仕、諸入用等相掛り候節者、仲間一同相談之上割合出金可仕事

右の史料は、天保九年閏四月に北品川の「水汲入株持主」四名が作成した仲間議定である。そしてこれには図7が添えられている。〔史料11〕の前半部分から、以下のような事情が読みとれる。彼らは北品川の宿内で水汲渡世に従事し、その冥加として出火時に宿に対し水汲人足を差し出すと共に、宿入用に金三歩を上納し、宿役人から鑑札を得ていた。これが近年乱れて宿への役勤めもルーズになったため、天保三年十二月に宿に願い出て鑑札を再交付してもらい、出火時の水汲人足五人を宿内自身番屋に出動させ指示を得ることとした。この後、新宿組吉五郎の株を仲間で買得することに伴い、本宿組五人、新宿組三人からなる仲間議定をとりきめた、ということである。この議定からは次のような点が明らかとなる。

①北品川の水汲渡世の者は、本宿組・新宿組の二組からなる。組の構成は表10のようであり、この時の株主は実質四名である。

②水汲渡世の株はこの時、図7・表11のようにほぼ町の枠をブロックとする水入場所をその内容とした。また、猟師町を入場とする別株が一人分あった。この水入場所とは、汲子が水を運び売り歩く売場のことであろう。

③本宿組と猟師町別株分の水は、清徳寺の井戸[51]から汲み上げられた。これに対して本宿組四人は、清徳寺に年貢を支払った。その額はこの議定以前は月七貫文であったが、これ以降五貫文となり、表12にあるように株主によって分担された。

④後書きにあるように、水入場所は北品川宿内と門前地とで性格が異なっていた。門前地分については、宿への役（役向）を勤めずに水汲渡世を行なったのである。

右から、水汲渡世とは、株の所有主体＝株主と、これに雇用されて清徳寺の井戸から汲んだ水を売歩き、すなわち水入

表10　北品川の水汲入株主

	本宿株	新宿株	猟師町分別株
久太郎	1	1	
せん	1	2	1
長左衛門	1		
亀太郎	2		

表11　本宿株の内容

	株	場所	
久太郎	1	2	北品川宿１丁目東側
せん	1	3	〃　西側，馬場町南側，光厳寺
長左衛門	1	5	北品川宿１丁目湯屋，２丁目西側，正徳寺門前，東海寺門前，清徳寺門前
亀太郎	2	2	北品川宿３丁目東側
		4	〃　西側，養願寺門前，小泉屋敷，稲荷門前

表12　清徳寺井戸年貢の分担

長左衛門	956(文)
久太郎	956
せん	832
〃(猟師町分)	832
亀太郎	832
〃	580
計	5,000

場所で売り捌く汲子とに二重化していることが明らかである。先にみた八内跡式一件において、当初八内が株主で巳之助は汲子＝水汲奉公人であった。そして跡式を継承した巳之助は株主になると、月三貫文の水株上ヶ銭を得た。この上ヶ銭は汲子が株主に上納するものであろう。つまり汲子＝経営主体は、株主の所有する水入場所で水売りを行ない、売上げから定額の上ヶ銭を株主に支払ったことになる。

ここでみた水汲渡世株主の仲間議定には、新宿＝歩行新宿における水入場所や井戸の実態については記されていない。しかし、北品川、就中北品川宿を中心とする水汲渡世の営業が、北品川の寺社門前にも広がり、かつ清徳寺の所有する井戸に依存していることが明らかとなった。また仲間五人の居所は不詳であるが、八内一件にみたように、稲荷門前居住の者が株主であった事実もあり、宿と門前を包括した売場を分割しあう仲間の実態が注目されるところである(52)。

以上、ここでは薬湯株と水株をめぐる様相をみた。品川においてはこの外、歩行新宿の舂米屋や髪結、南品川妙国寺門前の大道舂、三宿の駕籠舁などに関する史料が残される。多様な職分とその所有・経営をめぐる品川全域の分節的な社会構造の広がりと深さを把握するという、困難ではあるが魅力的な作業の遂行は、今後の課題として残さざるを得ない。

おわりに

以上、本章は未熟な史料ノートに終始したが、結局は、北品川における寺社門前の一画に数個の試掘穴を掘り、若干の事実の断片を摘出するだけの結果に終ってしまった。しかし、粗雑なる試掘にも関わらず、当該の素材が豊富かつ重要な論点の鉱脈を内包することだけは確認しえた。それらは、江戸市中の「極南」にあたる品川の複雑な存立構造に関わり、かかる周縁において一段と鮮明にみいだすことができる性格のものである。そして品川十八ヶ所寺社門前のような周縁的な都市社会固有にみられる特質を鮮明にすることなしに、江戸市中の分節構造の全体把握はけっして達成できないということを、今更ではあるが強く自覚させられた次第である。

（1）南品川地内にある特異な村である。『大日本他誌大系　九　新編武蔵国風土記稿　三』（雄山閣、一九九六年）四一～四二頁を参照。

（2）現在の品川神社。前注（1）前掲史料七五～七九頁を参照。

（3）東海寺所蔵。『平成八年度・品川区文化財調査報告書』（品川区教育委員会、一九九七年）に目録を掲載する。

（4）『大田区史（資料編）東海寺文書』（一九八八年。以下、出典注では『東海寺文書』○頁と略記）は、現大田区域に所領を持った東海寺関係の文書の中から、知行所支配に関するものを選定し「資料編」に収録している。その大半は「公用日記」の抄録であり、巻末の「あとがき」（佐々悦久氏執筆）によると、一定の方針に沿って、「全体の十分の一程度」を翻刻したとされる。この中で、寺領の知行所関係のものは全文が、また門前町については「店子の移動、家主の交替を除き収録した」とある。

（5）石山秀和「史料紹介・東京都江戸東京博物館所蔵『北品川稲荷門前文書』について」『品川歴史館紀要』二三号（二〇〇八年）。

（6）『品川区史　資料編』（東京都品川区、一九七一年）一三四号史料。

（7）南品川宿名主・利田家文書七一三などで「拾八ヶ所寺社門前地」と把握され、また東海寺「公用日記」でも「品川十八ヶ寺門前」（『東海寺文書』三三〇頁）などとあることによる。

（8）品川歴史館特別展図録『品川を愛した将軍徳川家光―品川御殿と東海寺』（二〇〇九年）を参照。

（9）前注（8）前掲書による。

（10）『江戸名所図会』巻之二所収。

（11）『東海寺文書』二四一頁。

（12）同右、二二三頁。

（13）利田家文書七三九。

（14）内務省地理局作成。

（15）『東海寺文書』二〇六頁。

(16) 同右。
(17) 同右、三八八頁。
(18) 前注(1)前掲書八五頁。
(19) 『東海寺文書』二三一～二三二頁。
(20) 同右。
(21) 同右、二三二頁。
(22) 同右、二三二～二三三頁。
(23) 同右、四一一頁。
(24) 同右、二二六、二四九頁など。
(25) 同右、二二〇～二二二頁、二六七頁など。
(26) 同右、二二一頁。
(27) 大日本地誌大系『御府内備考』五巻二一〇頁。
(28) 「北品川稲荷門前文書」―六。
(29) 同右―六。
(30) 同右―一八。
(31) ほぼ三年ごとにやってくる閏月分のみを返金にあてるものか。
(32) 前注(27)に同じ。
(33) 『東海寺文書』二五九頁。
(34) 前注(27)に同じ。
(35) 前注(1)前掲書七三頁。
(36) 『品川町史』上巻(品川町、一九三二年)
(37) 『東海寺文書』二八七頁。
(38) 同右、三七頁以下。

(39)「江戸市中の住民構成（文政十一年『町方書上』）」『三井文庫論叢』四（一九七〇年）。

(40)「北品川稲荷門前文書」一一〇。

(41)『江戸町触集成』九七二五号史料。

(42)吉田伸之『近世巨大都市の社会構造』（東京大学出版会、一九九一年）八六〜八七頁。

(43)同右。

(44)「北品川稲荷門前文書」一三四。

(45)『大日本近世史料　市中取締類集』三巻一六五〜二〇一頁。

(46)東京大学法学部蔵。

(47)『守貞謾稿』巻之二十五（岩波文庫版『近世風俗志』四巻一一九〜一二二頁）

(48)『大日本近世史料　諸問屋再興調』一四巻一三四〜一四三頁。

(49)「北品川稲荷門前文書」二〇・二二〜二八。

(50)東京都立中央図書館蔵「東京誌料」七六〇―二九「水汲仲間議定之事」。本史料の所在については、竹ノ内雅人氏の御教示を得た。

(51)図4中の清徳寺正面付近の拡大図（左図）を参照。中央にみえる山門の前、左側に井戸が、またその近く右側に天秤棒で水桶を運ぶ水汲人足が描かれているようにみえる。

(52) 以上、寺社門前を舞台とする水株と汲子などについては、拙稿「寺社をささえる人びと―浅草寺地域と寺中子院」吉田編『身分的周縁と近世社会　六巻　寺社をささえる人びと』(吉川弘文館、二〇〇七年)において、浅草寺寺中北谷における井戸と水株・汲子の事例を若干検討したので参照されたい。

あとがき

本書は、二〇一一年十一月六日に東京大学で開催された史学会大会近世史部会シンポジウム「身分的周縁と地域社会」での成果を基礎として編集された論集である。シンポジウム企画から本書の編集に至るまで、作業の大半は共同編者の塚田孝氏に依存し、老頭児である吉田は、毎度の事ではあるが、自分自身に課した論文作成に四苦八苦するのみで、ほとんど編集の役割を果たせずに終わった。この点、塚田氏にお詫びする次第である。

史学会シンポジウムの企図は、身分的周縁研究の新たな方向性を、寺院社会・神社社会を事例として地域社会論に絡めながら模索しようとするところにあった。史学会大会当日の問題提起では、大会プログラムに掲載された私のシンポジウム要旨に、若干補足を加えて述べたが、その原稿を以下に掲載しておく。

「身分的周縁」という概念が提起されてから、すでに二十年以上を経過しました。この身分的周縁論をめぐっては、その当初から多くの研究者が参加する共同研究の形で活発に取り組まれ、これまでに『身分的周縁』(部落問題研究所、一九九四年)、『シリーズ・近世の身分的周縁』全六巻(吉川弘文館、二〇〇〇年)、『身分的周縁と近世社会』全九巻(同、二〇〇六～二〇〇七年)などをはじめ、いくつかの単著や論集を含む相当量の研究成果をあげてきています。

これらの諸研究によって、今までほとんどスポットライトを浴びてこなかった微細な身分集団が多数取り上げられ、それぞれの特質が明らかにされたり、またこれまでも幾度となく検討の対象とされてきた武士・百姓・町人などの主要身分についても、従来とは異なる視点からメスが入れられたりしてきました。そして、集団と場、集団相互の関係、所有対象との関わり、などの側面から、それぞれの身分集団の複層的な構造や特異性が解析され、日本近世の懐の深い社会の全体像が徐々に明らかにされてきたと考えています。

こうした身分的周縁論に私たちの強い関心が向くのは、歴史社会の実態は、無数のふつうの人びと、およびこうした人びとが織りなす社会的結合関係の網の目によって構成されており、その様相を一つ一つ具体的かつ緻密に明らかにするべきであると考えるからに他なりません。

日本近世の場合、社会の大半は百姓の村、町人の町を基盤として形成され、またそうした基盤の上に、多様な身分や職分、役務や用益などの担い手たちが、即自的な自然条件の下で、それぞれの地域社会を個性豊かに形作ってきました。こうして、領主権力や社会的権力はこれらの諸社会を領域の構成要素としていかに包摂・秩序化し、また支配したか、という点を解明することも、併せて重要な論点になってきたように思われます。

私たちが今回共同で試みようとするのは、個々の身分集団が、権力の秩序化という磁場の中で、自らをどのように単位社会の構成要素として組織するのか、そしてこれが地域社会にあっていかなる位置に定在するのか、などという点です。取り上げる身分集団は、賤民や芸能者あるいは神職であり、磁極たる権力としては、寺院・神社に注目してゆくことになります。そしてこれらを基礎に、身分的周縁論の新たな展開方向を模索してみたいと希望します。

さて、こうした新たな展開を模索する上で、この間、『部落問題研究』一五九・一八九・一九五輯に断続的に企画された身分や身分的周縁に関する一連の特集が改めて注目されます。これらでは、『身分的周縁』に関する二つのシリーズを素材として、身分論、身分社会論をめぐる方法や視点を広げる議論が見られるのですが、その柱は、大きく次の二つにまとめられるように思います。

α大山喬平氏による「ゆるやかなカースト社会としての中世日本」という問題提起と、小谷汪之氏の応答。

β岸本美緒氏によって、明清期中国社会と日本近世の身分社会の有りようが比較され、それを基礎に、身分的周縁論に対する疑義が出され、塚田孝氏、森下徹氏によるこれへの応答がみられたこと。

αでは、①大山氏が、インドのカースト制度に関する研究動向について、精力的なサーヴェイを行われ、それを基礎に、四種の身分階層による表層的なカースト把握ではなく、第一次的な実態としての諸カースト集団＝ジャーティーに着目して相互に比較すべきことを述べられた点、②小谷氏が、大山氏への応答の中で、インドにおいては、確立したカースト的分業が、世襲的家職・家産、すなわちワタン（あるいはミーラース）に帰結し、これらが村落＝地域社会を場として体制化し（ワタン体制）、社会統合の下からのシステムとして機能したことが特徴的であり、この点で、こうした場を欠く日本との差異を見いだすとした点、などが特に注目できると思います。この内、特に②は、今回のテーマである「身分的周縁と地域社会」について、比較史的な視野を念頭に置くと極めて重要な論点となるのではないでしょうか。

またβでは、岸本氏によって、①身分的周縁研究は日本近世史においては有効かもしれないが、前近代社会一般への適用が可能な汎用性を有す方法なのか、その戦略が見えないこと、②世襲的身分制を欠く明清期中国においては、身分と社会集団は密接ではなく、むしろ個人に焦点を当ててその行為の意味を考える方が有意味であること、などが指摘されました。この内、①については、たしかに身分的周縁論が、「日本史学界の旧通説との対比」で構築されたのは事実であり、この点で広く前近代社会の身分の有りようについて考える方法たり得るかどうか、自覚的な努力が不十分であったと思います。②については、森下徹氏も指摘するように、明清期における身分集団、第一次的なジャーティー集団の存在・不在について、実証レベルの検討がどの程度進展してきたのかが知りたいところです。多様な身分や集団に関する一次史料が、日本近世とのそれと対比してどのような質量で残存し、特質を持つのか、また研究の素材とされてきたのか、という点の認識を共有しあった上で、相互の差異・共通性について比較検討すべきではないでしょうか。

総じて、βの議論では、比較の基準を、身分社会の基盤にある所有の実態から見るという視点が弱いのではないかという印象を持ちます。身分的周縁論における所有論的なアプローチが、身分社会の比較類型把握にとっては決定的に重要です。言い換えれば、とりわけ直接生産者や労働主体における所有と生産様式を、それぞれの前近代社会において具体的かつ精緻に解明し、その上で、身分秩序や社会構造を相互に比較するという方向性が求められるのではないでしょうか。こうした点を改めて自覚的に組み込めば、身分的周縁論の汎用性は、少なくとも潜在的には顕著であると考えるものです。

さて、史学会シンポジウム叢書は、高村直助先生と共同で編集した『商人と流通—近世から近代へ』(一九九二年)から本書までの二十年間に併せて二六冊が刊行された。その内、一〇冊に編者として関わらせていただいた。「こうした論集ばかり出版されると、若手研究者による『史学雑誌』など学会誌への投稿が減って問題だ」と某先生から幾度か叱られた。慥かに、若手研究者の業績積み上げにとっては阻害要因であったことも事実だろう。しかし、史学会大会で、幕の内土俵入りのような短時間の、また内容のある質疑を欠いた個別報告をただ羅列する部会運営よりは、研究動向を切り拓くようなシンポジウム企画の方がまだましであろうし、そこでの成果を基礎として論集を編集・刊行することで、研究者間の交流やネットワーク形成が多少は促された点もあり、捨てたものではないと思う。

今春、東京大学を退職し、史学会大会の運営にも関わらなくなったので、本シリーズ企画への編者としての参加はこれが最後となる。一抹の寂しさとともに、多少は肩の荷が下りたような安堵感がある。この間、お世話になった史学会と山川出版社の皆様に、この場をお借りして深甚の謝意を申し述べたい。ありがとうございました。

二〇一二年十二月

吉田伸之

◆編者・執筆者紹介（執筆順）

塚田　孝　つかだたかし
1954年生
現在　大阪市立大学大学院文学研究科教授
主要著書　『近世大坂の都市社会』（吉川弘文館，2006年），『近世大坂の非人と身分的周縁』（部落問題研究所，2007年）

吉田　伸之　よしだのぶゆき
1947年生
現在　東京大学名誉教授
主要著書（共編著）『別冊都市史研究　伝統都市を比較する―飯田とシャルルヴィル―』（山川出版社，2011年），『伝統都市・江戸』（東京大学出版会，2012年）

山下　聡一　やましたそういち
1974年生
現在　大阪市立大学都市研究プラザ特別研究員，和泉市教育委員会文化財振興課市史編さん事務局非常勤嘱託員
主要著書　「近世大坂生玉神社における社家仲間」（『市大日本史』11号，2008年），「和泉国松尾谷における神社合祀と地域」（和泉市史紀要第13集『松尾谷史料群の調査研究―中世から近現代まで―』和泉市史編さん委員会編，2007年）

三田　智子　みたさとこ
1981年生
現在　日本学術振興会特別研究員
主要著書　「泉州南王子村と地域社会―文政十一年信太明神御室御所一件を通して」（塚田孝編『身分的周縁の比較史―法と社会の視点から―』清文堂，2010年），「信太明神社と信太郷―宝暦期の社僧・社家・氏子間争論―」（『市大日本史』15号，2012年）

朴澤　直秀　ほうざわなおひで
1971年生
現在　岐阜大学地域科学部准教授
主要著書　『幕藩権力と寺檀制度』（吉川弘文館，2004年），「寺檀制度に関する通念の形成――一家一寺制法令再論―」（『日本仏教綜合研究』第8号，2010年）

吉田　ゆり子　よしだゆりこ
1958年生
現在　東京外国語大学大学院総合国際学研究院教授
主要著書　『日本史リブレット　84　兵と農の分離』（山川出版社，2008年），「近世湊町の地域特性」（吉田伸之・伊藤毅編『シリーズ伝統都市4　分節構造』東京大学出版会，2010年）

竹ノ内　雅人　たけのうちまさと
1977年生
現在　飯田市歴史研究所研究員
主要著書　「神社と神職集団―江戸における神職の諸相―」（吉田伸之編『身分的周縁と近世社会6　寺社をささえる人びと』（吉川弘文館，2007年），「近世鳩ヶ嶺八幡宮の社会構造」（『飯田市歴史研究所年報』7，2009年）

武部（小松）愛子　たけべ（こまつ）あいこ
1979年生
現在　東京大学大学院人文社会系研究科特任助教
主要著書　「近世寺院領の存立構造―越後国蔵王権現別当安禅寺を素材として―」（都市史研究会編『年報都市史研究』14，山川出版社，2006年），「長岡と蔵王―近世後期の地域間ネットワーク」（吉田伸之・伊藤毅編『シリーズ伝統都市２　権力とヘゲモニー』東京大学出版会，2010年）

史学会《しがくかい》シンポジウム叢書《そうしょ》　身分的周縁《みぶんてきしゅうえん》と地域社会《ちいきしゃかい》

2013年 3 月 5 日　第 1 版第 1 刷印刷　　2013年 3 月15日　第 1 版第 1 刷発行

編　者　塚田《つかだ》　孝《たかし》・吉田《よしだ》伸之《のぶゆき》
発行者　野澤　伸平
発行所　株式会社　山川出版社
〒101-0047　東京都千代田区内神田1-13-13
電話　03(3293)8131(営業)　03(3293)8135(編集)
http://www.yamakawa.co.jp/　振替　00120-9-43993
印刷所　株式会社　シナノパブリッシングプレス
製本所　株式会社　手塚製本所
装　幀　菊地信義

Printed in Japan　ISBN 978-4-634-52362-3